10대의 꿈에 날개를 달아 주는

청소년 진로 코칭

10대의 꿈에 날개를 달아 주는
청소년 진로 코칭

2012년 3월 30일 처음 펴냄
2021년 3월 5일 7쇄 펴냄

지은이 허은영
펴낸이 신명철
펴낸곳 (주)우리교육
등록 제 313-2001-52호
주소 03993 서울특별시 마포구 월드컵북로 6길 46
전화 02-3142-6770
팩스 02-3142-6772
홈페이지 www.uriedu.co.kr

ⓒ 허은영, 2012
ISBN 978-89-8040-671-5 13370

* 이 책의 내용을 쓰고자 할 때는 저작권자와 출판사의 허락을 받아야 합니다.
* 잘못된 책은 바꾸어 드립니다.
* 책값은 뒤표지에 있습니다.

이 도서의 국립중앙도서관 출판시도서목록(CIP)은 e-CIP 홈페이지(http://www.nl.go.kr/ecip)에서 이용하실 수 있습니다.(CIP 제어번호:CIP2012000964)

10대의 꿈에 날개를 달아 주는

청소년 진로 코칭

허은영 지음

우리교육

차례

들어가는 글 6

3월 직업을 알고 싶다 8
- 1주 행복과 직업 10
- 2주 적성과 흥미의 중요성 16
- 3주 의미와 보람의 중요성 22
- 4주 직업인의 자세 28

4월 나한테 꼭 맞는 직업 찾기 36
- 1주 내가 좋아하는 일은 뭘까? - 흥미 탐색 38
- 2주 내가 잘하는 일은 뭘까? - 적성 탐색 46
- 3주 내가 중요하게 생각하는 것은 뭘까? - 가치관 탐색 54
- 4주 특성 종합하기 62

5월 직업 정보, 아는 것이 힘이다 70
- 1주 직업 세계 이렇게 변하고 있다 72
- 2주 진로 정보! 퀴즈로 손에 넣자 80
- 3주 직업 미니북 만들기 88
- 4주 학교 미니북 만들기 94

6월 가 보자! 만나 보자! 해 보자! 100
- 1주 동영상을 통한 직업 체험 : 경영 컨설턴트 102
- 2주 동영상을 통한 직업 체험 : 생명공학자 112
- 3·4주 직업 현장 체험 : 문화 예술 관련직 122

7월 창업, 대박을 터뜨려라! 134
- 1주 성공 비결을 찾아라 136
- 2주 창업 아이디어 찾기 140
- 3주 대박을 터뜨려라 142

9월 진로 결정 정말 어려워! 146
- 1주 진로 의사 결정의 고정관념을 깨자 148
- 2주 의사 결정 유형 검사 156
- 3주 의사 결정 5단계 익히기 162
- 4주 진로 의사 결정 비교표 작성하기 172

10월 진로 계획 및 실천 180
- 1·2주 진로 로드맵 작성 및 발표하기 182
- 3주 책 속에 길이 있다 186
- 4주 진로 포트폴리오 192

11월 진로 장애물 뛰어넘기 200
- 1주 진로 장애물, 누구에게나 있다 202
- 2·3주 역할극 해 보기 208
- 4주 나의 진로 장애물 극복하기 216

12월 진로에 날개를 달자! 학습 기술 224
- 1주 시간 관리 226
- 2주 집중력 팍팍! 234
- 3주 핵심을 잡아라 242
- 4주 나는 암기왕 250

부록
1. 진로 교육의 목표와 내용 256
2. 진로 체험 학습 기관 및 프로그램 259
3. 진로 교육 관련 사이트 및 메뉴 261
4. 진로 교육 영상물 목록 263
5. 진로 교육 도서 목록 264

들어가는 글

학생들은 묻습니다. 왜 지겹고 힘든 공부를 해야 하느냐고요. 이렇게 재미없고 지루한 공부를 재미있게 만들어 주기는 어렵지만, 공부의 필요성을 일깨워 지루함과 힘듦을 이겨 낼 수 있게 해 주는 방법은 있습니다. 이것이 바로 저는 진로 지도라고 생각합니다. 자신이 좋아하고 잘하는 것을 찾아 진로 목표를 설정한 후 이 목표를 달성하기 위한 계획을 수립하고 실천하는 과정 속에서 공부의 필요성을 깨닫게 되는 것이지요.

중학생 시기는 직업의 세계와 자신에 대한 이해를 바탕으로 자신에게 적합한 직업을 찾아 나가는 진로 탐색의 시기입니다. 즉, 먼저 적성, 흥미, 성격, 가치관, 신체적 조건, 가정환경 등 자신의 특성을 파악하고, 하는 일, 필요한 학력, 자격, 적성과 흥미, 전망 등 직업에 대한 구체적 정보를 탐색하여 가장 합리적인 직업 선택의 대안을 갖는 것입니다. 학생들이 그들의 과업을 효과적으로 달성하는 데 교사가 도움이 될 수 있도록, 지난 10년 동안의 진로 지도 경험을 담아 이 책을 기획하게 되었고, 다음과 같은 점에 특히 주목하며 집필을 하였습니다.

첫째, 진로와 직업에 관련된 학문적 지식보다는 예화나 기사 등을 통해 진로와 직업에 대해 쉽고 재미있게 생각할 수 있도록 하였습니다.
둘째, 학교 현장에서 학생들이 보다 새롭고 흥미 있게 참여할 수 있도록 다양한 방법을 활용하여 수업을 전개하였습니다. 학기가 진행되는 3월부터 12월까지 월별 주제를 정하고 매주 새로운 활동과 읽을거리로 변화를 줌으로써 학생들이 진로 탐색에 대한 관심의 끈을 놓지 않도록 구성하였습니다.
셋째, 학생을 대상으로 하는 진로 교육에서 물론 자기 이해, 직업 세계 이해, 의사 결정 등의 내용도 중요합니다. 하지만 그동안의 저의 진로 지도 경험으로 미뤄 볼 때 학생들의 일차적인 고민은 진로 문제보다는 공부에 대한 것인 경우가 많았습니다. 또한 진로 지도를 통해 진로 목표가 생기고 학습 동기가 유발되어 나름 열심히 공부했지만 성적이 오르지 않아 고민하는 경우도 적지 않게 보았습니다. 그래서 저는 진로 지도와 학습 방법 지도는 동전의 양면처럼 뗄 수 없는 관계이고, 학습 방법 지도 역시 진로 지도의 한 영역으로서 반드시 자리매김해야 한다는 생각에 시간 관리, 집중력, 암기법, 핵심 파악 등의 내용을 포함하였습니다.

넷째, 창업에 관한 내용을 추가하였습니다. 직업을 갖는 방법에는 어떤 조직의 일원이 되는 방법인 취직과 함께 스스로 사업 아이템을 개발하고 마케팅하는 창업이 있습니다. 지금까지 진로 지도 자료는 취직 쪽에 초점을 두고 창업 쪽은 소홀히 다루어 왔는데, 창업 또한 진로 지도의 중요한 영역이라는 판단 아래 학생들로 하여금 창업에 대한 마인드를 기를 수 있는 기회를 제공하였습니다.

마지막으로, 선생님들이 진로 지도에 대한 전문성을 갖추고, 좀 더 풍성하고 알찬 수업을 하실 수 있도록 진로에 대한 다양한 정보를 제공하였습니다.

모쪼록 이 책이 학생과 교사 그리고 학부모 모두가 행복한 학교를 만드는 데 조금이나마 기여할 수 있기를 기원합니다. 끝으로 지금까지 제가 진로 지도에 대한 지식을 쌓는 데 도움을 주신 김봉환 교수님, 강혜영 교수님, 이제경 교수님께 감사드리며, 저의 든든한 동료로서 늘 함께해 주신 강태심, 황계자, 김수진, 박은희, 김강묵, 김명신, 조윤성, 전연숙 선생님께 고마움을 전합니다. 아울러 양가 부모님과 더불어 외부 활동에 치중하여 가정에서는 소홀한 아내에게 항상 너그러운 남편 박태호와 바쁜 엄마 곁에서 씩씩하게 자라 준 아들 민서와 딸 민경이에게 사랑을 전합니다.

3월

직업을 알고 싶다

3월	주제	목표	활동 형태
1주	행복과 직업	인간의 행복 조건으로서 직업의 중요성을 안다.	개인
2주	적성과 흥미의 중요성	행복한 직업인이 되기 위해 적성과 흥미의 중요성을 알고 이를 자신의 직업 선택에 활용할 수 있다.	개인
3주	의미와 보람의 중요성	행복한 직업인이 되기 위해 의미와 보람의 중요성을 알고 이를 자신의 직업 선택에 활용할 수 있다.	개인
4주	직업인의 자세	바람직한 직업인의 자세를 인식하고 실천할 수 있다.	개인

진로 교육을 시작하는 3월에는 본격적인 직업 선택과 준비에 앞서 인간의 행복과 직업은 어떤 관계인지, 직업 선택에서 적성과 흥미, 의미와 보람은 왜 중요한지, 직업인의 바람직한 자세는 무엇인지에 대해 살펴보고자 합니다.

먼저 첫 시간에는 행복의 조건들이 무엇인지 '소망 수첩 그리기' 활동을 통해서 알아보고, 행복의 여러 조건 중에서 직업의 중요성에 대해 살펴봅니다.

두 번째 시간에는 행복한 직업인의 첫 번째 조건으로서 자신이 잘하는 일을 의미하는 적성, 자신이 재미있어하는 일을 의미하는 흥미의 중요성을 사례를 통해 알아보고 자신의 경우에 접목해 볼 것입니다.

세 번째 시간에는 행복한 직업인의 두 번째 조건으로서 직업에서 느끼는 의미와 보람의 중요성을 역시 실제 사례를 통해서 알아보고 자신의 경우에 적용해 보겠습니다.

마지막으로 직업인의 자세에서는 행복한 직업인이 되기 위한 세 번째 조건으로서, 어떤 직업을 선택하는지도 중요하지만 어떤 자세로 일하느냐가 더 중요하다는 점을 일깨우고자 합니다.

1주. 행복과 직업

● **목표**
  · 행복의 여러 가지 조건을 생각해 본다.
  · 행복의 조건으로서 직업의 중요성을 인식한다.

● **준비물**
  활동지 '소망 수첩 만들기' (B4 크기로 확대) [13쪽]
  색연필이나 사인펜 등 색이 있는 필기구

● **생각 열기**

어떤 사람이 가장 행복할까?

사람은 누구나 행복하기를 바란다. 어떻게 하면 행복해질 수 있을까에 대한 연구 결과는 모든 사람에게 궁금한 주제 중의 하나이다.

갤럽 연구진이 여기에 답을 내놓았다. 50년간 150개국 이상 전 세계인을 대상으로 적게는 500만 명에서 많게는 1,500만 명 이상의 사람을 설문에 참가시켜 웰빙wellbeing, 행복과 관련해 건강과 부, 인간관계, 직업, 커뮤니티 등 수백 가지 질문을 던졌다. 이 연구는 흔히 측정이 가능한 건강이나 부의 행복과의 관련성뿐만 아니라 직업의 질이나 인간관계의 건전성 등 측정하기 어려운 요소를 평가할 수 있는 방법을 개발해 종합적인 평가가 가능하도록 했다. 결과가 궁금하지 않은가?

연구진의 조사에 따르면 위에서 제시한 항목 중 직업적 웰빙이 영향력이 가장 높았다. 직업적 웰빙이 높은 사람의 경우 인생 전반에서 만족감을 누릴 확률이 그렇지 않은 사람보다 배 이상 높았다. 직업이 우리의 정체성과 웰빙에 얼마나 많은 영향을 미치는지는 조사한 연구를 보면 실업 상태는 배우자의 사망보다 더 회복 기간이 길며 상처가 깊다고 한다. 직업적 웰빙을 충만하게 영위하기 위해 가장 중요한 점은 어떤 일이 되었든 몰입할 수 있어야 한다는 사실이다. 자신의 일에 몰입한 사람의 경우 하루 종일 행복 지수와 흥미도가 그렇지 않은 사람보다 확연히 높았고, 몰입하지 않는 사람은 스트레스 지수가 훨씬 높게 나타났다. 특히 주중 즐거운 시간을 보낸 사람은 주말도 훌륭하게 보내는 반면, 몰입되지 않은 근로자는 주중을 끔찍이 두려워한다는 점이다. 연구 보고서가 보여 주는 한 가지 놀라운 사실은 직장인이 업무에 많이 몰입할수록 육체적 건강도 동시에 향상된다는 점이다.

돈이 많아야 행복할 수 있다고 생각하는가?
미국 최고의 갑부라는 워렌 버핏이 들려주는 직장 선택의 조건에 귀를 기울여 보자. 투자의 대가, 부자 중의 부자, 워렌 버핏은 이렇게 말했다.

지금은 힘들어도 10년 후 좋아질 것 같은 회사,
혹은 지금은 보수가 적지만 10년 후에는 열 배를 받게 될 것으로 기대되는 회사,
이런 회사는 절대로 선택하지 마십시오.
지금 즐겁지 못하면, 10년 후에도 마찬가지일 것입니다.
자신이 좋아하는 일을 할 수 있는 직업을 선택하십시오.
10년 후 부자가 되더라도 선택하고 싶은 직업, 그런 직업을 선택하십시오.

워렌 버핏의 이야기는 일반적인 직업에 대한 생각과는 다르다. 직업은 단순히 '먹고 사는 방법', '돈을 버는 방법'이 아니라 직업 그 자체가 바로 인생이었던 것이다. 세계적인 부자로 손꼽히는 사람들은 돈 그 자체를 꿈꾸지 않았다는 점에서 공통점을 갖는다. 자동차 재벌 헨리 포드는 보통 사람이 살 수 있는 자동차를 만들자는 꿈을 꾸었고, 미국의 백화점 왕 존 워너메이커는 싸고 좋은 상품을 많이 공급하는 것을 목표로 삼았다. 또 빌 게이츠는 쉽게 조작할 수 있는 컴퓨터를 개발하는 게 꿈이었다. 처음부터 돈이 되는 꿈만 찾을 필요는 없다는 뜻이다. 자, 이제 알겠는가? 행복의 비밀은 바로 몰입할 수 있는 직업이었던 것이다.

● 활동 내용

① 활동지를 배부하고 소망 수첩 만드는 방법을 설명한다.

"(활동지 배부 후) 지금부터 소망 수첩을 그려 보겠습니다. 먼저 자신이 소망하는 일 스무

가지를 마음껏 생각하여 적어 보세요. 그리고 이중에서 더 소망하는 것을 일곱 가지 선정한 후 다시 네 개를 뽑으세요. 그 네 가지를 그림으로 그린 후 괄호 안에 내용을 간단히 적어 보세요. 소망을 적을 때에는 '행복하기'와 같이 추상적으로 쓰지 말고 '세계 10개국 여행하기'처럼 구체적으로 적어 보기 바랍니다. 그리고 그림을 그릴 때에는 준비한 색연필과 사인펜 등을 활용하여 다채롭게 꾸며 보세요."

② (20분 후) 소망 수첩의 내용을 발표한 후 공통점을 찾아본다.

"자, 지금까지 자신의 소망 수첩을 만들어 보았습니다. 그럼 마지막 네 칸에 무엇이 있는지 발표해 볼까요? (5명 정도 발표를 시켜 칠판에 내용을 요약하여 적는다.) 이번에는 여러분들이 소망하는 것의 공통점을 적어 봅시다. 성적 올리기, 자격증 따기 등과 같은 공부 관련 내용과 직업 목표 달성, 건강, 취미와 여가 생활, 가족이나 친구 간의 사랑과 우정으로 묶어 볼 수가 있네요. 그런데 여기서 성적 올리기와 자격증 따기는 원하는 직업을 갖기 위한 수단이므로 이 둘을 함께 묶으면 여러분의 소망과 직업과의 관련성은 매우 높다는 것을 알 수 있지요."

③ 행복과 직업의 관계에 대해 일깨운다.

"행복경제학을 연구하는 마크 스쿠젠 교수는 행복의 네 가지 요소로 정직한 직업 활동, 휴식과 여가 활동, 사랑과 우정, 그리고 종교적 신앙을 꼽았는데, 이 결과와 크게 다르지 않지요? 이와 관련하여 학교를 졸업한 지 20년이 지난 우리나라 어른들의 대답은 어떨까요? 한 고등학교 동문회 100명을 대상으로 실시한 설문 조사 결과, 고교 시절의 성적과 현재 행복과의 관계에 대해 65.7%가 아무런 관련이 없지만, 행복에 가장 중요하게 영향을 미치는 것은 직업에 대한 만족이라고 답했습니다. 따라서 여러분은 인간이 행복하기 위해서는 여러 가지 조건이 있지만 그중에서 '일', 즉 '직업'의 중요성을 꼭 명심하기 바랍니다."

● 활동

소망 수첩 만들기

1. 자신의 소망을 20가지 적어 보자.

1.	11.
2.	12.
3.	13.
4.	14.
5.	15.
6.	16.
7.	17.
8.	18.
9.	19.
10.	20.

2. 위에 적은 것 중에서 더 소중한 소망을 7가지를 이유와 함께 적어 보자.

1.	5.
2.	6.
3.	7.
4.	

3. 네 가지를 택하여 그림으로 그리고 (　　　　)안에 간단히 내용을 적어 보자.

(　　　　　　　)	(　　　　　　　)
(　　　　　　　)	(　　　　　　　)

| 활동지 예시 |

□ 자신의 소망을 20가지 적어 보세요.

1. 세계 여행, 오지탐험.	11. 의사로서의 기본 지식 습득 → 사람들을 도울수있도록
2. 의사가 되어 외국으로 봉사활동 가기.	12. 빈털터리가 되어 보기.
3. 세계에 친구 만들기.	13. 평소에 생각하던 일을 실제로 해보기.
4. 잘 다루는 악기 하나 만들기.	14. 생각하지도 못했던 직업 10개 해보기.
5. 남들 앞에서 춤과 노래하기.	15. 눈 오는 날 온 처음으로 발자국 찍기!
6. 불가능하다고 생각하는 것에 도전하기.	16. 나의 idea를 실제로 만들어 보기.
7. 패러글라이딩하기.	17. 머리 박박 밀기.
8. 하루에 책 7권 읽기 (p100 이상).	18. 사막을 숲으로 만드는 것 돕기 (실제로가서).
9. 에베레스트 산 등반.	19. 학교 만들기 → 이상의 학교
10. 어릴적 소망과 순수한 마음을 잃지 않는것.	20. 가족들과 내 주위의 고마운 이들에게 편지, 선물 돌리기

□ 옆에서 작성한 소망 20개 중에서 가장 소중한 소망 7가지를 골라 그 이유와 함께 적어 보세요.

1. 세계 여행, 오지탐험 - 세계 곳곳을 여행하는 것이 항상 꿈이었다.
2. 에베레스트 산 등반 - 나의 인내심 & 체력 & 정신 test.
3. 하루에 책 7권 읽기 (p100 이상) (+과자와함께) - 그냥!
4. 나의 이상의 학교 만들기 - 나는 항상 모든 아이들이 그 나름의 특기를 살릴수 있고 인정받을 수 있는 학교를 만들고 싶다.
5. 빈털터리 되어 보기. - 그렇게 해야만 그들을 조금이라도, 나를 더 알 수 있을 지이다.
6. 불가능하다고 생각하는 것에 도전하기 - 불가능은 없다!
7. 어릴 적 순수한 마음을 잃지 않는 것 - 그 마음을 잃으면 난 내가 될 수 없을 테니까

□ 위 7가지 소망 중 다시 4개를 선택하여 그림으로 그리고 ( )안에 간단히 내용을 적어 보세요.

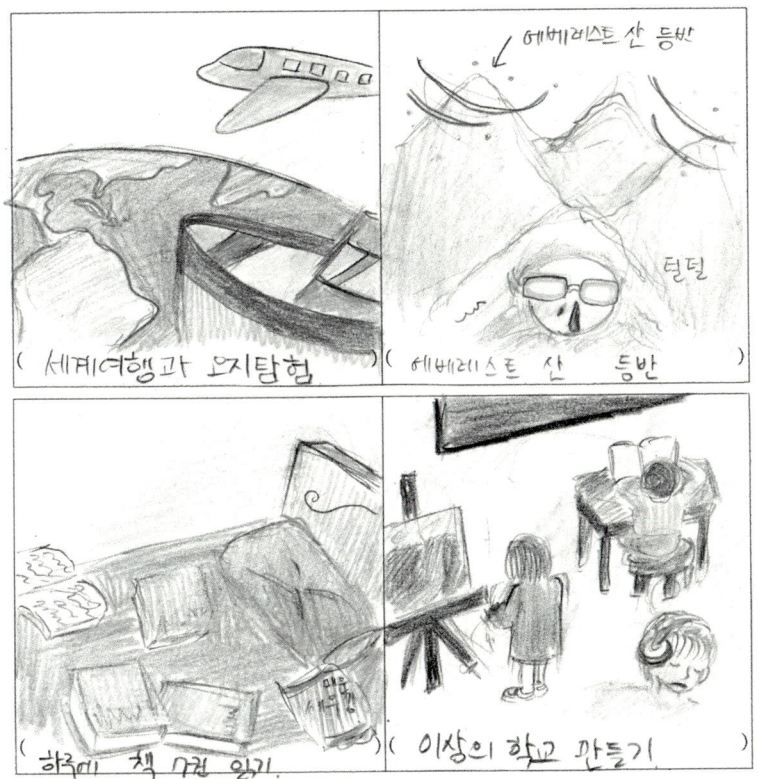

 talk

시간이 허락하면 아래 프로그램 동영상을 함께 시청하기를 권합니다.

신년 특집 SBS 스페셜 〈마지막 주자들의 행복〉

(2007. 1. 5)

40대 중반의 이민 씨와 그의 친구들의 삶의 이야기를 통해 학창 시절 성적이 현재의 삶에 얼마나 영향을 주었으며 그들의 삶은 어떻게 달라졌는지 들어 본다. 또한 우리나라 청소년들이 느끼는 행복감정도, 고교 시절의 성적과 현재 행복과의 관계, 직업의 중요성 등에 대해 보여 준다. 아울러 학창 시절에는 비행을 일삼는 문제아였지만 나중에 자신의 꿈을 발견하고 성실하며 행복하게 살고 있는 사례를 발굴하여 제시하고 있다.

2주. 적성과 흥미의 중요성

● **목표**
- 행복한 직업인으로서의 조건 중 적성과 흥미의 중요성을 알 수 있다.
- 적성과 흥미의 중요성을 자신의 진로 선택 과정에서 실천할 수 있다.

● **준비물**
MBC 〈무릎팍도사〉 DVD "한비야 편" (2009. 8)
활동지 '행복한 직업인의 조건 1 – 적성과 흥미의 중요성' 20~21쪽

● **생각 열기**

김민지 씨는 대구에서 태어나 그곳에 있는 여자고등학교를 졸업했다. 중산층 가정의 일남 일녀 중 장녀로 태어났고, 학교에서 정학을 맞거나 근신을 맞은 적도 없는, 착실하다면 착실하고 평범하다면 평범한 성장기를 거쳤다. 성적도 딱히 과격하거나 소심하지 않게, 고만고만한 평점을 유지했다고 한다. 그러니까 뭐랄까, 그녀는 마치 초등학교 국어 교과서에 나오는 '순희'와도 같은 캐릭터로 살아온 것이다. (중략)
한데, 대학 입시를 거치는 동안 그녀는 그 누구나 될 수 있는 '순희'에서 조금씩 조금씩 이탈하기 시작했다. (중략)
그녀는 대학을 가지 않았다. 처음부터 그녀가 대학에 가지 않겠다고 마음먹은 것은 아니었다. 그녀는 모두 네 군데 대학에 입학 원서를 냈다. (지금은 가군, 나군, 다군으로 모집하지만, 그때만 해도 라군까지 원서를 낼 수 있었다.) 두 군데는 연극영화과였고, 나머지 두 군데는 치기공학과와 경영학과였다. 그리고 그중 두 군데의 대학에 합격했다. 모두들 예상했겠지만 그녀가 붙은 대학은 연극영화과는 아니었다. (그해 연극영화과 입시는 언제나 그렇듯 전국 최고 경쟁률을 기록했다.) 그녀는 연극영화과 입시를 위해 연기학원을 다닌 것도 아니었고, 아역 탤런트 생활을 한 것도 아니었다. (그녀는 연출 전공이었으므로 실기가 필요 없었다.) 이쯤에서 나는 그녀가 왜 영화를 전공하려 했는지, 왜

굳이 전국 최고 경쟁률이 뻔히 예상되는 연극영화과를 지망해야 했던 건지, 묻지 않을 수가 없었다.

"그냥요, 그냥 이미지가 좋았어요. 중학교 때 사진기 하나를 갖게 됐는데, 그때부터 뷰파인더 안에 들어오는 세계가 마냥 좋더라고요. 영화는 그 이미지들을 한데 모은 거잖아요. 그래서 내가 좋아하는 그 세계로 가기로 한 거죠, 뭐."

이 대목에서 나는 조금 실망했다. 나는 무언가 좀 거창한 대답을 기대했다. 뭐, 많지 않은가. 히치콕의 영상 미학이 좋았어요, 혹은 내 안에 숨어 있는 서사 체계를 영상으로 풀어 놓고 싶었어요, 등등 멋진 말들이 많지 않은가. 한데, 고작 이미지라니, 내가 좋아하는 세계라니. 지가 무슨 이상한 나라 폴이라고 좋아하는 세계로 달려가는가.

"뭐, 그래도 고등학교 때 인상 깊게 본 영화 없어요? 감독도 좋고."

"그런 거 없어요. 영화도 별로 안 보고……. 말했잖아요. 난 그냥 내가 내 이미지를 만들고 싶어서, 그래서 영화를 전공하기로 한 거죠."

영화도 별로 안 보고 영화를 전공하기로 한 그녀는 그해 연극영화과 입시에서 보기 좋게 낙방하고 만다. 원래 그런 친구들의 다음 코스는 뻔하다. 재수를 하거나 치기공학과에 들어가 영화 동아리에 들어가는 일. 그것이 합리적이고 안전한, 현대인들의 자기 제어 능력이고, 국가 표준 행보이다. 허나, 그녀는 그러지 않았다. 그녀는 연극영화과에 낙방한 이후, 치기공학과와 재수를 포기하고 서울로 상경, 덥석 한 사설 영화 아카데미에 등록하고 만다. 이 부분에서 그녀는 그녀의 부모님과도 잦은 마찰을 겪어야만 했다.

"전요, 대학이 별로 필요하지 않았거든요. 대학에선 학문을 배우잖아요. 그리고 그다음에 실무를 배우고요. 전, 그냥 내가 하고 싶은 영화의 실무를 4년 먼저 접하자, 그렇게 생각했어요. 부모님이 반대했지만, 제 의지가 더 셌으니까……."

사실, 이것도 내가 원했던 답은 아니었다. 뭐랄까, 이건 너무 간단하다는 생각이 들었다. 우리의 삶은 결코 이렇게 간단하지만은 않은 법이니까. 반대하면 큰소리가 나고, 이쪽에서 큰소리가 나면 저쪽에서도 좋은 소리가 나오지 않고, 그러면 또 누구는 단식으로 결사 항전하고, 설령 그렇게 악다구니 끝에 결판이 난다 하더라도, 그것은 자연 부풀려지기 마련인데……. 한데, 그녀는 모든 것이 간단명료했다. 영화가 좋았고, 난 그 길로 갔다. 그것이 내 의지다.

이기호, 〈이제 막 출발 선상에 선, 영화 연출부 막내, 김민지 씨〉, 《참 아름다운 당신》(도종환 외, 우리교육, 2009)

● 활동 내용

① 〈무릎팍도사〉 "한비야 편"을 시청한다.

"자, 오늘은 여러 직업인 중 긴급 구호 전문가로 활동하고 있는 한비야 씨에 관한 방송을 보며 직업 선택의 이유를 알아볼까요?" (한비야 씨는 긴급 구호 전문가가 된 이유에 대해 그 일이 내 가슴을 뛰게 했기 때문이라고 말하면서 더불어 직업 선택에서 세계시민 의식의 중요성을 강조한다.)

〈무릎팍도사〉 "한비야 편"

〈황금어장〉 149회(2009. 8. 19), 150회(2009. 8. 26)

● 오지 여행가로서의 경험
배낭 여행자들의 사부, 한비야의 세계 오지 여행 루트를 안내하며, 오지에서 죽음과 직면할 뻔했던 일화들을 통해 배낭여행의 진정한 재미와 의미를 전한다.

● 9년간의 긴급 구호 활동기
재난이 발생하면 제일 먼저 현장으로 달려가는, 그러나 안전을 보장받지 못하는 긴급 구호 팀장 한비야 씨의 생생한 사례가 담겨 있다. 아프가니스탄으로, 소말리아로 위험을 무릅쓰고 출동한 일, 전쟁과 가뭄, 쓰나미가 쓸고 간 재난 현장에서 벌어지는 충격적인 일들, 그리고 그녀가 보고 들은 참혹한 사연들을 공개한다.

● 대학 진학 때까지의 치열했던 인생 그리고 직업 선택의 이유
갑작스러운 아버지의 별세로 극도로 어려워진 가정환경 속에서 아르바이트와 학업을 치열하게 병행했던 시간들을 소개하며, 고난은 오히려 뜨거운 불 속에서 명검이 탄생하듯 나를 단련시켜 더욱 강하게 만드는 긍정적인 작용을 할 수도 있음을 담담하게 들려준다. 아울러 세상에서 가장 위험한 직업이 긴급 구호 전문가이지만 그 일이 가슴을 뛰게 하기 때문에 기꺼이 선택했고 즐거운 마음으로 활동하고 있음을 들려주며 직업 선택의 귀감을 보여 준다.

---

② 시청 후 활동지를 배부한 후, 내용을 읽고 1번 문제에 대해 자신의 생각을 적게 한다.

"오늘은 행복한 직업인이 되기 위한 조건으로서 적성과 흥미의 중요성에 대해 알아보도록 하겠습니다. (활동지 배부 후) 활동지의 글을 읽고 1번 문제에 대해 자신의 생각을 적어 보

세요."

③ 1번 문항에 대해 학생들의 발표를 들어 본다.

"자, 그럼 1번 문항에 대한 생각을 누가 발표해 볼까요? (몇 사람 발표를 들은 후) 그렇습니다. 이야기 주인공인 한비야 씨와 마술사 최현우 씨는 직업을 단순히 먹고 살기 위한 돈벌이의 수단으로만 여기지 않고, 가슴이 뛰는 일 또는 자기가 정말 좋아하는 일, 즉 적성과 흥미를 중요시했다는 점에서 공통점을 찾을 수 있지요. 결과적으로 이는 때로는 직업 생활 중 어렵고 힘든 때가 있음에도 불구하고 누구보다도 행복한 직업인이 될 수 있었던 원인이었습니다."

④ 2번 문제에 대해 자신의 생각을 적게 한다.

"이번에는 행복한 직업인이 되기 위한 두 번째 조건으로서 적성과 흥미를 자신의 진로에 적용해 볼까요? 2번 문항에 대해 자신의 생각을 적어 보세요."

⑤ 2번 문항에 대해 학생들의 발표를 들은 후 직업 선택에서 적성과 보람의 중요성을 강조한다.

"자, 그럼 2번 문항에 대한 생각을 누가 발표해 볼까요? (몇 사람 발표를 들은 후) 사실 많은 사람들이 직업 선택의 조건으로서 높은 연봉과 전망만을 목표로 하는 경우가 많습니다. 물론 직업 선택의 조건으로서 연봉과 전망도 중요하지만 행복한 직업인이 되기 위해 더 중요한 조건은 바로 적성과 흥미입니다. 혹시 지금까지 직업 선택에서 연봉과 전망이라는 외적 조건에 치중했던 친구들이 있다면 앞으로는 직업 선택의 조건으로서 적성과 흥미를 충분히 고려하기 바랍니다."

 *tip*

희망 직업을 써 보라고 하면 적지 않은 학생들이 아직 없다거나 모르겠다고 호소합니다. 이때 희망 직업이 꼭 정해져 있지 않다고 해도 조금이나마 관심이 가는 직업 또는 한 번이라도 원했던 직업을 떠올리고 활동에 임하도록 해 주세요.

● 활동

행복한 직업인의 조건 1 - 적성과 흥미의 중요성

신세대 마술사의 마법 같은 이야기 최현우

Q. "마술사라는 직업은 평범한 사람들에겐 익숙하지 않은 직업인데, 어떤 계기로 마술사가 되셨나요?"

A. "고등학교 때 일본에 있는 이세탄 백화점이란 곳에서 마술을 처음 접하게 되었어요. 그곳에서 어머님은 쇼핑을 하시고 저는 5층 장난감 가게들을 둘러보고 있었는데 마침 매직 숍이 있었어요. 사람들이 막 몰려 있어 저도 호기심으로 구경을 했는데, 처음 접하는 마술이란 세계가 신기하고 재밌었어요. 그래서 마술 도구들을 구입하고, 한국에 와서 계속 연습을 하다가 취미가 직업으로 발전하게 된 것이에요."

Q. "마술이 좋아서 취미로 하는 것과 그것을 내가 평생 먹고살 직업으로 삼는 것은 조금 다른 의미인데요. 부모님의 심한 반대까지 무릅쓰고 선택하게 된 동기는 무엇이었나요?"

A. "최근 많은 친구들이나 학부모들이 마술을 하려고 하는데 마술사의 장래 비전은 어떻고, 수입은 어떤지에 대한 질문을 많이 하세요. 그러나 전 좀 다르게 생각합니다. 저는 마술이 좋아서 하다 보니까 여기까지 오게 된 것이지 마술을 해서 돈을 얼마를 벌어야 하겠다거나 제 직업에 대한 비전을 분석해서 시작한 것은 아니었어요. 그냥 내가 좋아서 한 것이고, 내가 마술에 빠져 하다 보니까 운이 좋아 지금의 좋은 결과를 얻게 되었는데, 요즘 많은 친구들은 목적과 수단이 바뀌어서 마술을 하면 돈을 얼마를 벌까 하는 생각을 우선적으로 하는 것 같아요. 하지만 이런 질문은 굉장히 어리석다고 생각해요. 어떤 직업이든 간에 돈을 번다는 것은 후차적인 문제이고, 설혹 그 직업의 최고 개런티가 있다고 할지언정 그건 언제든지 바뀔 수 있는 것인데 그것을 기준으로 삼아서 결정한다는 것은 잘못이라 생각해요. 그런 생각보다는 진짜 좋아서 여기에 내 인생을 걸겠다는 생각으로 해야지 그렇지 않으면 그냥 평범한 직업을 선택하는 것이 낫다고 생각합니다."

커리어넷(www.careernet.re.kr) 〉 직업 정보 〉 커리어넷이 만난 도전하는 한국인에서 발췌

1. 한비야 씨에 대한 DVD 내용과 윗글에서 공통적으로 행복한 직업인이 되기 위해 필요한 것은 무엇인지 이유와 함께 적어 보세요.

2. 현재 희망하는 직업의 적성(자신이 잘할 수 있는 일)과 흥미(자신이 좋아하는 일)가 일치하는지 알아보고, 일치시키기 위해 앞으로 어떻게 노력할 수 있을지 생각해 봅시다.

자신이 잘하는 일(적성)	
자신이 좋아하는 일(흥미)	
현재 희망하는 직업	
현재 희망 직업과 적성 일치 정도	매우 일치함(　)　　다소 일치함(　) 다소 불일치함(　)　　매우 불일치함(　)
현재 희망 직업과 흥미 일치 정도	매우 일치함(　)　　다소 일치함(　) 다소 불일치함(　)　　매우 불일치함(　)
적성·흥미와 직업의 일치를 위해 앞으로 내가 할 일	

3주. 의미와 보람의 중요성

● 목표
 · 행복한 직업인으로서의 조건 중 의미와 보람의 중요성을 알 수 있다.
 · 의미와 보람의 중요성을 자신의 진로 선택 과정에서 실천할 수 있다.

● 준비물
 활동지 '행복한 직업인의 조건 2 – 의미와 보람' 25~26쪽

● 생각 열기

'의미'를 찾아낼 수 있어야 한다

우리는 살아가면서 여러 가지 역경을 만난다. 그렇지만 이 역경은 해석하기에 따라 전혀 다르게 느껴질 수 있다. 즉, 역경에 처한 사람이 '삶과 죽음은 하나'라며 살아가는 일과 죽음을 맞는 일이 동일한 것이라 생각하면 그 역경은 곧바로 죽음으로 귀결된다. 반면 살아가는 일은 늘 성장하는 것이고, 그렇기에 역경은 성장을 위한 커다란 계기라고 해석한다면 그것은 삶에 전혀 새로운 의미로 다가올 것이다. 중요한 것은 세상의 그 어느 누구도 역경의 의미를 가르쳐 주지 않는다는 점이다. 그렇기에 우리는 '왜'라는 질문을 던지는 대신 스스로 역경의 의미를 찾아내야 한다.

역경의 한가운데에서 그것의 의미를 긍정적으로 해석하기란 결코 쉽지 않은 일이다. 그러나 역경을 하나하나의 사건을 중심으로 해석하지 않고 인생이라는 큰 테두리에서 잠시 밀려오는 파도라고 생각한다면 의미 부여가 한결 쉬워질 것이다. 다시 말해 '자신이 살아가야 하는 원대한 이유를 스스로 찾아보라'는 뜻이다.

열심히 살아야 할 이유를 마음에 새기고 그것에 대해 확고하게 의미를 부여하며 살아가는 사람이라면 역경에 맞선 결과도 남다를 것이다. 당신이 이 세상에 존재해야 하는 이유는 무엇이고, 당신이 열심히 생의 순간순간을 채워 가야 하는 이유는 무엇인

가? '나 자신이 잘 먹고 잘살고 편안해지기 위해서'라는 것만으로는 충분하지 않을 것이다. 자기중심적인 유익함도 삶의 목표 중 하나가 될 수 있겠지만, 타인에게 전하고픈 그 무언가가 그것에 더해질 때 비로소 역경에 대한 의미 부여도 가능해진다.

《공병호의 인생강독》(공병호, 21세기북스, 2010)

미국 대통령인 린든 존슨Lyndon Johnson이 미 항공우주국NASA을 방문했을 때의 일이에요. 대통령이 로비를 지날 때 지저분해진 바닥을 닦고 있는 청소부를 보게 됐답니다. 청소부는 세상에서 가장 즐거운 일이라도 하는 듯 콧노래를 흥얼거리며 열심히 바닥을 닦고 있더랍니다. 대통령은 그에게 다가가 치하했죠. '여태껏 자신이 본 중에서 가장 훌륭한 청소부'라고 말이죠. 그런데 그 청소부가 뭐라고 대답했는지 아세요? "각하, 저는 일개 청소부가 아닙니다. 저는 인간을 달에 보내는 일을 돕고 있어요." 우문현답이죠? 조지, 그는 비록 바닥을 닦는 일을 하고 있었지만 더 웅대한 목표와 비전을 갖고 있었던 거예요. 그래서 자신에게 주어진 업무에서 최선을 다하며 청소부 중에서 최고가 될 수 있었던 거죠.

《에너지버스》(존 고든, 쌤앤파커스, 2007)

● 활동 내용

① 활동지를 배부하고 내용을 읽은 후 1번 문제에 대해 자신의 생각을 적게 한다.

"오늘은 행복한 직업인이 되기 위한 조건으로서 지난 시간의 적성과 흥미에 이어 두 번째 조건을 알아보도록 하겠습니다. (활동지 배부 후) 활동지의 글을 읽고 1번 문제에 대해 자신의 생각을 적어 보세요."

② 1번 문항에 대해 학생들의 발표를 들어 본다.

"자, 그럼 1번 문항에 대한 생각을 누가 발표해 볼까요? (몇 사람의 발표를 들은 후) 그렇습니다. 이야기 주인공인 화가는 직업을 단순히 먹고살기 위한 돈벌이의 수단으로만 여기지 않고 그 직업인으로서 느끼는 의미와 보람을 더 중요시합니다."

③ 2번 문제에 대해 자신의 생각을 적게 한다.

"이번에는 행복한 직업인이 되기 위한 두 번째 조건으로서 의미와 보람을 자신의 진로에 적용해 볼까요? 2번 문항에 대해 자신의 생각을 적어 보세요."

④ 2번 문항에 대해 학생들의 발표를 들어 본 후 직업 선택에서 의미와 보람의 중요성을 강조한다.

"자, 그럼 2번 문항에 대한 생각을 누가 발표해 볼까요? (몇 사람의 발표를 들은 후) 사실 많은 사람들이 직업 선택의 조건으로서 높은 연봉과 전망만을 목표로 하는 경우가 많습니다. 물론 직업 선택의 조건으로서 연봉과 전망도 중요하지만 행복한 직업인이 되기 위해 더 중요한 조건은 바로 직업인으로서 느끼는 의미와 보람입니다. 혹시 지금까지 직업 선택에서 연봉과 전망이라는 외적 조건에 치중했던 친구들이 있다면 앞으로는 직업인으로서 느끼는 의미와 보람에 대해서 충분히 고려하기 바랍니다."

● 활동

행복한 직업인의 조건 2 - 의미와 보람

김종연金鐘沇, 올해 마흔다섯 살의 사내, 나무 조각과 목공예에 빠져서 거의 그만큼의 세월을 살았다고 했다. 남들은 삐뚤빼뚤 연필이나 겨우 깎을 무렵에 그는 칼 쥔 손으로 내처 그 연필에 부처상을 새기고 천사를 조각하기 시작했다. 그래서 새로 사는 제 고무지우개가 남아 있을 리 없었고 급우들의 지우개는 한 학기가 가기 전에 모두 고무도장으로 바뀌기 일쑤였다고 한다. 그는 자신에게 무슨 비범한 재능 같은 게 깃들었을 성싶지는 않지만 마냥 그 일이 좋을 뿐이더라고 했다. 그 재미가 그의 직업이 되었다. 그러니 그가 일하는 모습을 지켜보는 것만으로도 방문객들 역시 신명을 내게 된다. 말하자면 벌겋게 달군 쇠를 힘껏 두드려 대는 대장간 장인의 모습이나 밀가루를 반죽해서 자장면 면발을 가닥가닥 잘도 뽑아내는 중국집 요리사의 재주가 그렇게 우리들 입안에 신 침이 돌게 만들듯이 말이다. (중략)

"우리 집 바둑판이 쩍쩍 갈라지는디 어치크롬 히야 쓴댜?"
마을에 사시는 노인 한 사람이 작업실에 들어서며 다짜고짜 자기 걱정부터 앞세운다. 자기 일감을 들고 스스럼없이 찾아오는 일로는 그야말로 이골이 난 게 분명하다.
"아, 그래요? 다 마르지 않은 나무판이라서 그럴 겁니다. 갈라지는 곳에 조선 한지를 넓게 발라 보세요."
"허면 그 하찮은 종오때기 힘으로도 다시 붙을랑가?"
"예, 걱정하지 마세요. 붙고 난 다음에 종이만 떼 내면 말끔해지죠."
노인이 반신반의하는 듯한 표정으로 돌아가자 이번에는 이웃 찻집 여주인이 들어서며 자기 가게 방문의 문고리가 너무 헐렁거린다고 하소연한다. 낡은 한옥을 개조한 집이라서 그런 자질구레한 문제들이 이따금 생겨날 만도 하다. 사람 좋은 이 목공예인은 두말없이 조각칼 하나와 댓살 몇 토막을 챙겨 가서 문고리 틈에 나무 쐐기를 박아 주고는 돌아온다. 그리고 다시 작업에 매달리려는데 이번에는 전화가 걸려 온다. 수석을 받치고 있는 나무 조각 일부가 부러졌는데 흔적 없이 수리할 수가 있느냐는 것이다. 그렇게 누군가는 밥상 다리가 부러졌다고 들고 오기도 하고, 또 누군가는 죽은 고목 한 뿌리를 들고 와서 어떻게 사포질을 해야 나무에 윤기가 흐르겠느냐고 상의한다. 그는 또 기꺼이 그 요령을 직접 시범으로 보여 주는데 고목 주인은 돌아갈 생각이 없는 듯 아예 작업실 한쪽을 전세라도 얻은 것처럼 쪼그리고 앉아서 금방 배운 방식대로 사포질에 열중하고 있다.

"여그다가 고풍스러운 분위기가 좀 풍기게끔 칠을 헐라면 어치케 히야 쓸까?"

손님은 이 기회에 나무 공예에 관한 온갖 노하우를 한꺼번에 배워 가려는 모양이다. 수업료 같은 걸 지불해야 한다는 부담감 따위는 애초부터 없는 듯 보이고, 목우헌 주인 입장에서도 그걸 받아 낼 생각은 꿈에서도 하지 않는 것 같다.

"뻬빠질이 끝나면 들기름을 바르고 계속해서 부드러운 천으로 닦아 주세요. 그리고 그 다음부터는 자주 손바닥으로 문질러서 손때를 입혀 주는 방법이 최고죠."

"아, 손때!"

"그렇죠. 세월이란 것도 알고 보면 수많은 사람들의 손때, 바로 그 두께라고 해야 하겠지요."

이병천, 〈그 남자의 나무 향기〉, 《참 아름다운 당신》(도종환 외, 우리교육, 2009)

1. 윗글을 통해서 찾아볼 수 있는 행복한 직업인의 조건은 무엇인지 이유와 함께 적어 보세요.

2. 현재 희망하고 있는 직업은 직업인으로서 느끼는 의미와 보람을 잘 살릴 수 있는 일인지 생각해 보고, 희망 직업에서 찾아볼 수 있는 의미와 보람은 무엇이 있는지 적어 봅시다.

희망 직업을 선택할 때 '의미와 보람'을 어느 정도 고려했나요?	많이 고려함( ) 거의 고려하지 않음( )	다소 고려함( ) 전혀 고려하지 않음( )
현재 희망하고 있는 직업에서 '직업인으로서 의미와 보람을 느낄 수 있는 일'에는 무엇이 있을지 적어 보세요.		

 **tip**

이번 수업은 직업의 의미 중에서 사회적 의미인 '사회적 역할 분담'에 대해서 생각해 보는 시간입니다. 학생들은 직업의 의미 중에서 경제적인 의미로서 '생계유지', 심리적 의미로서 '자아실현'만을 생각하는 경우가 많습니다. 그래서 어떤 학생들은 자신의 희망 직업이 '조직 폭력배', '악덕 사채업자' 심지어는 '청부 살해업자(학생들 표현으로 킬러)'라고 당당하게 말하기도 합니다. 따라서 직업의 의미 중에서 사회적 의미 또한 중요하다는 것을 일깨워 주는 것이 진로 교육의 내용과 목표로서 매우 필요합니다.

 talk

● 커리어넷이 만난 도전하는 한국인

커리어넷(www.careernet.re.kr) 〉 직업 정보 〉 직업인 인터뷰 〉 도전하는 한국인 코너에는 여러 가지 역경을 딛고 자신의 꿈을 실현한 다양한 직업인들의 인터뷰 내용이 소개되어 있습니다. 직업인 역할 모델 자료로서 활용 가치가 매우 높으니 적극 활용하시기 바랍니다. 목록은 다음과 같으며 계속 추가될 예정이라고 합니다.

순서	주인공
1	유럽이 반한 손맛, 요리사 김소희
2	여성의 한계를 넘어서다, 카레이서 김태옥
3	빌 게이츠가 선택한 한국의 미, 나전칠기 공예 작가 김영준
4	꽃이 좋아 꽃과 결혼한 플로리스트 제1호, 마이스터 방석
5	김치를 발명하는 사람 김치 세계화의 전도사, 김치 명인 김순자
6	독일 간호 보조원에서 대사가 된 외교관 김영희
7	시인을 꿈꾸던 소녀에서 인권 운동가로, 전 국회의원 장향숙
8	우리나라 최초의 푸드스타일리스트 강홍준
9	취미를 직업으로 만든 사람, 미술 자료 전문가 김달진
10	진정으로 즐길 수 있는 일을 찾아 나선 대안학교 교장 박상영
11	불가능을 비웃으며 운명과 맞서 꿈을 이룬 고졸 신화, 윤생진
12	독학으로 한국 최고의 자동차 명장이 된 박병일
13	착한 사람들이 만드는 좋은 세상 이야기, '공정 여행가' 임영신
14	도전하는 모든 것은 아름답다, 컴퓨터 보안 업계의 슈바이처 안철수
15	세계 최초 8000미터 16좌 완등한 산악인 엄홍길
16	프랑스도 인정한 대한민국 제1호 소믈리에 서한정
17	클래식 음악의 날개를 달고, 음악 나눔을 실천하는 지휘자 금난새
18	신세대 마술사의 마법 같은 이야기, 최현우
19	대한민국 항공 우주 역사를 새로 쓴 우주인 이소연
20	우리 만화의 대표 아이콘 까치를 만나다, 만화가 이현세
21	닮고 싶은 국내 여성 5년 연속 1위, 앵커 김주하

4주. 직업인의 자세

● **목표**
 · 행복한 직업인이 되기 위해 직업인으로서 자세가 중요함을 알 수 있다.
 · 자신의 진로 준비에서 태도와 자세를 점검해 본다.

● **준비물**
 활동지 '행복한 직업인의 조건 3 – 직업인의 자세' 31~33쪽

● **생각 열기**

"리콴유·고르비도 칭찬한 MK택시, 직접 보니 과연 감동 서비스"

교토에 있는 MK택시. 장맛비가 내리는 지난달 23일 오전. 이곳에서 큰 소리로 구호가 울려 퍼지고 있었다. 15명의 신입 사원이 교육받는 중이었다. "안녕하십니까. MK택시입니다. 어디로 가시겠습니까. 아 ○○로 가십니까." 쩌렁쩌렁한 목소리가 공기를 가른다. 입사한 지 3일 된 신입 사원 시미즈 마사노리 씨(28)는 왜 MK택시에 지원했느냐는 기자의 질문에 "서비스에 감동해서"라고 답한다.

이곳에 모인 예비 택시 기사들은 2주간의 교육을 받은 뒤 현장에 투입된다. 이들의 자부심은 대단하다. 이들의 교육을 담당하는 최병룡 부회장비서는 "자신들은 단순한 택시 기사가 아니라 최고의 서비스맨이라는 자부심을 갖고 있다"고 강조한다. 이들의 교육은 서비스에 초점을 맞추고 있다.

예를 들어 손님 모시는 법을 보자. 인사와 안전벨트 안내는 기본이다. 승차 시 머리를 다치지 않게 다른 손으로 문 위를 잡고 뒷문을 열어 준다. 실내 온도가 적당한지 묻고 온도를 조절한다. 도착 후 뒤로 돌아가 문을 연 뒤 잃어버린 물건은 없는지 묻는다. 비가 오면 우산으로 서비스한다. 이때 반드시 먼저 빗물을 턴 뒤 손님에게 씌워 준다. 이 정도로 세심하게 배려한다.

최 비서는 "입사 조건은 없다"며 "운전면허가 없어도 된다"고 말했다. 다만 한 가지 조건은 "다른 택시 회사의 경험이 없어야 한다"고 덧붙였다. "나쁜 것을 배우면 고치기가 더 어렵기 때문"이라고 설명했다. 4년제 대학을 나온 학사 기사는 별도로 모집한다. 최 비서는 "1977년부터 학사 기사를 별도로 모집하기 시작했는데 경쟁률이 치열할 땐 100 대 1이 넘기도 했다"고 말했다.

MK택시는 재일교포 유봉식 회장이 1960년 택시 10대로 교토에서 시작한 택시업체다. 당시엔 택시 기사들의 불친절이 하늘을 찌를 정도였다. 사회적 지위가 낮은 데다 수입도 적었기 때문이다. MK택시가 이를 바꿔 놓았다. 이 회사의 성장 과정은 종업원 존중의 역사요, 눈물겨운 투쟁의 역사다. (중략)

이제 MK택시는 도쿄, 교토, 오사카, 나고야 등 8개 도시에서 2000여 대의 일반 택시 및 최고급 택시(하이어 택시), 관광버스 등을 운행하는 굴지의 택시 업체로 성장했다. 프랑스 영화배우 알랭 들롱, 리콴유 싱가포르 전 총리, 고르바초프 옛 소련 대통령도 일본 방문시 의전용 차량 대신 MK택시를 이용하기도 했다.

〈한국경제〉 (2010. 7. 6)

● 활동 내용

① 활동지를 배부하고 내용을 읽은 후 주어진 문제에 대하여 자신의 생각을 적게 한다.

"오늘은 행복한 직업인이 되기 위한 조건을 생각하는 세 번째 시간으로서 직업인의 자세에 대해 알아보도록 하겠습니다. (활동지 배부 후) 활동지의 글을 읽고 주어진 문제에 대해 자신의 생각을 적어 보세요."

② (20분 후) 1번 문항에 대해 학생들의 발표를 들어 본다.

"자, 그럼 1번 문항에 대한 생각을 누가 발표해 볼까요? (몇 사람의 발표를 들은 후) 그렇습니다. 행복한 직업인이 되기 위해서는 직업 선택을 할 때 흥미와 적성, 의미와 보람을 기준으로 잘 선택하는 것도 중요하지만 직업인이 된 후 어떤 자세로 일하느냐, 즉 얼마나 성실하고 긍정적인 자세로 임하느냐도 매우 큰 영향을 미치는 것입니다."

③ 2번, 3번 문제에 대하여 자신의 생각을 발표하게 한다.

"2번 문항의 내용들은 행복한 직업인이 되기 위해서 필요한 자세와 행동을 제시하고 있으며, 3번 문항은 자신에게 부족한 점을 생각해 보도록 합니다. 물론 현재 자신의 문제점들을 인식하고 그것을 앞으로 어떻게 보완해 나가느냐에 따라 얼마든지 좋아질 수 있습니다. 자신에 대한 점검 결과와 보완 사항들을 꼭 기억하고 실천하기 바랍니다."

④ 행복한 직업인이 되기 위해서 직업인으로서 태도와 자세가 중요하다는 것을 강조한다.

"지금까지 여러분과 함께 행복한 직업인이 되기 위한 태도와 자세에 대해 알아보았습니다. 어떤 직업을 통해서 자신과 가족이 긍지를 느끼고 주변 사람에게 기쁨을 주며 사회에도 공헌할 수 있다면 더없이 좋을 것입니다. 여러분이 꼭 명심할 것은, 직업을 통해 자신이 행복감을 느끼고 다른 사람의 존경을 받으려면 무슨 일을 하는가가 아니라 어떻게 하는가가 훨씬 더 중요하다는 것입니다.

의사나 변호사, 교수나 국회의원이라는 직업을 가진다고 해서 다른 사람들로부터 존경을 받는 것이 아닙니다. 실력이 있음은 물론이거니와 환자의 아픔을 이해하고 마음을 위로해 줄 수 있는 의사, 돈을 좇아 이익에 좌우되는 것이 아니라 양심과 정의의 편에 설 줄 아는 변호사가 되어야 존경을 받을 수 있습니다. 가르치고 연구하는 일보다 사리를 채우는 데 급급한 교수나 권력을 남용하고 부패한 국회의원에게는 차가운 경멸의 시선만 더해질 뿐입니다. 택시 기사라고 하더라도 회사를 대표한다는 마음으로, 또는 나 자신이 이 작은 상점의 주인이라는 마음으로 손님 한 사람 한 사람을 귀하게 대한다면 존경받는 이가 될 수 있습니다. 자신의 일에 자긍심을 가지고 임할 때 다른 사람들의 삶에까지 긍정적이고 선한 영향력을 끼칠 수 있는 것입니다.

어떻게 하는가는 자신의 노력으로 얼마든지 바꿀 수 있습니다. 이는 곧 누구에게나 직업에서 성공할 수 있는 가능성이 열려 있다는 뜻이지요. 이번 시간을 계기로 여러분 모두가 앞으로 어떤 직업을 선택하든 행복하고 존경받는 사람이 되기를 기원합니다."

● 활동
행복한 직업인의 조건 3-직업인의 자세

저는 충청북도 보은군 내북면 법주리에 살고 있습니다. 제가 있는 곳은 동네에서도 뚝 떨어진 산속 외딴 황토집입니다. 저 있는 곳까지 오려면 포장되지 않은 산골길을 넘어와야 합니다. 저는 몸이 조금 안 좋아 몇 해 전부터 여기 들어와 지내고 있습니다.

낮에는 찾아오는 사람도 없고 바람 소리 새소리만 들리는 곳입니다. 그런데 가끔 우편물을 들고 찾아오는 사람이 있습니다. 그분이 바로 길만영 집배원입니다. 전기 요금 고지서 한 장을 전달하기 위해 어떤 날은 눈길을 헤치며 산을 넘어오고 어떤 날은 귀가 떨어져 나갈 것 같은 찬 바람을 맞으며 오솔길을 달려옵니다. 미안하기 그지없습니다. 전화 요금이 자동 납부되었다는 통지서 한 장을 전하기 위해 빗길을 오토바이를 타고 오고 책 한 권이나 음반 한 장을 가져다주기 위해 적막한 고개를 넘어옵니다. (중략)

우편물을 배달하면서 산골짝을 넘어 다녀서인지 산삼이 있는 곳을 용케도 잘 찾아냅니다. (중략)

형이 지내기 어려워하는 할머니 제사를 자기가 지내고 난 다음 날 꿈에 할머니가 보이더니 산삼을 캤다고 하는데, 제가 보기엔 길만영 집배원 마음이 착해서 산삼이 눈에 잘 뜨이는 것 같습니다. 산신령님이 선한 삶을 사는 것을 보고 선물로 주시는지도 모르겠습니다. 제가 이렇게 말하는 데는 이유가 있습니다. 그동안 캔 산삼이 한 칠십 뿌리 정도 된답니다. 넉넉하지도 않은 집배원 봉급에 산삼을 발견하면 당연히 그걸 팔아 집안 살림에 보태고자 할 텐데 이분은 그리하지 않습니다. 이분은 그 산삼을 이웃에 사시는 분들께 드려 왔습니다. 암에 걸린 분들께도 갖다 드리고 풍을 맞아 쓰러진 노인께도 갖다 드립니다. 해소 천식으로 고생하시는 분이 계시면 그런 분들께도 드리고 대학 병원 응급실에도 열 뿌리나 드렸답니다. 물론 제가 몸이 안 좋은 걸 알고는 제게도 가져왔습니다. 그동안 캔 산삼 칠십여 뿌리를 거의 다 중병으로 고생하시는 이웃 어른들과 노인들께 드렸다고 합니다. 세상에 이런 착한 분이 어디 있습니까.

저한테 우편물을 가지고 산을 넘어오다가 오갈피 열매가 있으면 따 가지고 옵니다. 그리고 이게 어디에 좋고 어떻게 먹어야 하는지 자세하게 알려 주고 갑니다. 여름엔 연보랏빛 칡꽃을 따 가지고 와서는 설탕에 재워서 먹는 방법을 알려 줍니다. 제게 배달하기 위해 가져오는 물품을 살펴보다가 아무래도 가짜 영양 식품을 속아서 산 것 같으면 그게 왜 가짜인지, 다른 동네 노인들이 어떻게 낭패를 보았는지를 알려 줍니다.

정해진 코스를 돌면서 우편물을 배달하려면 늘 시간에 쫓길 것이 분명합니다. 주어진 일을 책임 있게 처리하기 위해서는 시간에 쫓기고 정신적인 여유도 없을 겁니다. 그런데 집배를 다니다가 우편물 주인한테 좋은 산야초 열매가 눈에 띄었다고 해서 타고 가던 오토바이를 멈춰 세우기란 쉽지 않은 일입니다. 그냥 주어진 업무만 처리한다고 해서 탓할 사람이 아무도 없습니다. 그러나 길만영 집배원은 일에다 인간적인 배려와 정까지 보태서 전달합니다. 그러니 어찌 오토바이 소리만 들어도 반갑지 않을 수 있겠습니까. 산골짝까지 차를 몰고 왔다가 차가 빠져서 전전긍긍하고 있으면 오토바이를 세우고 차를 밀어 주거나 운전석에 올라가 차를 빼 줍니다. 집배원들이 얼마나 바쁘게 일해야 하는지를 알기 때문에 고마움은 몇 배 더 큽니다.

혼자 사시는 할머니들이 많은 산골인지라 노인들이 면 소재지로 약을 사러 가기도 쉽지 않습니다. 그러면 할머니들 약도 사다 드립니다. 우편물도 집에서 받아다 부쳐 드리고 잔돈은 다음 배달 올 때 영수증하고 같이 가져다 드립니다. 저도 지난번에 등기로 부칠 우편물이 있어서 부탁드렸더니 다음에 올 때 영수증하고 잔돈 일천구십 원을 작은 비닐봉지에 넣어서 가져다주는 겁니다. 바쁜 농사철에는 산골 어른들께 농약도 사다 드리고 보호 시설에 계시는 노인들께는 그분들 앞으로 온 편지도 읽어 드립니다. 성암안식원이라는 양로원이 이 근처에 있는데 거기 계시는 노인들을 위해 화장지나 음식물을 사다 드리는 심부름도 하고 봉사도 몇 년째 하고 있다는 얘기도 들었습니다. 이렇게 노인들을 위해 봉사하는 모습이 방송에 보도되기도 했다고 합니다. 그리고 그런 활동을 하는 것도 남모르게 하지만 상을 받는 경우에도 아무에게도 알리지 않고 집배 나갔다가 잠깐 들러 상을 받고는 다시 일을 했기 때문에 직장에서조차 몰랐다고 합니다.

도종환, 〈우리 동네 심마니 집배원〉, 《참 아름다운 당신》(도종환 외, 우리교육, 2009)

1. 앞의 글에서 찾아볼 수 있는 행복한 직업인의 조건은 무엇인지 이유와 함께 적어 보세요.

2. 아래의 문항은 우리가 일을 할 때의 행동이나 태도를 나타내고 있습니다. 자신의 평소 생각, 행동, 태도에 대하여 본인, 친구, 가족은 어떻게 평가하고 있을까요? 해당란에 ○표 하세요.

문항	나	친구	가족
학급이나 가정에서 맡은 바 책임을 다한다.			
자기 주변을 스스로 잘 정리 정돈한다.			
주어진 임무는 성실히 수행한다.			
힘들고 어려운 일이라도 극복하기 위해 최선을 다한다.			
할 일을 스스로 찾아서 한다.			
성취 욕구가 높으며, 무슨 일이든 열심히 한다.			
주어진 규칙을 잘 지키는 편이다.			
매사 긍정적으로 사고한다.			
행동이 민첩하고 순발력이 있다.			
함께 일을 하는 것을 즐기며, 협동심이 강하다.			
합계			

3. 2번의 점검 결과를 통해 자신에게 가장 부족한 점 세 가지와 앞으로 그것들을 어떻게 보완할지에 대해 적어 보세요.

번호	부족한 점	보완 방법
1		
2		
3		

 tip

한국직업능력개발원의 연구에 의하면 한국과 일본, 미국, 독일 등 4개국을 대상으로 각국의 취업자 1200명을 표본 추출해 주요 10개 직업에 대한 직업의식을 비교 조사한 결과, 한국이 주요 직업에 대한 평가인 '직업 위세' 격차가 가장 컸다고 합니다. 직업 위세는 어떤 직업의 권위와 중요성, 가치 등에 대한 사회 구성원들의 평가를 의미하는 것으로 격차가 클수록 직업 귀천 의식이 심하다는 뜻입니다. 이번 수업은 이러한 직업 귀천 의식, 직업 위세에 대한 왜곡된 고정관념을 바로잡는 데 가장 큰 목적이 있습니다.

조사 결과 미국의 직업 위세(기준 1~5점) 범위는 2.72~3.82점, 일본은 1.77~3.88점, 독일은 1.61~3.77점이었지만 한국은 1.56~4.21점으로 그 범위가 가장 넓었다고 합니다.

직업 위세 점수 간 차이가 가장 작은 미국을 기준(1.00)으로 하여 비교해 보면, 1위와 10위 간 격차의 경우 한국은 미국의 2.41배, 일본은 1.92배, 독일은 1.96배로서 한국이 다른 나라들에 비해 유난히 높은 것으로 나타났습니다.

 talk

전문가가 말하는 나의 직업

워크넷(www.work.go.kr) 〉 직업·진로 〉 직업 탐방 〉 직업인 인터뷰에는 160여 개의 다양한 영역의 직업인에 대한 인터뷰가 실려 있습니다. 입직 동기, 직업인으로서의 보람과 힘든 점, 직업인으로서의 자세 등 일반적인 직업 정보가 담기 어려운 내용들이 잘 정리되어 있습니다. 현재까지의 목록은 다음과 같습니다.

순	직업명	순	직업명	순	직업명	순	직업명
1	웹개발자	14	캐릭터디자이너	27	게임음악작곡가	40	개그맨
2	시장및여론조사전문가	15	커리어코치	28	게임프로그래머	41	쇼호스트 1
3	응용소프트웨어엔지니어	16	VJ	29	게임그래픽디자이너	42	방송작가
4	플로리스트 1	17	아쿠아리스트	30	모바일게임기획자	43	방송프로듀서
5	테마파크디자이너	18	다이어트프로그래머 1	31	하우스매니저 1	44	영화포스터디자이너
6	브루마스터	19	이미지컨설턴트	32	마술사 1	45	촬영감독
7	아로마테라피스트	20	아트컨설턴트	33	연예인매니저	46	특수효과전문가
8	애견옷디자이너	21	독서치료사	34	프로덕션디자이너	47	무술감독
9	웨딩플래너	22	애니메이션시나리오작가	35	점역사 1	48	영화감독
10	파티플래너	23	큐레이터	36	문화재보존기술사	49	여행상품기획자
11	게임자키	24	오페라가수	37	공연기획자	50	재무설계가
12	네이미스트	25	대중가수	38	디스플레이어	51	쇼콜라티에
13	전시기획자	26	레코딩엔지니어	39	로케이션매니저	52	토피어리디자이너

순	직업명	순	직업명	순	직업명	순	직업명
53	POP디자이너	88	푸드스타일리스트	123	폴리아티스트	158	의료관광코디네이터
54	아트워크매니저	89	플로리스트 2	124	불꽃연출가	159	쇼호스트 2
55	풍선아티스트	90	문화재보존전문가 2	125	그래피티아티스트	160	지방의회의원
56	캘리그래퍼	91	서비스강사	126	웃음치료사	161	떡볶이연구원
57	경마아나운서	92	동물조련사	127	재활승마치료사	162	분수설계디자이너
58	영화제프로그래머	93	마술사 2	128	매장배경음악전문가	163	스마트폰애플리케이션 개발자
59	위폐감식전문가	94	보석감정사	129	비디오분석관	164	막걸리소믈리에
60	게임방송해설가	95	신발디자이너	130	산업잠수사	165	페도티스트
61	e-sports맵제작자	96	스타일리스트	131	아이디어컨설턴트 1	166	CRS 컨설턴트
62	휴대폰디자이너	97	창업컨설턴트	132	교육행정공무원	167	익스테리어디자이너
63	학습매니저	98	보호관찰관	133	한국어강사	168	북아티스트
64	개인자산관리사	99	여행상품개발원	134	리더십스타일리스트	169	피해자심리전문요원
65	부동산펀드매니저	100	공항세관원	135	디지털사진편집전문가	170	온라인전기자동차연구원
66	국제축구심판	101	카지노딜러	136	성문화교육전문가	171	친환경병충해방제연구원
67	경마기수	102	음식메뉴개발자	137	가맹사업관리자	172	생태어메니티전문가
68	문화재보존전문가 1	103	기상컨설턴트	138	경력관리전문가	173	아이디어컨설턴트 2
69	호텔컨시어지	104	문화마케터	139	변리사	174	폐기물에너지화연구원
70	하우스매니저 2	105	연극놀이강사	140	정보시스템감리사	175	화석연료청정화연구원
71	조향사	106	미캐닉유경사	141	자유기고가	176	증강현실엔지니어
72	검역사	107	포크아티스트	142	아트디렉터	177	다문화언어지도사
73	만화가	108	예술제본가	143	텍스타일디자이너	178	결혼이민자통·번역지원사
74	이러닝교수 설계자	109	버블리스트	144	온라인광고기획자	179	미디어파사드디자이너
75	소믈리에	110	수중재활운동사	145	영화시나리오작가	180	조명디자이너
76	바리스타	111	스포츠기록분석연구원	146	창작애니메이션기획자	181	건설코디네이터
77	다이어트프로그래머 2	112	애완동물장의사	147	사이버범죄수사관	182	모델러
78	병원코디네이터	113	슈거크래프터	148	독립큐레이터	183	교통심리전문가
79	사회복지사	114	비보이	149	스포츠에이전트	184	도로교통안전진단사
80	장례지도사	115	카오디오인스톨러	150	보험설계사	185	중독치료전문가
81	모바일게임QA 전문가	116	퍼스널쇼퍼	151	사진작가	186	음성언어치료사
82	모바일커스터머 서포트엔지니어	117	검색기획전문가	152	바이오의약품연구원	187	안내견훈련사
83	자동차경주 선수	118	퍼핏애니메이터	153	기능성식품연구원	188	펀드레이저
84	레이싱모델	119	HCI컨설턴트	154	배우	189	생태세밀화가
85	프로골퍼	120	키워드에디터	155	REID개발자	190	숲해설가
86	마필관리사	121	입학사정관	156	프로파일러	191	동물원큐레이터
87	컬러리스트	122	메이킹필름제작자	157	로봇공학기술자	192	음악분수연출자

4월

나한테 꼭 맞는 직업 찾기

4월	주제	목표	활동 형태
1주	내가 좋아하는 일은 뭘까?	진로 흥미 체크리스트를 통해 흥미에 적합한 직업을 찾아본다.	개인
2주	내가 잘하는 일은 뭘까?	간이 다중지능 검사를 통해 적성에 맞는 직업을 찾아본다.	개인
3주	내가 중요하게 생각하는 것은 뭘까?	직업 가치관 유형 검사를 통해 직업 가치를 파악한다.	개인
4주	특성 종합하기	흥미, 적성, 가치관 탐색 결과와 기타 조건들을 종합하여 자신의 특성을 파악한다.	개인

진로 선택의 첫걸음은 자기 이해입니다. 먼저 자신을 이해하고, 직업 세계를 이해한 후 합리적인 의사 결정을 하는 것이 올바른 순서라고 할 수 있습니다. 지피지기知彼知己면 백전백승百戰百勝이라는 말이 있습니다. 즉, 적을 알고 나를 알면 백 번 싸워 백 번 이긴다는 말입니다. 이것을 진로 선택에 대입하면 나를 알고 적(직업)을 알면 가장 바람직한 선택을 할 수 있다고 말할 수 있습니다. (자세한 내용은 부록의 "진로 교육의 목표와 내용" 편을 참고하기 바랍니다.)

진로 선택을 위한 자기 이해의 3요소는 흥미(좋아하는 것), 적성(잘할 수 있는 것), 가치관(직업 선택에서 중요하게 여기는 기준) 탐색이라고 할 수 있으며, 이 밖에 신체적 조건, 가정 형편, 부모님의 기대 그리고 어쩌면 학생들의 진로 선택에서 발목을 잡는 가장 큰 요인인 성적을 고려해야 합니다.

여기서는 진로 흥미 체크리스트를 통해 흥미를, 간이 다중지능 검사를 통해 적성을, 직업 가치관 유형 검사를 통해 가치관을 알아본 후, 그 결과와 함께 다른 조건들을 아우르는 표를 만들어 봄으로써 학생들의 종합적인 자기 이해를 돕고자 합니다.

1주. 내가 좋아하는 일은 뭘까? - 흥미 탐색

● **목표**
· 자신이 좋아하는 일의 특성을 알 수 있다.
· 자신의 흥미를 살릴 수 있는 직업을 알 수 있다.

● **준비물**
활동지 '진로 흥미 체크리스트' 41~42쪽
참고 자료 '진로 흥미 유형의 특성과 관련 직업' 43쪽

● **생각 열기**

취미를 직업으로 만든 사람, 제1호 미술 자료 전문가 김달진

Q. "미술 자료 수집에는 어떻게 관심을 갖게 되셨습니까?"
A. "고등학교 다닐 때 우리나라 근대미술 60년을 되돌아보는 큰 전시가 경복궁에서 열렸어요. 1900년에서부터 1960년대까지 우리나라 근대미술을 최초로 정리한 정부 차원의 큰 전시였습니다. 그 전시를 보면서 내가 잘 알고 있는 박수근, 이중섭, 변관식 이런 사람들 자료는 쉽게 구할 수가 있는데 다른 화가들의 자료를 찾기가 의외로 어렵더라고요. 그때부터 우리나라 근대미술 작가들에 대한 자료를 열심히 모아 보아야겠다는 생각이 들어 집중적으로 미술 자료를 모으기 시작했죠."

Q. "원래 미술 자체는 어릴 때부터 좋아하신 것입니까?"
A. "어렸을 때는 긁적긁적 장난도 하고 좋아하잖아요. 그림도 어느 정도 그리니까 교실 뒤쪽에 게시판에 붙이기도 했는데, 특별히 잘 그리는 것은 아니었어요."

Q. "선생님은 취미가 직업이 된 경우인데요. 취미가 직업이 되는 것에 대해서 어떻게

생각하세요?"

A. "예, 저는 미술 자료를 수집하는 취미가 직업이 되었어요. 굉장히 좋은 경우라고 봐요. 어떤 사람들은 자신의 흥미와는 전혀 관련 없이 직업 생활을 하고 있어요. 직업 선택을 해야 하기 때문에 전공이나 취미와 상관없는 곳에 가서 기계적인 일을 하면서 월급을 받고 있는데 이런 직장인들이 삶에서 자기만족을 얻을 수 있을까 의문이 들어요."

Q. "중·고등학교 학생들이 미술 자료 전문가가 되겠다고 하면 추천하시겠습니까? 이 학생들에게 해 주고 싶은 말이 있으신가요?"

A. "저는 추천하겠습니다. 평범한 것보다는 남들이 덜 하고 앞으로 필요로 할 것이 예상되는 일을 하라고 청소년들에게 말하고 싶어요. 남다른 길을 가야 보람도 있을 테니까요. 청소년들에게 권하고 싶은 것은 이런 일입니다."

커리어넷 〉 직업 정보 〉 커리어넷이 만난 도전하는 한국인

배낭여행 전문 여행사 '신발끈'의 장영복 사장은 자신의 대학 시절 취미인 배낭여행이 업으로 이어진 사람이다. 여행을 업으로 삼아 여행사를 운영해 온 지 20여 년. 과연 그는 하고 싶은 일과 해야만 하는 일 사이의 틈을 어떻게 메워 성공을 거두고 있을까? (중략) 여행을 좋아하는 다른 친구들이 장 사장을 따라서 관련 여행업에 뛰어든 적은 없느냐고 물으니 장 사장은 축구에 비유해 대답했다.

"열 번 슈팅을 시도하더라도 결국 골인할 수 있는 것은 한두 개에 불과합니다. 다만 누가 더 지치지 않고 공을 계속 차느냐, 아니면 중도에 주저앉느냐 하는 차이가 있지요. 아무리 자신이 좋아하는 일이더라도 끈기가 없으니 나가떨어지더군요. 자신이 좋아하는 일이라고 택했다면 다른 길을 넘보지 않고 배수진을 쳐야 해요. 그런데 취미를 직업으로 택한 사람들이 착각하기 쉬운 게 직업을 취미로 생각하는 것이지요. 그러면 백전백패예요. 직업은 직업이게 마련이거든요. 취미를 직업으로 삼는 것은 좋지만, 직업을 취미로 생각하면 곤란하지요. 여행을 좋아해 직업으로 택하고 싶다고 찾아오는 젊은이들이 종종 있어요. 그런 친구들에게 꼭 말해 주지요. 험한 일, 힘든 일을 오랫동안 배길 자신 없으면 돈 벌어서 가끔 여행 즐기는 게 훨씬 낫다고요."

《CEO의 습관》(김성희, 페이퍼로드, 2008)

● 활동 과정

① 진로 선택에서 흥미의 중요성에 대해 설명해 준다.

"최근의 직업 세계의 특징을 나타내는 말 중에 전문화란 말이 있습니다. 이것은 앞으로의 직업 세계는 의사, 법조인, 대학 교수 등 일단 입직만 하면 평생을 보장받을 수 있는 소위 전문직과 그렇지 못한 직업들이 피라미드 구조를 이루는 것이 아니라, 같은 직업인이라고 하더라도 그 안에서 양극화가 일어나는 현상을 말합니다. 같은 변호사라 하더라도 연봉이 몇 억에 달하는 변호사가 있는가 하면 사무실 임대료도 내지 못하는 변호사도 있고, 라면 가게라고 해도 1년에 7억 원의 매출을 올리는 곳도 있습니다. 이렇게 직업 세계의 전문화에 따라오는 것이 같은 직업인들 간의 치열한 경쟁입니다. 그럼 누가 그 전쟁에서 승리할 수 있을까요? 당연히 열심히 하는 사람이고, 그 힘든 과정을 누구보다 열심히 하기 위해서는 그저 직업을 생계유지 수단으로만 여기는 것이 아니라 그 일을 재미있게 느끼고 가치 있게 생각해야 합니다. 직업 선택에서 연봉과 전망도 중요하지만 자신의 특성, 즉 흥미가 더욱 중요해지는 이유이지요. 아울러 현재 대학교에 합격하였지만 상당수의 학생들이 1년 안에 재수나 반수를 택하는 것도 결국 학과 선택에서 흥미를 충분히 고려하지 않았기 때문입니다."

② 활동지 '진로 흥미 체크리스트'를 배부하고 실시 요령을 설명한다.

"지금부터 자신의 진로 흥미를 알아볼 수 있는 간단한 검사를 해 볼게요. 활동지에서 표 가운데 나와 있는 내용을 읽고 좌측에는 좋아하는 정도를, 우측에는 잘할 수 있는 정도를 표시한 후 각각 합계를 내세요. 다음으로 높은 점수가 나온 유형 3가지를 적어 보세요."

③ 활동을 실시한 후 참고 자료 '진로 흥미 유형의 특성과 관련 직업'을 배부하고 설명해 준다.

"자, 그럼 결과를 알아볼까요? (참고 자료에 나오는 여섯 가지 유형에 따른 특성과 관련 직업을 간단히 설명해 준다.) 여기서 유의할 점은 유형 한 가지만 고려하기보다는 좋아하고 잘하는 정도 상위 3개 유형을 함께 살펴보는 것이 좋다는 것입니다. 끝으로 자신의 진로 유형에 따른 특성과 관련 직업에 대한 소감을 적어 볼까요?"

● 활동

진로 흥미 체크리스트

다음 질문은 진로 흥미를 알아보는 것입니다. 각 분야에 대해서 어느 정도 좋아하고 잘하는지 해당되는 칸에 표시하세요.

① 전혀 그렇지 않다   ② 별로 그렇지 않다   ③ 약간 그렇다   ④ 매우 그렇다

	좋아한다	분야	잘한다
R 유형	① ② ③ ④	자동차와 관련된 일	① ② ③ ④
	① ② ③ ④	운동 등 몸을 움직이는 일	① ② ③ ④
	① ② ③ ④	동물을 돌보는 일	① ② ③ ④
	① ② ③ ④	모형을 조립하거나 만드는 일	① ② ③ ④
	① ② ③ ④	컴퓨터나 기계를 다루는 일	① ② ③ ④
	① ② ③ ④	실외(바깥)에서 일하는 것	① ② ③ ④
		점수 합계	

	좋아한다	분야	잘한다
I 유형	① ② ③ ④	퍼즐(문제) 맞추기	① ② ③ ④
	① ② ③ ④	실험하기	① ② ③ ④
	① ② ③ ④	과학과 관련된 연구하기	① ② ③ ④
	① ② ③ ④	수학 문제 푸는 일	① ② ③ ④
	① ② ③ ④	관찰, 발견하는 일	① ② ③ ④
	① ② ③ ④	문제, 상황, 경향 등을 분석하는 일(따져 보는 일)	① ② ③ ④
		점수 합계	

	좋아한다	분야	잘한다
A 유형	① ② ③ ④	독립적으로(혼자서) 일하는 것	① ② ③ ④
	① ② ③ ④	예술 또는 음악에 대한 책을 읽는 것	① ② ③ ④
	① ② ③ ④	창조적으로(남과 다르게) 일하기	① ② ③ ④
	① ② ③ ④	그림 그리기	① ② ③ ④
	① ② ③ ④	악기를 연주하거나 노래하는 일	① ② ③ ④
	① ② ③ ④	글쓰기	① ② ③ ④
		점수 합계	

	좋아한다	분야	잘한다
S 유형	① ② ③ ④	사람을 가르치거나 교육하는 것	① ② ③ ④
	① ② ③ ④	다른 사람의 문제 해결을 돕는 것	① ② ③ ④
	① ② ③ ④	조직을 만들어 함께 일하는 것	① ② ③ ④
	① ② ③ ④	사람들을 편안하고 즐겁게 해 주는 일	① ② ③ ④
	① ② ③ ④	사람들을 돕는 일	① ② ③ ④
	① ② ③ ④	사람들을 위로하기	① ② ③ ④
		점수 합계	

	좋아한다	분야	잘한다
E 유형	① ② ③ ④	자신의 목표를 세우는 것	① ② ③ ④
	① ② ③ ④	사람들을 설득하거나 영향을 주는 것	① ② ③ ④
	① ② ③ ④	물건 파는 일	① ② ③ ④
	① ② ③ ④	새로운 책임을 맡는 것	① ② ③ ④
	① ② ③ ④	연설하기	① ② ③ ④
	① ② ③ ④	지도자가 되는 것	① ② ③ ④
		점수 합계	

	좋아한다	분야	잘한다
C 유형	① ② ③ ④	컴퓨터로 문서를 만드는 일	① ② ③ ④
	① ② ③ ④	서류, 사무실 등을 정리하는 것	① ② ③ ④
	① ② ③ ④	하루 생활을 짜임새 있게 계획하는 일	① ② ③ ④
	① ② ③ ④	명확한 지시 사항이 있는 일 하기	① ② ③ ④
	① ② ③ ④	숫자나 그림을 이용하는 일	① ② ③ ④
	① ② ③ ④	사무실 안에서 일하는 것	① ② ③ ④
		점수 합계	

1. 높은 점수가 나온 유형 3가지(표 좌측의 알파벳)를 적어 보세요.

    좋아한다 ① (   ) ② (   ) ③ (   )
    잘한다   ① (   ) ② (   ) ③ (   )

2. 검사 결과 및 진로 흥미 유형의 특성과 관련 직업 설명에 대한 소감을 적어 보세요.

| 참고 자료 |

진로 흥미 유형의 특성과 관련 직업

진로 유형	특성	관련 직업
S 유형 사회형 Social	· 사람을 가르치거나 교육하는 것 · 봉사 정신이 강해서 다른 사람을 돕거나 돌보는 일을 좋아한다. · 친구들과 어울리기를 좋아하고 친구들이 많다. · 타인의 마음을 잘 이해해 주는 사람이다. · 혼자서 지내기보다 늘 다른 사람과 함께하려고 한다. · 동정심이 많고 다른 사람의 감정에 민감하게 만응한다.	상담교사 목사 전문MC 아나운서 피부미용사
R 유형 실재형 Realistic	· 장난감이나 가구를 가지고 놀기를 좋아한다. · 무뚝뚝하고 말이 적은 편이다. · 축구, 농구 등의 운동을 잘한다. · 집 안 가전 제품들에 관심이 많고 고장 나면 나서서 잘 고친다. · 조용히 앉아서 지내기보다 뛰어놀기를 좋아한다.	제과제빵사 기계기사 방송기사 전산기술자 컴퓨터기사 항공기관사
E 유형 기업형 Enterprising	· 남 앞에 나서기를 좋아한다. · 표현력과 리더십이 뛰어나다. · 경쟁이나 놀이에서 꼭 이겨야 한다. · 친구들 사이에서 대장 역할을 하며 활발하게 어울려 논다. · 놀이나 모임에서 사회자가 되기를 더 원한다. · 다른 사람과 의견, 아이디어를 나누며 토론하여 결정 내리기를 좋아한다. · 보상에 민감하다.	경영인 관리자 언론인 판매인 정치인 법조인 PD
I 유형 탐구형 Investigative	· 책 읽기를 좋아한다. · 지적 호기심이 많다. · 질문이 많은 사람이다. · 집중력이 강하다. · 논리적으로 따지기를 잘한다. · 혼자 있기를 좋아한다. · 대체로 공부를 잘한다. · 여러 자료를 탐색해 보고 신중하게 결정 내리기를 좋아한다.	철학자 수학자 약사 교육학자 생물학자 수의사 의사 번역가
A 유형 예술형 Artistic	· 예술적인 영역에서 뛰어나다. · 엉뚱하고 기발한 생각을 많이 한다. · 감정적이고 변덕스럽다. · 규칙을 지키는 것이 어렵다. · 감정이 예민한 편이다. · 간섭 받기를 매우 싫어한다. · 정확하고 꼼꼼하게 일을 처리하는 것이 어렵다. · 다소 산만해 보일 수 있다.	음악평론가 무용가 메이크업아티스트 탤런트 사진작가 성우 애니메이터
C 유형 관습형 Conventional	· 꼼꼼하고 철두철미하여, 좀처럼 실수를 하지 않고 빈틈없는 사람이다. · 학교 준비물을 빠트리지 않고 가져간다. · 공부를 할 때도 계획을 세워 계획대로 진행한다. · 용돈을 절약하여 저축을 한다. · 맡은 일에 끝까지 책임을 다한다. · 좀처럼 지각하지 않는다. · 방 청소를 깔끔히 잘한다. · 구조화하고 정리하고 마무리 짓는 것을 좋아한다. · 한 번에 하나의 과제를 계획한 대로 실행하는 것을 좋아한다.	방송스크립터 회계사 컴퓨터게임프로그래머 정보검색사 공무원

 tip

진로 심리 검사 결과에 대해 학생들은 매우 흥미롭게 느끼고 궁금해하는데, 자신이 희망하는 직업이 나오지 않은 학생은 실망하기도 합니다. 이때 심리 검사 결과를 보는 바람직한 관점에 대한 교육이 필요합니다. 즉, 심리 검사 결과는 진로 선택을 할 때 중요한 참고 자료로 쓰일 수 있지만, 절대적인 기준은 아니라는 것입니다. 만약 자신이 원하는 직업이 결과에 나오지 않았다고 해도 진로 선택을 할 때 무엇보다 우선되어야 하는 것은 '자신의 결정'이며, 그 어떤 것도 자신의 결정을 막을 수는 없다는 것을 알려 주세요. 단, 자신이 원하는 직업과 함께 자신의 특성을 고려하여 추천된 검사 결과상의 직업들에 대해서도 관심을 가져 보도록 권유해 주세요.

 talk 1

직업 흥미를 측정할 수 있는 인터넷 심리 검사 목록

사이트 및 메뉴	검사 이름	내용 및 특징
커리어넷(www.careernet.re.kr) 〉 심리 검사 〉 직업 흥미 검사 선택	직업 흥미 검사	· 직업의 선택, 직업의 지속, 직업에서의 만족감, 직업에서의 성공 등과 관련하여 자신에게 알맞은 직업을 탐색하는 데 도움을 주기 위한 검사 · 16개 직업 영역별 흥미 정도 파악, 직업 영역별 흥미 정도 프로파일 제공, 관련 직업 추천
워크넷(www.work.go.kr) 〉 직업·진로 〉 직업 심리 검사 〉 청소년용 심리 검사 〉 청소년 직업 흥미 검사	청소년용 직업 흥미 검사	· 청소년들의 직업적 흥미 발견, 효율적인 진로 설계를 위한 적합한 학과와 직업 정보 제공 · 진취형, 예술형 등 흥미 유형에 맞는 학과와 직업을 추천 · 활동(61문항), 자신감(61문항), 직업(63문항)으로 이루어져 있으며 총 185문항임
서울진로진학정보센터 (www.jinhak.or.kr) 〉 진로 심리 검사 〉 자신에게 해당되는 학년의 검사 선택	홀랜드 진로 발달 검사	· 서울시 재학 중인 중·고등학생만 활용 가능 · 학생들의 진로 의식, 진로 발달 및 진로 성숙의 정도 측정과 이들 시기에서의 진로의 방향성을 설정하기 위하여 직업적 성격 유형을 측정 · 검사 및 결과 분석에는 50분 정도가 소요되며, 검사 결과는 마이 페이지에 저장 · 홀랜드Holland 진로 심리 검사는 1년에 1회만 무료로 검사할 수 있으므로 신중하게 선택

 **talk 2**

직업 카드 분류

직업 카드란 우리나라의 대표적인 직업을 선정하여 하는 일, 준비 방법, 적성 및 능력, 관련 학과 등 관련 정보를 카드 형태로 제작한 대표적인 진로 교육 도구입니다. 직업 카드를 활용하여 빙고 게임, 조별 스피드 퀴즈 등을 진행하고 개인별 분류를 통해 자신의 직업 흥미, 능력, 지식 등을 알 수 있습니다. 새로운 도구이므로 학생들의 반응이 좋고, 긴장된 분위기가 아니라 놀이로 할 수 있으며, 결과를 바로 알 수 있는 장점이 있습니다. 유망 직업, 신생 직업 유형별 관심 직업 등 주제를 달리하여 직접 학생들이 카드를 제작하게 할 수도 있습니다.

매뉴얼과 개발 과정, 직업 카드 파일은 와우커리어스쿨(www.wowwcareerschool.com) 자료실에서 얻을 수 있습니다. 초, 중등용으로 나뉘어 있으며 개인, 소집단 학급 단위로 활용 가능합니다.

분류 활동 과정은 도입 → 분류 → 주제 찾기 → 순위 결정 → 직업 목록/ 홀랜드 유형 탐색 → 결과 요약 및 정보 제공 단계로 구성되며, 와우커리어스쿨 사이트 자료실에서 활동지 파일을 제공합니다.

직업 카드 예시

2주. 내가 잘하는 일은 뭘까? - 적성 탐색

● **목표**
  · 자신이 잘할 수 있는 일의 특성을 알 수 있다.
  · 자신의 적성을 살릴 수 있는 직업을 알 수 있다.

● **준비물**
  활동지 '간이 다중 지능 검사' 48~50쪽
  참고 자료 '다중 지능과 관련 있는 직업' 51~52쪽

● **생각 열기**

그는 어린 시절부터 만화 그리는 것과 칼로 무엇인가를 조각하는 것을 좋아했다. 《허리케인 조》라는 만화를 모사하기를 즐겼고, 나무토막이나 분필을 조각하며 놀곤 하였다. 그는 8남매 중 여섯째로 태어났다. 아버지가 사업에 실패하는 바람에 공식 중학교에 진학을 못 하고 남산 자락에 있는 중등 과정의 상업전수학교에 입학했다. 그곳을 1년 남짓 다니다가 그만두게 되는데, 그 이유가 학교 운동장이 너무 작다는 거였다. 어쨌든 자아가 형성되기 시작할 무렵 그는 자신이나 가정의 처지가 많이 못마땅했던 모양이다. 반은 자발적으로, 반은 환경에 내몰려서 그는 열네 살의 나이로 집을 뛰쳐나왔다.

가출해서 그는 여러 직업을 전전하다가 설렁탕집에서 기식하며 일하게 된다. 어느 날 목수로 일하는 손님이 두고 간 끌을 줍게 되는데 그는 그 끌로 식당의 다락방 기둥을 조각하였다. 마치 일기를 쓰듯 밤마다 그 기둥을 온통 조각으로 장식하였다. 그 행위에 어떤 예술적 자의식이 있었던 건 아니다. 다만 그는 뭔가 조각하기를 좋아했고, 또 그의 손이 그 일에 매우 능했다는 것이다. 그것만큼 훌륭한 화가 수업이 어디에 있겠는가? (중략)

정릉 벽화 사건 이후로 그는 많이 달라졌다. 이른바 역사의식에 눈을 떴다. (중략)

이제 정말 화가가 된 그는 몸을 아끼지 않고 운동가와 예술가로서의 열정을 불태웠다. 〈노동해방도〉, 〈백두산〉, 〈장산곶매〉 등 숱한 걸개그림을 민주화의 제단에 그려 올렸다. 그의 그림은 음악의 피날레처럼 가장 고양된 부분을 포착하여 상징화했다. 집회장의 뜨거운 구호와 열망이 그의 그림에 응축적으로 담겨 있는 것 같았다. 멕시코의 디에고 리베라(1886~1957)의 벽화가, 독일의 케테 콜비츠(1867~1945)의 판화가 혁명의 무기가 되었듯 그와 그의 동료들이 그린 걸개그림은 당시 우리나라 민주화 운동에 그런 역할을 하였다.

전성태, 〈큰 그림을 그리는 화가 최병수〉, 《참 아름다운 당신》(도종환 외, 우리교육, 2009)

● 활동 과정

① 진로 선택에서 적성의 중요성을 알려 준 후 활동지 '간이 다중 지능 검사'를 배부하고 실시 요령을 설명한다.

"마르틴 부버라는 사람은 '조물주가 이 세상 사람들을 똑같이 창조했다면 그와 같은 낭비는 없다'라는 말을 했습니다. 이 말은 사람은 누구나 다르게 태어났고, 저마다 잘하는 것이 다르다는 말로 해석할 수 있지요. 여기서 잘하는 것 또는 앞으로 잘할 수 있는 것을 '적성'이라고 말합니다. 물론 사람은 자신의 노력 여하에 따라 어느 정도 적성과 재능을 향상시킬 수 있지만, 조금 덜 노력해도 남보다 잘할 수 있는 저마다의 영역이 있습니다. 적성에 맞는 직업을 선택했을 때 남보다 뛰어난 능력을 발휘할 수 있고, 그 직업에서 느끼는 행복감도 클 것입니다. 지금부터 자신의 적성을 알아볼 수 있는 간단한 검사를 해 보겠습니다. 문항을 읽고 전혀 그렇지 않다면 1, 별로 그렇지 않다면 2, 보통이면 3, 대체로 그렇다면 4, 매우 그렇다면 5를 답안지에 표시한 후 채점 방법에 따라 점수를 매겨 보세요. 다음으로 높은 점수가 나온 알파벳 3개를 적어 보세요."

③ 활동을 실시한 후 참고 자료 '다중 지능과 관련 있는 직업'을 배부한다.

"자, 그럼 결과를 알아볼까요? (참고 자료에 나오는 여덟 가지 유형에 따른 특성과 관련 직업을 간단히 설명한다.) 여기서 유의할 점은, 제일 높게 나온 유형 한 가지만 고려하기보다는 좋아하고 잘하는 정도가 높은 상위 3개 유형을 함께 살펴보는 것이 좋다는 것입니다. 끝으로 강점 지능 3가지는 무엇이고 관련 있는 직업은 무엇인지 써 보세요.

● 활동

간이 다중 지능 검사

다음 각 문항을 읽고 전혀 그렇지 않다면 1, 별로 그렇지 않다면 2, 보통이면 3, 대체로 그렇다면 4, 매우 그렇다면 5를 응답지에 표시한 후, 각 항목별로 합계를 적어 보세요.

1. 취미 생활로 악기 연주나 음악 감상을 즐긴다.
2. 운동 경기를 보면 운동선수들의 장단점을 잘 집어낸다.
3. 어떤 일이든 실험하고 검증하는 것을 좋아한다.
4. 손으로 물건을 만들고 그림을 그리는 것을 좋아한다.
5. 다른 사람보다 어휘력이 좋은 편이다.
6. 친구나 가족들의 고민거리를 들어 주거나 해결하는 것을 좋아한다.
7. 나 자신을 되돌아보고 앞으로의 생활을 계획하는 것을 좋아한다.
8. 자동차에 관심이 많고 각각의 공통점과 차이점을 잘 알고 있다.
9. 악보를 보면 그 곡의 멜로디를 어느 정도 알 수 있다.
10. 평소에 몸을 움직이며 활동하는 것을 좋아한다.
11. 과목 중에서 수학이나 과학 과목을 좋아한다.
12. 어림짐작으로도 길이나 넓이를 비교적 정확히 알아맞힌다.
13. 글이나 문서를 읽을 때 문법적으로 어색한 문장이나 단어를 잘 찾아낸다.
14. 학교에서 왕따가 왜 발생하고 어떻게 해결하면 좋을지 알고 있다.
15. 나의 건강 상태나 기분, 컨디션을 정확히 파악할 수 있다.
16. 옷이나 가방을 보면 어떤 브랜드인지 바로 알아맞힐 수 있다.
17. 다른 사람의 연주나 노래를 들으면 어떤 점이 부족한지 알 수 있다.
18. 어떤 운동이라도 한두 번 해 보면 잘할 수 있다.
19. 다른 사람의 말 속에서 비논리적인 점을 잘 찾아낸다.
20. 다른 사람의 그림을 보고 평가를 잘할 수 있다.
21. 나의 어렸을 때 꿈은 작가나 아나운서였다.
22. 다른 사람들로부터 다정다감하다는 소리를 자주 듣는다.
23. 내 생각이나 감정을 상황에 맞게 잘 통제하고 조절한다.
24. 동물이나 식물에 관하여 많은 정보를 알고 있다.
25. 다른 사람과 노래할 때 화음을 잘 넣는다.
26. 운동을 잘한다는 말을 자주 듣는다.

27. 학교생활에서 발생하는 문제를 해결하는 절차와 방법을 잘 알고 있다.
28. 내 방을 꾸밀 때 어떤 재료를 사용해야 하고 어떻게 배치해야 할지 잘 알아낸다.
29. 글을 조리 있고 설득력 있게 쓴다는 말을 자주 듣는다.
30. 학교 친구나 선생님의 기분을 잘 파악하고 적절하게 대처한다.
31. 평소에 내 능력이나 재능을 개발하기 위해 노력하고 있다.
32. 동물이나 식물을 좋아하고 잘 돌본다.
33. 악기를 연주할 때 곡의 음정, 리듬, 빠르기, 분위기를 정확하게 표현한다.
34. 뜨개질이나 조각, 조립과 같은 섬세한 손놀림이 필요한 활동을 잘할 수 있다.
35. 물건의 가격이나 은행 이자 등을 잘 계산한다.
36. 다른 사람으로부터 그림 그리기나 만들기를 잘한다고 칭찬을 받은 적이 있다.
37. 책이나 신문의 사설을 읽을 때 그 내용을 잘 이해한다.
38. 가족이나 선배, 친구 등 누구와도 잘 지내는 편이다.
39. 나의 일정을 다이어리에 정리하는 등 규칙적인 생활을 위해 노력한다.
40. 나는 현재 동식물과 관련된 취미를 하고 있거나 혹은 그런 쪽의 직업을 하고 싶다.
41. 어떤 악기라도 연주법을 쉽게 익힌다.
42. 개그맨이나 탤런트 등 주변 사람들의 행동을 잘 흉내 낼 수 있다.
43. 어떤 것을 암기할 때 무작정 외우기보다는 논리적으로 이해하여 암기하곤 한다.
44. 새로운 지식을 습득할 때 그림이나 개념 지도를 그려 가며 외운다.
45. 좋아하는 수업 시간은 국어 시간과 글쓰기 시간이다.
46. 내가 속한 집단에서 내가 해야 할 일을 잘 찾아서 수행한다.
47. 어떤 일에 실패했을 때 그 원인을 철저히 분석해서 다음에는 그런 일이 생기지 않도록 노력한다.
48. 동식물이나 특정 사물이 갖는 특징을 분석하는 것을 좋아한다.
49. 빈 칸을 주고 어떤 곡을 채워 보라고 하면 박자와 전체의 곡의 분위기에 맞게 채울 수 있다.
50. 연기나 춤으로 내가 전하고자 하는 것을 잘 표현할 수 있다.
51. 어떤 문제가 생기면 성급하게 결론을 내리기보다는 여러 가지로 그 원인을 밝히려고 한다.
52. 고장 난 기계나 물건을 잘 고친다.
53. 다른 사람이 하는 말의 핵심을 잘 파악한다.
54. 다른 사람들 앞에서 프레젠테이션(발표)이나 연설을 잘한다.
55. 앞으로 어떻게 성공해야 할지에 대해 뚜렷한 신념을 가지고 있다.
56. 환경문제를 잘 해결할 수 있는 방법들을 많이 알고 있다.

간이 다중 지능 검사 응답지

지능 유형	A	B	C	D	E	F	G	H
문항	1	2	3	4	5	6	7	8
나의 점수								
문항	9	10	11	12	13	14	15	16
나의 점수								
문항	17	18	19	20	21	22	23	24
나의 점수								
문항	25	26	27	28	29	30	31	32
나의 점수								
문항	33	34	35	36	37	38	39	40
나의 점수								
문항	41	42	43	44	45	46	47	48
나의 점수								
문항	49	50	51	52	53	54	55	56
나의 점수								
세로 항목별 총합계								
지능 유형	A	B	C	D	E	F	G	H
합계								

각각의 세로 항목에 해당하는 지능은 아래와 같습니다.

A : 음악 지능　　B : 신체 운동 지능　　C : 논리 수학 지능　　D : 공간 지능
E : 언어 지능　　F : 인간 친화 지능　　G : 자기 성찰 지능　　H : 자연 친화 지능

채점 방법
- 표의 세로 항목별로 점수 합계를 냅니다.
- 환산 점수가 높은 것이 강점이고, 낮은 것이 약점입니다.
- 점수가 높은 두 개의 유형을 참고하고, 두 번째와 세 번째 점수가 비슷한 경우 세 번째 유형도 고려하세요.

나의 강점 지능 3가지는 무엇이고 관련 있는 직업은 무엇인지 써 보세요.

　　　　　강점 지능　　　　　　　　　관련 있는 직업
① (　　　　　　　) : (　　　　　　　　　　　　)
② (　　　　　　　) : (　　　　　　　　　　　　)
③ (　　　　　　　) : (　　　　　　　　　　　　)

| 참고 자료 |

다중 지능과 관련 있는 직업

	언어 지능 - 시인에서 개그맨까지 -	논리 수학 지능 - 수학자와 007 -
특징	① 질문, 특히 '왜?'라고 묻는 유형의 질문을 자주 한다. ② 말하기를 즐기고 어휘력이 뛰어나다. ③ 두 가지 이상의 외국어를 구사하기도 한다. ④ 단어 게임, 말장난, 시 낭송, 말로 다른 사람 웃기는 일 등을 즐긴다. ⑤ 독서와 글쓰기를 즐긴다.	① 다양한 퍼즐 게임을 즐긴다. ② 수를 가지고 논다. ③ 사물의 작용과 운동 원리에 관심이 많다. ④ 규칙에 바탕을 둔 활동 성향을 가진다. ⑤ '만일 ~라면' 식의 논리에 관심이 있다. ⑥ 분석적으로 문제에 접근한다.
잘하는 일	소설, 연설, 신화(전설), 시, 안내서, 잡지, 주장, 농담, 글자 맞추기, 각본, 계약서, 논픽션, 이야기, 신문, 연극, 논쟁, 재담 등	컴퓨터 프로그램, 수학적 증거, 흐름도, 대차대조표, 퍼즐 풀이, 의학 진단, 발명, 스케줄, 논리적 명제 등
직업군	작가, 사서, 방송인, 기자, 언어학자, 연설가, 변호사, 영업 사원, 정치가, 설교자, 학원강사, 외교관, 성우, 번역가, 통역사, 문학평론가, 방송프로듀서, 판매원, 개그맨, 경영자, 아나운서, 시인, 리포터 등	엔지니어, 수학자, 물리학자, 과학자, 은행원, 컴퓨터 프로그래머, 구매 대리인, 생활설계사, 공인회계사, 회계감사원, 회사원(경리, 회계 업무), 탐정, 의사, 수학교사, 과학교사, 법조인, 정보기관원 등

	음악 지능 - 가수, 작곡가, 노래방 킹카와 퀸카 -	공간 지능 - 디자이너, 택시 운전사, 큐레이터 -
특징	① 소리 패턴에 민감하다. ② 자주 노래를 흥얼거린다. ③ 리듬에 따라 박자를 맞추거나 몸을 흔든다. ④ 소리들을 쉽게 구별한다. ⑤ 음에 대한 감각이 좋다. ⑥ 리듬에 맞추어 움직이는 데 능하다. ⑦ 박자 변화에 따라 운동 패턴을 조절한다.	① 그림 그리기를 즐긴다. ② 시각적인 세부 묘사에 뛰어나다. ③ 사물을 분해하기를 좋아한다. ④ 기계적으로 숙달되어 있다. ⑤ 이미지로 장소를 기억한다. ⑥ 지도 해석에 뛰어나다. ⑦ 낙서를 좋아한다.
잘하는 일	노래, 오페라, 교향곡, 연주, 작곡, 사운드 트랙 등	그림, 줄 긋기, 조각, 지도, 도형, 만화, 계획, 콜라주, 모형, 건물, 미로, 엔진, 벽화, 영화, 비디오, 사진 등
직업군	음악가(성악가, 연주가, 작곡가, 지휘자 등), 음악치료사, 음향기술자, 음악평론가, 피아노조율사, DJ, 가수, 댄서, 음악교사, 음반제작자, 영화음악작곡가, 반주자, 음악공연연출가 등	조각가, 항해사, 디자이너(인테리어, 게임, 헤어, 웹, 무대, 컴퓨터 그래픽 등의 분야), 엔지니어, 화가, 건축가, 설계사, 사진사, 파일럿, 코디네이터, 애니메이터, 공예가, 미술교사, 탐험가, 택시운전사, 화장품 관련 직업, 동화작가, 요리사, 외과의사, 치과의사, 큐레이터, 서예가, 일러스트레이터 등

	신체 운동 지능 - 운동선수, 배우, 조각가 -	인간 친화 지능 - CEO, 사회운동가, 영업자 -
특징	① 신체적 좋은 균형 감각을 갖고 있다. ② 손과 눈의 협동 관계가 좋다. ③ 리듬 감각이 있다. ④ 어떤 문제를 직접 몸으로 접해 보고 해결하려는 경향이 있다. ⑤ 우아한 움직임을 연출할 줄 안다. ⑥ 제스처를 통해 전달하는 데 능숙하다. ⑦ 상대방의 신체 언어를 잘 읽어 낸다.	① 다른 사람에 대한 감정이입이 뛰어나다. ② 또래들 사이에서 인기가 높다. ③ 또래나 나이가 더 많은 사람이나 똑같이 잘 사귄다. ④ 리더십을 보여 준다. ⑤ 다른 사람과 협동하여 일하는 데 능숙하다. ⑥ 다른 사람의 느낌에 민감하다.
잘하는 일	운동, 게임, 춤, 연극, 몸짓, 표현, 신체 훈련, 연기, 조각, 조상, 재주 부리기, 보석 세공, 목재 가공 등	집단 작업, 연극, 대화, 운동, 클럽, 단체 행동, 단체 지도, 합의 결정 등
직업군	안무가, 무용가, 엔지니어, 운동선수, 스포츠해설가, 체육학자, 외과 의사, 공학자, 물리치료사, 레크리에이션지도자, 배우, 무용교사, 체육교사, 보석세공인, 군인, 스포츠 에이전트, 경락마사지사, 발레리나, 산악인, 치어리더, 경찰, 체육관장, 경호원, 뮤지컬배우, 조각가, 도예가, 사회체육지도자, 건축가, 정비기술자, 카레이서, 파일럿 등	사회학자, 정치가, 종교지도자, 사회운동가, 웨딩플래너, 사회단체위원, 기업경영자, 호텔경영자, 정신과의사, 카운슬러, 법조인, 배우, 이벤트사업가, 외교관, 정치가, 호텔리어, 프로듀서, 간호사, 사회복지사, 교사, 개인사업가(상업, 중소기업), 회사원(인사 관련), 영업자, 개그맨, 유치원이나 어린이집교사, 경찰관, 비서, 방문학습지교사, 승무원, 판매원, 선교사, 상담원, 마케팅조사원, 컨설턴트, 펀드매니저, 교육사업가, 관광가이드 등

	자기 성찰 지능 - 철학자, 기업가, 성직자 -	자연 친화 지능 - 의사, 조리사, 조련사 -
특징	① 특정한 활동에 대한 좋고 싫음이 분명하며 그것을 잘 표현한다. ② 감정 전달에 뛰어나다. ③ 스스로의 강점과 약점을 명확히 인식한다. ④ 자신의 능력을 확신한다. ⑤ 적절한 목표를 설정한다. ⑥ 야심을 가지고 일한다.	① 새, 꽃, 나무 등 동식물에 관심이 많다. ② 동식물의 습성과 생리에 깊은 관심을 보인다. ③ 인공적인 환경보다 자연적인 환경을 선호하는 편이다. ④ 자연물의 관찰에 상당한 시간을 할애한다. ⑤ 곤충, 파충류 등에 대한 혐오감이 상대적으로 덜하다. ⑥ 화분 등의 관리에 남다른 열정이 있다.
잘하는 일	시, 일기, 예술 작업, 자기반성, 목표, 자서전, 가족사, 종교 활동 등	조개 껍질이나 꽃잎 등의 두드러진 개인적 컬렉션, 자연 사진, 곤충이나 애완견, 가축에 대한 관찰 메모, 동식물 스케치 등
직업군	신학자, 심리학자, 작가, 발명가, 정신분석학자, 성직자, 작곡가, 기업가, 예술인, 심리치료사, 심령술사, 역술인, 자기 인식 훈련 프로그램 지도자 등	유전공학자, 식물학자, 생물학자, 수의사, 농화학자, 조류학자, 천문학자, 고고학자, 한의사, 의사, 약사, 환경운동가, 농장운영자, 조리사, 동물 조련사, 요리평론가, 식물도감제작자, 원예가, 약초연구가, 화원경영자, 생명공학자, 생물교사, 지구과학교사, 동물원 관련 직종 등

 tip

다중 지능 이론을 통한 적성 탐색 접근은 학생들에게 지능이란 한 가지만 있는 것이 아니라 여러 가지 분야가 있으며 대인 관계 능력, 자연 친화 능력도 지능이 될 수 있다는 새로운 관점을 제시합니다.

- 다중지능에 대한 더 많은 정보를 원하면 우리나라에 처음으로 다중 지능 이론을 소개한 문용린 교수님의 《지력혁명》(비즈니스북스, 2009)을 참고하세요.
- 아울러 〈다중 지능 이론에 기초한 진로 교육 프로그램 개발 연구〉(김주현, 서울대, 2005)에는 중학생 대상 다중 지능 이론에 기초한 진로 교육 프로그램 개발 및 효과 검증 과정이 상세히 소개되어 있습니다.
- 현재 표준화된 다중 지능 검사는 ㈜대교의 한국교육평가센터에서 운영하는 심리 검사 진단 사이트(clinic.daekyo.com)와 다중지능연구소(www.multiiq.com)에서 받을 수 있습니다.
- EBS 〈다큐프라임 아이의 사생활〉 "제4부 다중 지능"(2008. 5. 19)을 학생들과 함께 시청하는 것도 적성의 중요성을 파악하는 데 많은 도움이 됩니다. 이 자료에는 적성이 직업 만족도에 미치는 영향, 성공한 사람들의 다중 지능의 특성, 다중 지능을 향상시키는 방법 등이 소개됩니다.

 talk

직업 적성을 측정할 수 있는 인터넷 심리 검사 목록

검사명	사이트 및 메뉴	내용 및 특징
직업 적성 검사	커리어넷(www.careernet.re.kr) 〉 심리 검사 〉 직업 적성 검사	· 특정 영역(학업, 업무 등)에서 능력을 발휘할 잠재적인 가능성으로 직업과 관련된 다양한 능력을 스스로 진단하는 검사 · 10개 적성 영역별 능력(신체/운동 능력, 손 재능, 공간/시각 능력, 음악 능력, 창의력, 언어 능력, 수리/논리력, 자기 성찰 능력, 대인 관계 능력, 자연 친화 능력) 정도 검사로 직업적 영역별 능력 정도 프로파일 제공, 관련 직업 추천, 각 직업군별 능력 보유 정도 제시
청소년용 직업 적성 검사	워크넷(www.work.go.kr) 〉 직업·진로 〉 직업 심리 검사 〉 청소년용 심리 검사 〉 청소년 적성 검사	· 8개 적성 요인(언어 능력, 수리 능력, 공간 능력 등)과 학업 동기 요인을 함께 측정하여 개인의 능력 패턴에 따라 적합한 3개 학업 분야 추천 · 중·고등학생에게 적절한 난이도를 갖춘 검사를 통한 적합한 학과와 직업 추천

3주. 내가 중요하게 생각하는 것은 뭘까?
- 가치관 탐색

● **목표**
  · 직업 선택을 할 때 중요하게 생각하는 기준을 알 수 있다.
  · 자신의 직업 가치를 살릴 수 있는 직업을 알 수 있다.

● **준비물**
  활동지 1 '나의 직업 가치는?' 57~58쪽
  활동지 2 '직업 가치관 유형별 직업 목록' 59쪽

● **생각 열기**

공익변호사 그룹 '공감'의 염형국, 윤지영 변호사

Q. "어떻게 공감에서 일하게 되셨는지, 그리고 어떤 일을 하시는지 궁금합니다."

A. 염형국 "공감이 시작된 2004년도 1월부터 일했습니다. 올해로 8년째에 접어든 공감은 그때부터 공익단체에 법률 지원을 하는 사업을 시작으로 여성, 아동, 장애인, 이주 노동자 등의 문제, 주민자치, 공익 제보자, 다양한 소수자, 사회 약자를 법률적으로 지원하는 일을 했습니다. 로스쿨이 만들어지면서 미래 법조인이 될 사람들에 대한 교육을 하는 '예비 법조인 인권법 캠프'를 4년째 해 오고 있고, 대학생들 인턴십 프로그램을 운영하고 있습니다. 공감에서의 역할은 2007년 장애인차별금지법 제정 운동을 비롯해서 장애인 인권 문제를 주로 맡고 있지만 이길준 씨, 이재덕 씨 등 군복무 중 병역거부를 한 사람들의 사건 지원, 최근에는 전기통신기본법 위헌 판결도 다른 변호사들과 함께 진행하는 등 다른 영역의 사업도 하고 있습니다."

A. 윤지영 "저는 비정규직 여성을 타겟으로 여성 노동자들의 직장 내 성희롱 실태 조사를 하고 대안으로 제도 개선안을 마련하고 있습니다. 처음부터 공감을 선택한 염형국 변호사와는 달리 로펌에 있다가 공감에 합류했습니다. 처음에는 엄두가 나지 않았는데 경제적인 것이 물론 중요하지만 크게 걸리지 않겠다 싶었어요. 막상 와 보니까 우려했던 것과 달리 재미있고 보람 있습니다."

계간 〈우리교육〉 2011년 봄호에서 발췌 후 재구성

착한 사람들이 만드는 좋은 세상 이야기, 공정여행가 임영신

Q. "공정여행이라, 좀 생소한 의미예요. 어떤 것인지 소개해 주세요."
A. "공정여행은 단지 여행을 떠나는 것이 아니라 만나는 것, 소비가 아니라 관계라고 믿는 사람들의 새로운 여행 방식이죠. 나만을 위한 여행이 아니라 내가 여행에서 만나는 이들과 삶을 나누고, 머무는 곳의 숲과 동물들을 돌보고, 그곳에서 살아가는 이들의 삶과 문화를 존중하는 '새로운 여행'을 일컫는 말이에요."

Q. "청소년들에게 꿈이나 직업에 관해 말해 주고 싶은 부분이 있으신지요?"
A. "구체적인 직업으로서의 미래보다 더 중요한 것은 '내가 진짜 하고 싶은 게 뭔가'라는 삶의 방향성을 잡는 것이에요. 그것이 선행된 후엔 삶의 속도도 고려해야 해요. 자신에게 맞지 않는 속도와 밀도로 이루어진 과도한 성취는 삶에서 어떤 대가를 분명히 지불하게 한다는 것을 제 스스로 경험을 통해 알게 되었거든요. 필요로 하지 않는 만큼의 성취는 나에게 행복을 주지 않는다는 것을 깨달았죠. 그리고 성취보다도 더 중요한 것은 성장이고, 관계라고 믿어요. 함께 일하는 사람들과의 관계가 우리가 하는 일에 긍정적인 에너지를 주고 그 울림이 모여 그 일의 성취가 크든 작든 격려하고 감사하는 마음이 가장 소중한 거라 생각해요. 직업에 대해서도 마찬가지예요. 직업은 엄밀한 의미에서 생계를 영위하기 위한 것이지만, 거기서 중요한 건 자기가 주체적이고 독립적인 삶을 살게 결정하고 운영해 갈 수 있는 능력인 것이지요."

커리어넷 〉 직업 정보 〉 커리어넷이 만난 도전하는 한국인에서 발췌

● **활동 과정**

① 진로 선택을 할 때 가치관의 중요성에 대해 설명해 준다.

"직업을 선택하는 기준에는 여러 가지가 있습니다. 예를 들면 보수(돈을 얼마나 많이 버는가), 사회적 인정(다른 사람들로부터 인정받을 만한가), 안정성(오랜 기간 안정적으로 보장되는가) 등이 있지요. 이렇게 직업을 선택하는 데 중요하게 여기는 기준을 직업 가치관이라고 하는데 이 직업 가치관은 사람마다 다릅니다. 어떤 사람은 '나는 뭐니 뭐니 해도 머니가 최고'라고 생각하고, 어떤 사람은 돈을 조금 벌어도 안정되게 오랫동안 할 수 있는 일을 좋아하기도 하지요. 또 누군가는 보수가 적고 남들이 알아주지 않더라도 어려운 사람을 도와주는 것처럼 보람 있는 일을 하고 싶다고 말하기도 합니다. 이렇게 자신의 직업 가치를 알고 그 직업 가치에 적합한 직업을 선택했을 때 그 사람은 직업인으로서 더욱 만족감을 느끼게 됩니다. 자, 그럼 지금부터 여러분의 직업 가치를 알아보도록 할까요?"

② 활동지 1 '나의 직업 가치는?'을 배부하고 실시 요령을 설명한다.

"지금부터 자신의 직업 가치를 알아볼 수 있는 활동을 해 보겠습니다. 먼저, 20년 후 어느 날 자신이 직업인으로서 가장 행복한 날 하루를 상상해서 활동지에 적으세요. 이때 가급적 내용은 직업인으로서 출근해서 퇴근할 때까지 에피소드를 중심으로 아주 자세하게 쓰는 것이 좋습니다. 다음으로 뒷면의 직업 가치관 검사를 실시해 보세요."

③ 활동을 실시한 후 활동지 2 '가치관 유형별 직업 목록'을 배부하면서 설명한다.

"자, 그럼 여러분의 직업 가치에 적합한 직업을 알아볼까요? 그런데 여기서 한 가지 유의할 점은 여러분이 가장 높은 결과가 나온 유형 한 가지만 고려하기보다는 상위 3개 유형을 함께 살펴보는 것이 좋다는 것입니다. 끝으로 자신의 직업 가치관 유형에 적합한 직업을 3가지 쓰고, 평소에 생각한 희망 직업과 위에서 나타난 직업이 일치하는지, 만약 일치하지 않는다면 이유는 무엇인지 써 보세요."

● 활동 1

나의 직업 가치는?

20년 후 어느 날 자신이 직업인으로서 가장 행복한 날 하루를 상상해서 활동지에 적으세요. 이때 가급적 내용은 직업인으로서 출근해서 퇴근할 때까지 에피소드를 중심으로 아주 자세하게 쓰는 것이 좋습니다.

다음 표에서 직업 가치관의 유형과 특징을 읽고 내가 직업을 선택하는 데 가장 중요하게 생각하는 것을 1부터 11까지 순위를 정하여 봅시다.

직업 가치관 유형	특징	순위
능력 발휘	자신의 능력을 발휘하고 성취감을 얻을 수 있는 일	
다양성	단조롭게 반복하지 않고 다양한 활동을 통하여 변화를 추구하는 일	
보수	돈을 많이 벌 수 있는 일	
안정성	쉽게 해직되지 않고 일생 동안 안정적으로 보장되는 일	
사회적 인정	다른 사람들로부터 인정받을 수 있는 일	
지도력 발휘	사람들을 통솔하고 이끌 수 있는 일	
더불어 일함	다른 사람들과 함께 서로 협력하여 할 수 있는 일	
사회 봉사	사람들을 구체적으로 도와주고 어려운 이웃을 돕는 일	
발전성	앞으로 더 발전하고 배울 수 있는 가능성이 있는 일	
창의성	자신의 아이디어를 내어 새로운 시도를 할 수 있는 기회가 많은 일	
자율성	윗사람의 명령이나 통제 없이 스스로 일을 계획하고 추진할 수 있는 일	

1. 위에서 1, 2, 3순위로 나타난 직업 가치관 유형은 무엇입니까?

　　① (　　　　　　) ② (　　　　　　) ③ (　　　　　　)

2. 위에서 1, 2, 3순위로 정한 이유는 무엇입니까?

● 활동 2

직업 가치관 유형별 직업 목록

직업 가치관 유형	직업의 종류
능력 발휘	가수, 건축기술자, 검사, 경영컨설턴트, 국제무역가, 디자이너, 작가, 경찰관, 쇼핑호스트, 변호사, 모델, 동시통역사
다양성	건축기술자, 경찰관, 공연기획자, 심리치료사, 안무가, 미용사, 영화 감독, 요리사, 대학교수, 기사, 농업인, 성형외과의사, 성우, 초등학교교사
보수	감정평가사, 로봇연구원, 공인회계사, 관세사, 외환딜러, 시스템엔지니어
안정성	물리치료사, 교사, 기상연구원, 한의사, 의사, 변리사, 손해사정인, 철도기관사
사회적 인정	검사, 대학 교수, 기자, 아나운서, 항공우주공학자, 항해사, 작곡가, 연출가
지도력 발휘	검사, 경찰관, 부동산중개인, 스포츠감독, 영화감독, 교사, 의사, 지휘자, 안무가
더불어 일함	간호사, 관광기획자, 비서, 국제회의전문가, 스튜어디스, 외교관, 요리사, 의사
사회 봉사	공무원, 미용사, 운전기사, 사회복지사, 응급구조사, 판사, 성직자, 소방관
발전성	웹디자이너, 광통신연구원, 귀금속세공사, 미생물학자, 기업분석가
창의성	게임기획자, 네일아티스트, 영화기획자, 디자이너, 유전공학자, 일러스트레이터, 음악가, 사진사, 만화가, 무용가, 성우, 컴퓨터프로그래머, 기상연구원
자율성	공인노무사, 농업인, 광고기획자, 대학교수, 번역가, 파티플래너, 작가

1. 위 가치관 유형별 직업의 종류를 보고 자신의 직업 가치관 유형과 관련 있는 직업 목록에서 관심이 가는 것에는 무엇이 있는지 적어 보세요.

　　① (　　　　　　) ② (　　　　　　　) ③ (　　　　　　　)

2. 평소에 생각한 희망 직업과 위에서 나타난 직업이 일치하나요? 일치하지 않는다면 이유는 무엇일까요?

 talk

직업 가치를 측정할 수 있는 인터넷 심리 검사 목록

검사명	사이트 및 메뉴	내용 및 특징
직업 가치관 검사	워크넷(www.work.go.kr) 〉 직업·진로 〉 직업 심리 검사 〉 청소년용 심리 검사 〉 직업 가치관 검사	· 중요하게 생각하는 직업 가치관을 알아보고 자신의 직업 가치를 실현하기 위해 적합한 직업을 안내해 주는 심리 검사 · 직업 가치관 검사는 총 13개의 하위 요인으로 구성되어 있으며, 결과를 통해 개인이 중요하게 생각하는 직업 가치, 개인의 직업 가치관에 잘 맞는 직업을 안내함
직업 가치관 검사	커리어넷(www.careernet.re.kr) 〉 심리 검사 〉 직업 가치관 검사	· 직업 가치관 이해 및 가치관에 적합한 직업 탐색을 위한 검사로, 성취·변화 지향 등 다양한 직업 가치관의 요인에 대한 가치 수준을 비교, 유사한 특성을 가진 직업(직종)을 추천함

 tip

직업 가치관 탐색 시 '경매' 방법을 활용할 수도 있습니다. 자세한 방법은 다음과 같습니다.

1. 8명 정도로 모둠을 구성하고 직업 가치 경매표를 배부한다.
2. 각자에게 20만 원씩 주어진다고 가정한다. 사고 싶은 항목을 골라 될 수 있으면 금액을 다양하게 배분해서 '나의 최초 할당 금액'에 적게 한다. 가지고 있는 돈 20만 원을 모두 쓰도록 하는데, 사고 싶지 않은 항목은 금액을 써넣지 않아도 되며 자신이 가장 사고 싶은 항목에 가장 많은 돈을 할당하게 한다.
3. 모둠에서 경매자를 선정하고 경매에 부친다. 경매자도 입찰에 참가할 수 있으며 입찰에 참여한 학생 중 가장 높은 금액을 제시한 학생이 가치를 살 수 있다.
4. 낙찰되어 매입자가 결정되면 '최고 낙찰액(낙찰자)'난에 금액과 낙찰자의 이름을 적게 한다. 이때 각 항목을 사기 위해 썼던 모든 금액을 낙찰자에게 모아서 준다.

직업 가치 경매

직업 가치	나의 최초 할당 금액	나의 최종 입찰액	최고 낙찰액(낙찰자)
남을 돕기			
남에게 인정받기			
많은 월급			
많은 사람 거느리기			
장래성			
적당한 근무 시간			
사회 발전에 공헌			
오랜 기간 일하기			
창의적인 일			
능력에 따라 승진하기			
여러 곳을 돌아다니기			
많은 여가 시간			
성취감			
나의 능력을 개발			
자부심			
여러 사람 만나기			
자율적으로 일하기			

* 나의 직업 가치 세 가지는 (   ), (   ), (   )이다.

* 활동 소감:

4주. 특성 종합하기

● **목표**
  · 자신의 흥미, 적성, 가치관 등 자신의 특성을 종합할 수 있다.
  · 자신의 흥미, 적성, 가치관을 종합하고 이 결과를 바탕으로 한 직업을 알 수 있다.

● **준비물**
  활동지 1 '유명 인사들의 진로 선택' 67~68쪽
  활동지 2 '진로 선택을 위한 개인 특성 종합표' 69쪽

● **생각 열기**

어떤 직업인이 되고 싶은가?

변호사가 되고 싶어 하는 사람이 있습니다. 변호사가 되려면 무엇을 해야 할까요? 공부요? 물론 해야지요. 로스쿨(법조인을 양성하는 법학 전문 대학원)에도 가야 하고, 시험에도 합격해야 합니다. 하지만 그 전에 직업의 분류 기준 세 가지에 대해 생각을 해 보는 것이 필요합니다. 즉, 돈이 우선인가 아니면 시간이 우선인가, 혼자 일할 때 빛나는 사람인가 아니면 여럿이 일할 때 빛나는 사람인가, 안정적인 직업을 선택할 것인가 아니면 모험적인 일을 선택할 것인가 등의 기준을 변호사에 적용해 보고 구체적인 모습을 그려 봐야 합니다.

"로펌(전문 변호사들로 구성된 법률 회사)에 들어가 회사 생활을 하는 변호사가 될 것인가, 혼자 독립하여 변호사 사무실을 운영할 것인가?"
"개인 시간을 많이 누리는 변호사가 될 것인가, 돈을 많이 버는 변호사가 될 것인가?"
"변호사는 전통적 직업에 속하므로 안정적이라고 할 수 있는데, 모험보다 안정을 택하는 것이 과연 내 적성에 맞는가?"

하나씩 선택을 해 나가다 보면 구체적인 모습이 드러납니다.

우선 자신이 안정과 모험 중 안정을 더 마음에 들어 한다면 변호사를 택해도 무난할 것입니다. 안정보다는 모험을 더 좋아한다면 변호사가 되어 가난한 사람, 사회적 약자를 변호하는 길을 택할 수도 있습니다. 그러고는 모험보다는 안정을, 시간보다는 돈을, 홀로보다는 조직 생활을 바란다면 대형 로펌에 들어가서 밤낮을 가리지 않고 열심히 일하는 변호사의 모습이 그려집니다. 조직 생활이 맞는다면 로펌에 들어가기 전에 검사나 판사를 하는 것도 좋을 것입니다. 그렇다면 선택지는 이렇게 됩니다.

① 로스쿨 → 판사 혹은 검사
② 로스쿨 → 대형 로펌의 변호사

대형 로펌의 변호사는 대개 무척 바빠서, 시간보다는 돈을 우선한다고 보입니다. 변호사를 원하되 홀로 하는 것이 더 좋은 사람에게는 로스쿨 이후에 개업 변호사가 되는 길이 기다리고 있을 것입니다. 개업 변호사가 된 다음에는 돈을 택하느냐 시간을 택하느냐에 따라 일과가 매우 다릅니다.

③ 로스쿨 → 개업 변호사 → 돈 위주의 일과
④ 로스쿨 → 개업 변호사 → 시간 위주의 일과

변호사라 하더라도 다 같은 삶을 사는 것이 아니라 이처럼 저마다 다르게 살아갑니다. 어떤 선택을 하느냐는 같은 직업인이라고 하더라도 자신이 원하는 가치에 따라 달라지게 됩니다.

《준비가 알차면 직업이 즐겁다》(탁석산, 창비, 2009)

〈해피선데이 - 1박 2일〉의 나영석 PD, 미래의 후배 육도영 양에게

"거짓말입니다." 나 PD는 환하게 웃으며 이야기했다. 서울 여의도동 KBS 신관에서 만난 그의 첫마디였다. 방송국 PD가 되려면 신문방송학과나 언론홍보학과에 가야 하느냐는 육 양(울산여고 2년) 질문에 대한 답변이었다.

"방송국 PD가 되는 데 학과는 중요하지 않습니다. 저는 대학(연세대)에서 행정학을 전공했어요. 〈남자의 자격〉을 연출하는 신원호 PD는 공대 출신이죠. 사실 대학에 갈 때 특별히 가고 싶은 학과는 없었습니다. 그런데 아버지가 특별히 하고 싶은 일이 없으면 행정학과에 가서 공무원 시험을 준비하라고 하시더라고요. 그래서 행정학과에 갔어요(웃음)."

그럼 대학에 가서 본격적인 PD 준비를 시작했을까? 아니다. 나 PD는 대학에 가서 연극반 생활을 시작했다. 1학년 때부터 졸업할 때까지 동아리 활동에 전념했다. 단역부터 시작해 조연 배우, 스태프, 연출 등 다양한 경험을 했다.

"머릿속에만 있던 생각을 구체적인 연극 형태로 만드는 과정이 흥미로웠어요. 이야기를 만들고 연출하는 데 재미를 느꼈죠. 자연스럽게 영화감독이나 방송작가나 방송국 PD를 하고 싶다는 생각을 하게 됐어요."

나 PD가 처음부터 PD 시험을 준비한 건 아니다. 처음에는 영화를 하고 싶어 아르바이트로 영화 조연출 활동을 했다. 하지만 갑자기 영화 촬영이 중단되는 바람에 두 달 만에 그만두게 됐다. 자신만만하게 도전했던 방송 시트콤 대본 공모전에서는 쓴맛을 봤다. 그러다 2001년 KBS 공채 시험에 합격해 PD 생활을 시작했다. 최근 나 PD는 누리꾼 사이에서 1박 2일의 '제6의 멤버'로 불린다. 카메라 앞에서 출연자들과 재치 있게 이야기를 주고받는 모습 때문이다. PD는 타고난 끼가 있어야 할까?

"요즘 제가 방송에 자주 등장하니까 연예인 끼가 있는 줄로 생각하는 분도 계세요. 하지만 사실과 달라요. 저는 낯을 많이 가립니다. 처음에는 연예인 눈도 똑바로 쳐다보지 못할 정도였어요. 지금도 그래요. 물론 PD에게는 끼나 다른 사람을 이끄는 능력도 중요합니다. 하지만 필수 조건은 아니에요. PD는 방송 콘텐츠를 만드는 사람이기 때문이죠. 팀원과 함께하는 회의가 가장 중요합니다. 일종의 집단 지성인데요. 프로그램 기획은 동료 PD, 작가와 모여 서로 의견을 주고받으면서 이뤄져요. 서로 의견을 검증해 주고 아이디어에 살을 붙여 나가면서 프로그램을 제작하죠."

"PD가 되려면 어떻게 준비해야 되나요?" 육 양이 묻자 곰곰이 생각하던 나 PD의 답변이 이어졌다.

"'적극적 시청자'가 되어 보세요. TV를 그냥 보지만 말고 '내가 PD라면 어떻게 할까'라고 생각하는 거죠. 방송국 PD가 되려면 내가 만들고 싶은 프로그램이 있어야 합니다. 저는 어렸을 때부터 코미디 프로그램을 좋아했어요. 특히 KBS 주말 코미디 프로그램 〈유머 일번지〉를 즐겨 봤죠. 나도 저런 프로그램을 만들고 싶다는 욕심이 생겼어요. 내가 직접 프로그램을 만들어 보겠다는 마음이 생기면 자신을 발전시키는 원동력이 될 거예요."

'환상을 버려라.' 나 PD는 방송국 PD를 꿈꾸는 학생들에게 이렇게 조언했다. 적지 않은 학생이 정확한 직업의 특징을 모르고 방송국에서 일한다는 막연한 환상만 가지고 PD를 꿈꾼다는 얘기였다.

"방송국 PD에도 종류가 많아요. 시사 교양, 드라마, 다큐멘터리 등으로 다양한 분야가 있죠. 예능 PD만 해도 저처럼 버라이어티 프로그램을 하는 사람도 있지만 코미디나 음악 프로그램을 하는 PD도 있습니다. 돈도 많이 벌고 연예인을 만나서 좋은 직업으로 생각하는데 꼭 그렇지는 않아요. 연예인과 만나는 PD는 극히 일부죠. 연봉은 일반 기업과 비슷하거나 조금 적은 편입니다."

나 PD는 촬영 및 편집, 기획 회의 등을 하느라 집에 못 들어가는 날이 많다. 인터뷰가 진행된 이날도 사흘째 집에 못 들어간 상태였다. 육 양은 이런 이야기를 들으며 "여자는 PD 하기 힘들다는 얘기를 들었는데……"라고 운을 뗐다. 나 PD가 답했다.

"많이 오해하는 부분이에요. 최근 몇 년간 KBS에 들어온 신입 PD 중에 남자가 더 많았던 적은 한 번도 없었어요. 1박 2일 PD도 저 빼곤 셋이 다 여자입니다. 육체적으로 힘들 수도 있지만 자신이 좋아서 프로그램에 애정을 가지고 일하면 충분히 할 수 있어요. 전 국민이 보는 프로그램을 만든다고 생각하면 보람을 느낍니다."

방송사 PD가 되려면 꼭 시험을 봐야 하느냐는 육 양의 질문에 나 PD는 "전체 PD 숫자를 놓고 보면 지상파 방송국 PD의 숫자는 적은 편"이라며 다음과 같이 말했다.

"오히려 외주 업체에서나 프리랜서로 활동하는 PD가 많아요. 미디어 빅뱅 시대라고 하잖아요? 앞으로는 어디에 소속된 PD인가보다는 콘텐츠를 만드는 능력을 갖춘 인물인가 여부가 더 중요한 시대가 될 거예요."

〈동아일보〉(2010. 12. 14)

tip

혹시 학생들로부터 수업 중에 "선생님, 그럼 직업 선택할 때 월급이나 안정성 같은 것들은 하나도 중요하지 않나요?"라는 질문 또는 항의가 들어올 수 있습니다. 이때는 이렇게 답해 주세요. "오! 그래, 좋은 지적이야. 사실 직업을 선택할 때 개인 특성뿐 아니라 연봉이나 전망과 같은 직업 자체가 가진 조건들도 꼭 고려해야 해. 그 부분은 다음 시간부터 다룰 거란다." 학생들의 질문이나 저항에 대처할 때 일단 그 속에 담겨 있는 긍정적인 의미를 짚어 주고, 덧붙여 선생님들이 하고 싶은 얘기를 들려준다면 훨씬 효과적입니다.

● 활동 과정

① 진로 선택의 일반적인 조건들을 설명해 준다.

"지금까지 자신의 특성을 파악하기 위하여 흥미, 적성, 가치관 등을 알아보았습니다. 그렇지만 진로 선택의 기준에 이것만 있는 것은 아닙니다. 어떤 직업은 신체적 조건이 필요한 직업도 있고, 자신의 경제 형편도 고려해야 하며, 부모님의 기대도 무시할 수 없는 부분이지요. 따라서 이번 시간에는 이러한 여러 가지 조건들을 종합해 볼 때 어떤 것이 자신에게 가장 잘 어울리는 직업인지를 알아보는 시간을 갖도록 하겠습니다."

② 활동지 1 '유명 인사들의 진로 선택'을 배부하고 실시 요령을 설명한다.

"그럼 먼저 직업인으로서 모범을 보여 주고 있는 앵커 김주하 씨와 산악인 엄홍길 씨의 진로 선택 이유에 대해 살펴보겠습니다. 글을 읽고 활동지에 답을 적어 보세요."

③ 활동지 2 '진로 선택을 위한 개인 특성 종합표'를 배부하고 설명한다.

"자, 이번에는 자신의 적성, 흥미, 가치관 등 여러 가지 조건 등을 고려하여 자신의 특성에 적합한 직업의 최종 선택을 해 보도록 하겠습니다."

④ 진로 선택을 할 때 개인 특성 반영의 중요성을 강조한다.

"지금까지 개인 특성을 종합하여 자신에게 어울리는 직업을 찾아보았습니다. 사실, 많은 친구들이 직업 선택을 할 때 연봉이나 전망만을 따지고 있습니다. 물론 직업이 가지는 조건도 고려해야 하지만 직업 선택을 할 때 더 중요한 것은 자신의 특성이라는 점을 꼭 명심하기 바랍니다."

● 활동 1

유명 인사들의 진로 선택

MBC 김주하 앵커

커리어넷 어린 시절 꿈은 어떤 것이었나요? 앵커를 꿈꾸게 된 특별한 계기가 있으신가요?

김주하 한 가지 꿈만 가졌던 건 아니에요. 동물을 좋아했기 때문에 수의사가 되거나 농장을 운영하고 싶었고, 제복이 멋있게 보여서 여군이 되고 싶다는 생각도 했었습니다. 제가 수의사를 꿈꾼다니까 주변 분들이 동물 말고 사람도 살리는 꿈은 어떠냐고 하셔서 의사를 생각해 본 적도 있고요. 앵커가 되고 싶다는 꿈은 고등학교 때 생겼습니다. 고등학교 1학년 때 학교 신문반에서 기자를 했었는데, 신문반 선생님께서 신문 기사나 TV 뉴스를 자주 보고 기사 쓰는 법을 익히라고 하셨습니다. 그 말씀에 따라 신문이나 뉴스를 계속 접하다 보니 처음엔 기자를 꿈꾸게 되었고, 시간이 지나면서 TV 뉴스에 반복해서 나오는 앵커에게 마음을 빼앗기게 되었지요. 처음부터 '난 앵커가 되어야지.'라고 생각한 것이 아니라, 신문반 활동을 하면서 꾸준히 방송을 보다가 어느 순간 앵커라는 직업에 매료된 거죠.

커리어넷 방송국에 근무하시면서 내가 이 길로 오길 잘했다 혹은 의미 있었다고 느꼈던 일들은 뭐가 있을까요?

김주하 대개는 앵커를 꿈꿀 때 많은 사람들 앞에서 멋있게 말하는 것을 상상하죠. 하지만 제가 앵커를 하면서 찾은 의미는 다른 사람들보다 먼저 알고 있는 것들을 얘기해 주고, 가르쳐 주는 것이 아니었습니다. 특히 인터넷이 발달하면서 제가 다른 사람들보다 먼저 알았다는 것은 의미가 없어진 세상이 됐지요. 제 생각으로 앵커는, 국민들과 같이 즐거워하고 행복해하고 슬퍼하는 사람입니다. 그래서 온 국민이 하나가 되어서 울고 웃고 한스러워하고 안타까워했던 2002년 월드컵 때가 제게 가장 좋은 기억으로 남아 있어요. 월드컵 시즌에는 뉴스 직전까지 생방송으로 축구 경기를 중계했는데 경기가 끝나자마자 뉴스를 해야 하는 저로서는 우리나라가 경기에 이겼을 때, 비겼을 때, 졌을 때를 다 준비해야했지요. 제대로 준비를 못하는 바람에 경기 결과에 대해 말도 안 되는 멘트를 하는데도 국민들도 좋고, 저도 좋고……. 그때 국민들과 같이 울고 웃었던 기억들이 제게는 죽을 때까지 남아 있을 것입니다.

〈커리어넷 도전하는 한국인 발췌 후 재구성〉

윗글을 읽고 다음을 정리해 보세요.

1. 김주하 씨는 어떤 이유로 앵커가 되었나요?

2. 김주하 씨가 앵커로 일하면서 가장 보람을 느끼는 때는 언제인가요?

3. 현재 자신이 희망하는 직업을 왜 선택하게 되었는지 그 이유를 써 보세요.

산악인 엄홍길

커리어넷 언제부터 전문 산악인이 되시기로 결심하셨나요?

엄홍길 주말이 되면 저의 집 위에 커다란 암벽지대가 있어 주변에 전문 암벽 클라이머들이 많이 왔습니다. 그분들과 친하게 되고 어울려 쫓아 올라가 암벽을 타면서 재미를 붙였어요. 제주도의 한라산부터 전국의 많은 산을 오르면서 하나씩 몸으로 터득해 가고 그런 경험들이 쌓이다 보니까 이제는 좀 더 어려운 곳으로 가서 도전해 보자는 생각이 들었습니다. 그래서 히말라야 8천 미터에 도전하게 된 것입니다.

히말라야를 도전하면서 산을 오르는 것은 인간의 의지만으로 가능한 것이 아니라는 생각이 들었습니다. 제가 아무리 능력이 있고 기술적, 체력적, 정신적으로 완벽하게 갖추어져 있다 해도 인간이 할 수 있는 능력엔 한계가 있단 것을 깨달았습니다. 인간이 감히 거스를 수 없는 대자연의 힘, 에너지가 존재한다는 생각이 들었습니다.

커리어넷 도전하는 한국인 발췌 후 재구성

1. 엄홍길 씨의 직업 선택 기준은 무엇이었나요?

2. 엄홍길 씨의 직업 선택은 보통 사람들의 선택과 어떻게 다른가요?

3. 당신은 어떤 기준으로 직업을 선택하고 있나요? 그리고 그것이 당신에게 중요한 이유는 무엇인가요?

● 활동 2

진로 선택을 위한 개인 특성 종합표

지금까지 나의 특성을 알아본 결과를 바탕으로 하여 나에게 적합한 직업의 종류를 3가지 이상 적어 보세요.

특성 요인	나의 특성	적합한 또는 관련된 직업
진로 흥미 체크리스트		
간이 다중 지능 검사		
직업 가치관 유형 검사		
좋아하는 과목		
신체 조건		
가정경제		
부모님의 기대		
학교 성적		
수상 경력		
칭찬받았던 경험		

위 표에서 나온 직업 중 가장 관심이 가는 직업 3개와 그 이유를 적어 보세요.

① 직업(   ), 이유(   )
② 직업(   ), 이유(   )
③ 직업(   ), 이유(   )

5월

직업 정보, 아는 것이 힘이다

5월	주제	목표	활동 형태
1주	직업 세계 이렇게 변하고 있다	직업 세계의 변화를 알고 이에 효과적으로 대처하는 방법을 익힌다.	개인
2주	진로 정보! 퀴즈로 손에 넣자	진로 정보 수집 방법을 익힌다.	조별
3주	직업 미니북 만들기	자신이 관심 있는 직업에 대해 정보를 탐색하고 미니북 형태로 만든다.	개인
4주	학교 미니북 만들기	자신이 관심 있는 고등학교에 대해 정보를 탐색하고 미니북 형태로 만든다.	개인

이번 달의 주제는 진로 정보 탐색입니다. 합리적인 진로 의사 결정을 위해서는 자신의 특성, 즉 적성, 흥미, 성격 등을 아는 것도 중요하지만 직업 세계 변화 양상과 함께 직업이나 학교에 대한 상세한 정보를 수집하는 것이 무엇보다 필요합니다.

우리나라의 직업은 약 1만 개 정도이고(우리나라보다 직업이 세분화된 미국의 경우 2~3만 개라고 합니다), 이중에서 우리 주변에서 어렵지 않게 찾아볼 수 있는 직업은 약 500여 개가 되지만 학생들이 알고 있는 직업은 대체로 20개를 넘지 못합니다.

후회 없는 진로 선택을 위해서는 먼저 학생들의 직업 정보의 폭을 넓혀 주는 것이 필요하고 다음으로 비록 이름은 아는 직업이라고 하더라도 그 직업이 하는 일, 준비 방법, 필요한 적성과 흥미, 연봉과 전망 등 자세한 정보를 탐색할 수 있는 능력을 길러 주어야 합니다.

그래서 이번 시간에는 먼저 직업 세계 변화의 특징을 살펴보고, 퀴즈를 통해 진로 정보 탐색 방법을 익힐 것입니다. 다음으로 미니북을 제작해 봄으로써 자신이 관심 있는 직업이나 학교에 대한 정보를 수집하고 정리해 보고자 합니다.

1주. 직업 세계 이렇게 변하고 있다

● 목표
- 직업 세계 변화의 특징을 안다.
- 직업 세계의 변화에 대처할 수 있는 방법을 생각해 본다.

● 준비물
동영상 〈SBS 스페셜〉 "인재 전쟁 1부 : 신화가 된 인재" (2008. 12. 14)
활동지 '미래의 직업 세계 변화' 75~77쪽
참고 자료 '직업 세계의 변화에 따른 개인의 대응' 78~79쪽

● 생각 열기

이런 직업 어때요?

1. 웰빙 및 여가
- 초콜릿 아티스트 – 쇼콜라티에
- 식물로 만드는 조형물 제작자 – 토피어리디자이너
- 얼짱! 몸짱! 각이 따로 있다? 이들에게 물어봐! – 아트워크매니저
- 알록달록 동글동글 풍선 마법사 – 풍선아티스트
- 붓글씨에 날개를 달다! – 캘리그라퍼
- 시네마 천국을 기획하는 사람들! – 영화제프로그래머

2. 과학 및 정보 통신IT
- 가짜 돈은 우리가 검거한다! – 위폐감식전문가
- 막히고 짜증 나는 도로 나에게 맡겨라 – ITS연구원
- 조사하면 다 나와! 제2의 지문 – DNA유전자감식연구원

- 보이지 않는 범인의 얼굴을 만들어 가는 – 몽타주제작자
- 우리는 불이 꺼진 후부터 시작한다! – 화재감식전문가
- 게임 방송의 기쁨 두 배 – 게임방송해설가
- 사이버 스포츠 경기장 제작자 – e-sports맵디자이너
- 인터넷의 수많은 광고를 관리하는 – 애드마스터
- 온라인 장터의 영업 환경을 만들어요 – 카테고리매니저
- 보다 예쁘고 실용적인 휴대폰을 위해! – 휴대폰디자이너

3. 의료, 교육 및 기타
- 탈모로 인한 스트레스 관리해 드려요 – 두피모발관리사
- 신약 실험을 담당하는 – 임상실험코디네이터
- 공부를 잘하는 방법은 없을까? – 학습매니저
- 성공으로 가는 창업 길잡이! – 창업컨설턴트
- 어떻게 하면 돈을 더 늘릴 수 있나요? – 개인자산관리사
- 부동산! 내 손안에 있소이다! – 부동산펀드매니저
- 그라운드의 판관 포청천! – 국제축구심판
- 핵심만 톡톡 튀게! – 프레젠테이션컨설턴트

〈2007 신생 및 이색 직업, 한국고용정보원〉

● 활동 내용

① 직업 세계의 변화를 이해하는 것이 왜 필요한지 설명한다.

"오늘부터는 직업 세계에 대해서 공부하는 시간을 갖도록 하겠습니다. '세상에 변하지 않는 것은 모든 것이 변한다는 사실 한 가지밖에 없다' 라는 말이 있듯이 모든 것은 변하고 특히 그중에서 직업과 관련된 세계는 매우 빠른 속도로 변하고 있습니다. 또한 여러분이 직업 세계에 진출하는 것은 지금 당장이 아니라 5~10년 후이기 때문에 앞으로 직업 세계가 어떻게 변할 것인지를 아는 것은 더욱 중요하다고 하겠습니다. 그럼 먼저 동영상 자료를 통해 직업 세계의 변화를 엿보도록 할까요?"

> ### 〈SBS 스페셜〉 "인재 전쟁 1부: 신화가 된 인재"
> (2008. 12. 14)
>
> 골프공 표면의 구멍은 모두 몇 개인가. 한 외국계 기업이 마케터를 뽑는 면접에서 던진 질문이다. 면접자는 순간 진땀이 난다. 이공계 출신도 아니고 골프공은 만져 본 적도 없는데! 위의 질문은 대답하는 사람의 사고방식과 생각의 힘을 측정하기 위한, 일명 '페르미 추정' 문제다. 이런 유형의 문제들은 정답이 없는 경우가 많다. '맨홀 뚜껑은 왜 둥근 모양일까', '시카고의 피아노 조율사는 몇 명일까' 하는 문제도 마찬가지다. 정답이 있는 질문은 문제를 푸는 사람이 정답을 '알고 있었는지' 아니면 그 자리에서 '생각했는지'를 구별할 수 없지만, 해답이 없는 문제는 보다 명확하게 '생각하는 힘'을 시험할 수 있다. 처음으로 돌아가서, 질문을 받은 면접자는 골프공의 둘레와 표면적, 구멍 간의 거리를 유추해서 자신이 생각하는 답을 말했다. 실제의 구멍 개수와는 상당히 다른 결과였지만, 면접관은 매우 만족했다. 이처럼 직업 세계는 이제 명문대 졸업장, 학점, 영어 공인 점수를 갖춘 사람보다는 어떤 상황에서도 창의적으로 대처할 수 있는 인재를 필요로 하고 있다.

② 활동지 '미래의 직업 세계 변화'를 배부하고 읽은 후 직업 세계 변화에 대한 대응 방법을 적게 한다.

"지금 받은 활동지에는 직업 환경과 직업 세계 등 미래의 직업 세계가 어떻게 변하는지에 대한 내용이 담겨 있습니다. 그렇다면 이 변화를 자신의 직업 목표에 적용해 볼 때 예상되는 변화와 바람직한 대처 방법에 대해 자신의 생각을 적어 보세요." (시간이 허락하면 몇 명의 발표를 듣는다.)

③ 참고 자료 '직업 세계의 변화에 따른 개인의 대응'을 배부하고 함께 읽으며 간단히 설명하고 마무리한다.

"자, 여러분은 지금까지 직업 세계의 변화와 그 변화에 대처하는 바람직한 자세에 대해 배웠습니다. 물론 여기서 다룬 내용은 여러 가지이지만 한마디로 요약한다면 '무한 경쟁'이라고 할 수 있지요. 이 무한 경쟁에 대비하는 방법은 지지 않기 위해, 즉 경쟁력을 갖추기 위해 경력 개발에 최선을 다하는 것이 있을 것이고, 다음으로는 남과의 경쟁에서 이기는 것이 아니라 나만의 성공과 행복을 찾아가는 것이 있을 거예요. 이번 수업이, 여러분 자신은 어떤 방법으로 미래의 직업 세계에 대처할 수 있을지에 대해 진지하게 생각해 보는 계기가 되었기를 빕니다."

● 활동

미래의 직업 세계 변화

다음 글을 읽고 직업 환경과 직업 세계의 변화에 대해 개인이 어떻게 대처해야 할지 자신의 생각을 적어 보세요.

● 직업 환경의 변화

1. 지식 능력 활용 및 생산 능력이 중시되는 정보화사회로의 진입
미래학자들은 21세기는 지식과 정보가 권력을 주도하는 정보화 시대가 될 것이라고 예측하였고, 실제로 기술의 진보와 정보화 시대의 도래로 인해 노동시장은 하루가 다르게 변화하고 있다. 자본이나 노동과 같은 유형자산에 의해 기업의 가치가 정의되었던 산업사회와는 달리 정보화사회에서는 사람들의 지적 활동에 의해 창출되는 브랜드, 디자인, 기술 등의 무형자산이 기업의 가치를 정의하게 된다. 즉, 정보화사회에서 기업 경쟁력의 근원은 자본이나 개인의 노동력이 아닌 새로운 고부가가치를 창출해 내는 개인의 지식 능력 활용 및 생산 능력에 있다.

2. 세계화를 통한 전 세계 단일 시장화 및 능력에 따라 업무 실적이 평가되는 성과주의 확산
정보화와 교통수단의 급속한 기술 발전은 전 세계를 하나의 생활권·경제권으로 통합시키는 세계화를 가속화시키고 있다. 국가와 국가 간의 규제를 전제로 이루어지는 국가 간의 상호 교류를 의미하는 국제화와 달리, 세계화 속에서는 국가와 국가 간의 규제가 완화되어 전 세계라는 단일 시장을 중심으로 보다 광범위한 경제활동이 이루어진다. 따라서 앞으로는 많은 사람들이 자신의 일을 찾아 세계 각지를 여행하는 등 개인의 구직 활동의 범위가 전 세계로 넓어질 것이며, 국가 간이나 기업 간의 이해관계로 발생하는 여러 문제들을 해결해 주는 국제 관련 전문가의 수요 역시 증가할 것으로 예상된다.
이러한 세계화 속에서 나타날 직업 세계의 또 다른 변화는 기업의 성과주의 강화와 다양성을 존중하고 수용하는 직장 문화의 확산이다. 직급, 학력 등을 중시하는 연공주의와 달리 성과주의에서는 성과에 대한 개인의 기여도와 능력의 발휘 정도를 중요시하며, 철저히 개인의 능력에 따라 업무 실적이 평가된다. 이에 따라 앞으로는 일터의 다문화주의, 즉 다문화·다언어·다민족 인력들이 함께 모여 서로의 차이를 존중하고 협력하여 새로운 가치를 창출할 수 있는 직장 문화가 확산될 것이다.

3. 평생직장에서 평생 직업으로

지식 기반 산업이 발전하고, 급격한 기술의 발전과 세계화는 기업 간의 무한 경쟁을 더욱 증대시키고 있다. 이와 더불어 최근의 청년층의 높은 실업률, 중·장년층의 고용 불안 심화, 임시·일용직과 계약직의 증가는 우리의 고용에 대한 불안을 야기하고 있고, 이러한 직업 환경의 변화에 따라 '평생직장'은 '평생 직업'의 개념으로 대체되고 있다. '평생 직업'의 개념은 자신의 직업 능력을 갈고 닦아서 그 분야의 전문가로 성장하여, 직장을 옮긴다 하더라도 개인의 일에 평생 동안 종사할 수 있는 전문성을 갖추는 것이다. '평생직장'의 시대에서는 직장을 여러 번 옮기는 것을 안 좋은 시각으로 바라봤으나 요즘은 직장을 옮기는 것이 자신의 능력을 확인하는 것이며, 새로운 지식과 기술을 익힐 수 있는 기회의 장으로 생각하는 것이 당연하게 되었다. 결국, 개인이 하고 싶을 때까지 개인의 일을 할 수 있는 능력을 개발하고 개인의 경력을 관리해 나가는 '평생 직업'의 개념은 국경 없는 무한 경쟁이 더욱 증대되고 개인의 경제 수명이 연장되는 미래의 직업 세계에서 더욱 중요시될 것이다.

● 직업 세계의 변화

1. 제조업 중심에서 서비스 중심의 산업구조로

최근의 산업구조는 일차적으로 상품과 서비스를 산출하는 제조업의 역할과 비중이 점차 줄어드는 대신, 만들어진 상품을 이용한 서비스를 활용하거나 가공하는 사업인 서비스업의 역할과 비중이 더욱 커지고 있다.

생활 수준의 향상과 주5일 근무제의 실시로 여가 생활에 대한 욕구가 선진화되고 있으며, 이에 따라 문화·관광 산업에 대한 수요가 늘어나고 있어 서비스산업의 성장이 가속화될 것으로 보인다. 또한, 평균수명의 연장과 함께 단순히 오래 사는 것이 아니라 활기차고 행복한 노후 생활을 보내려는 노인층의 욕구가 부각되고 있어 실버 관련 서비스업의 수요 역시 늘어날 것으로 전망된다.

2. 지식 근로자를 의미하는 골드 칼라를 넘어서 환경·에너지와 관련되는 그린 칼라로

산업혁명 이후의 산업사회에서 사회를 움직이는 근로자를 육체 노동을 상징하는 '블루 칼라'와 사무·서비스 직군을 상징하는 '화이트칼라'로 나뉘었지만 디지털 혁명이 일어나고 정보화사회로 진입하면서 자본, 노동, 토지의 경제적 가치는 줄어드는 반면 지식의 가치는 급증하였다. 이 시기를 주도하는 세력이 골드 칼라, 즉 지식 근로자였다. 이러한 골드 칼라의 대표 직종으로는 연구 과학자, 설계 기술자, 엔지니어, 은행가, 변호사, 컨설턴트, 회계사 등이 있다. 하지만 최근 기상 이변과 환경문제가 대두되면서 친환경 산업에 대한 관심이 높아지고 환경·에너지와 관련된 직업이 '그린 칼라'이다. '그린 칼라'는 풍력발전, 태양열 산업, 저탄소 에너지 등 친환경 에너지 산업에서 요구하는 숙련된 노동 인력으로서 레드 칼라(red collar – 환경 친화적이지 않은 직업인)와 비교되어 사용되지만 넓은 의미로는 친환경 및 신재생 에너지와 관련된 산업에 종사하는 모든 인력을 뜻한다.

3. 업무 형태의 혁신 : 재택근무

과거에는 직장에 출근하여 업무 처리를 하는 것이 당연시되었지만 유비쿼터스(ubiquitous : 언제 어디서나 네트워크에 접속할 수 있는 정보 통신 환경)와 같은 첨단 기술의 도입은 이러한 전통적 작업 환경의 개념을 바꾸고 있다. 재택근무는 20세기 전화기와 팩스기가 보편적으로 보급되면서 시작되었지만, 이때의 재택근무는 일반적인 사무 업무를 처리하는 사람들을 대상으로만 제한되었다. 그러나 21세기 유비쿼터스 기술의 발전은 재택근무의 대상자를 일반적 사무 처리자에서 정보력과 기술력을 바탕으로 핵심 업무를 담당하는 고급 인력과 기업의 최고 경영자층으로 확산시키고 있다. 앞으로 재택근무는 불필요한 공간, 사무실 유지 비용 축소, 가사, 육아 문제로 인해 출퇴근이 어려운 근로자들에게 유연한 근무 시간 제공 등으로 더욱 증가할 것으로 전망된다.

《2009 미래의 직업 세계》(한국직업능력개발원)

윗글을 읽고 현재의 직업 목표에 적용하여 앞으로 자신의 바람직한 대처 방법은 무엇인지 적어 보세요.

나의 직업 목표 (　　　　　　)

	예상되는 변화	바람직한 대처 방법
1		
2		
3		

| 참고 자료 |

직업 세계의 변화에 따른 개인의 대응

1. 직업 준비에서 은퇴에 이르기까지 적극적인 경력 개발 필요

미래의 직업 세계는 평생직장과 완전고용의 개념이 사라지고, 고령화의 진전과 함께 개인의 경제 활동 수명이 늘어나 개인이 하고 싶을 때까지 개인의 일을 할 수 있는 능력을 개발하고 경력을 관리해 나가는 직업의 세계이다. 또한 미래의 직업 세계는 세계화로 인한 기업 간의 무한 경쟁 속에서 혁신적이고 창의적인 부가가치를 창출하여 기업의 경쟁 우위를 유지시켜 줄 수 있는 지식 근로자들이 각광받는 시대이다. 이러한 미래의 직업 세계에서는 세계화로 인해 일자리를 두고 세계 각국의 구직자들과의 경쟁이 심화되고, 한 분야에만 정통한 전문가가 아닌 여러 분야에 대한 폭넓고 깊은 전문 지식을 가지고 있는 제너럴 스페셜리스트를 요구한다.

미래의 직업 세계는 쉽게 정의되거나 예측하기 어려운 직업 환경 변화에 유연하게 대처할 수 있는 카멜레온형 인재들을 필요로 한다. 그러므로 어떠한 환경에서도 적응하여 살아남을 수 있는, 취업 준비에서부터 은퇴에 이르기까지의 경력을 체계적으로 계획하고 관리하는 적극적 경력 개발의 중요성이 미래의 직업 세계에서는 더욱 강조될 것이다. 특히 고령화의 진전에 따라 개인의 경제활동 수명이 늘어나고 있으므로 다양한 경력 개발 기회를 최대한 활용하고 꾸준한 자기 계발을 통해 글로벌하게 통용될 수 있는 능력을 고양하는 등 자신의 평생 고용 가능성을 높이려는 노력이 미래의 직업 세계에서는 더욱 절실해질 것이다.

2. 프로테우스식 경력 protean career :
　　고소득, 지위 등 외적 성공에서 자아실현, 가정의 행복 등 심리적 성공을 추구

기존의 전통적 직장인들은 회사에 충성과 헌신을 하고 이에 대한 보답으로 장기적인 고용 안정을 보상받았다. 즉, 전통적 직장인들은 개인의 삶을 희생해서 회사의 목표를 달성하고, 그에 따라 승진, 고소득, 고용 안정과 같은 외적 보상을 받는 것을 당연하게 생각했다. 그러나 세계화에 따른 무한 경쟁의 심화, 급속한 기술 발전, 기업 간의 인수 합병 등은 충성과 헌신을 바탕으로 한 회사와 직장인 간의 거래의 규칙을 깨뜨렸다. 그 결과 직장인들은 더 이상 한 회사에서의 평생 고용을 꿈꾸지 않으며, 고소득과 승진을 위해 개인의 삶을 무조건적으로 희생하려 하지 않는다. 프로테우스식 경력은 개인의 경력이 직업 환경의 변화에 의해서만이 아니라 개인 자신의 관심, 능력, 가치관의 변화 등에 의해서 달라질 수 있다고 본다.

프로테우스식 경력에서 궁극적 목적은 고소득, 지위, 명성과 같은 외적 성공이 아니라 자아실현, 가정의 행복, 마음의 평안과 같은 심리적 성공이며, 심리적 성공을 달성하기 위해 개인이 다양한

경력 개발을 시도할 수 있다고 보는 개인 주도적 경력 개발 움직임이다. 다시 말하면, 한 직장 내에서의 수직 상승만을 가정했던 기존의 경력 개발과 달리, 프로테우스식 경력은 개인이 다양한 직장 경험과 경력 개발을 통해 자신의 자아를 실현하고 동시에 삶의 균형을 추구해 나가는 과정을 의미한다. 직업 세계의 불확실성이 더욱 심화될 미래에는 직장에서 제공하는 금전적 보상이나 승진에만 의존하는 수동적 경력 개발이 아니라, 개인의 심리적 만족과 성공을 이루어 줄 직장과 경력을 찾아다니는 개인 스스로에 의해 주도되는 프로테우스식 경력 개발 움직임이 더욱 활발해질 것으로 전망된다.

《2009 미래의 직업 세계》(한국직업능력개발원) 발췌 후 재구성

 tip

- 수업 전에 선생님께서 직업 세계의 변화 및 바람직한 대처 방법에 대한 키워드를 충분히 숙지하여 효과적으로 전달하는 것이 필요합니다.
- 관련 신문 기사 등을 적극 활용한다면 더욱 실감나게 직업 세계의 변화를 느끼게 할 수 있습니다.

 talk

〈SBS 스페셜〉 "인재 전쟁"은 직업 세계의 변화를 한눈에 보여 주는 시청각 자료입니다.

1부 "신화가 된 인재" (2008. 12. 14)
산업사회의 인재와 정보화사회에서 요구하는 인재가 어떻게 다른지 극명하게 대비시킨다.

2부 "세계를 경영하라" (2008. 12. 21)
직업 세계의 세계화 추세를 보여 주며, 우리나라 세계화의 성공적인 주역들을 소개한다.

2주. 진로 정보! 퀴즈로 손에 넣자

● 목표
  · 진로 정보 수집을 위한 사이트와 메뉴를 익힌다.
  · 자신이 관심을 가지고 있는 직업과 학교에 대한 정보를 탐색할 수 있다.

● 준비물
  컴퓨터실 예약 후 학생 이동
  활동지 1 '진로 정보 수집 사이트' 83쪽
  활동지 2 '진로 정보 퀴즈' 84~86쪽
  간단한 상품

● 생각 열기

  다음 내용을 읽고 (   )에 해당 직업을 써넣어 보세요.

  1. 테마파크는 단지 놀이 기구를 가져다 설치한 곳이 아니라 특정한 주제에 따라 탑승 시설에서 건물, 공연, 퍼레이드, 식음, 기념품 등에 이르기까지 공통의 스토리를 갖고 구성함으로써 방문객들로 하여금 비일상적인 공간의 분위기 속에서 즐거운 경험을 갖게 하는 공원이라 할 수 있습니다. 국내에서는 '상상 속으로의 여행'이라는 테마로 2006년 4월 오픈 30주년을 맞이하는 에버랜드와 '작은 지구마을'이라는 테마로 1989년 7월 개원한 롯데월드 등이 전형적인 테마파크입니다. 이러한 테마파크를 기획, 설계, 디자인하는 사람들이 (   )입니다.

  2. 이 직업은 공연장에서 관객과 관련된 모든 일에 책임지며, 더 나아가서는 공연장의 이미지를 만드는 사람입니다. 주5일 근무제 도입과 문화생활에 대한 욕구 증대로 뮤지컬이나 가수의 콘서트, 연극, 독주회, 무용 등 다양한 분야의 공연이 전보다 많이

열리고 있습니다. 이런 공연장을 찾는 관객들이 안전하고 편안하게 공연을 관람할 수 있도록 공연장을 관리하고 진행에 대한 책임을 지는 사람들이 바로 (   )입니다.

3. 2002년 2월 1일부터 개정된 주세법에는 업소에서 맥주를 만들어 판매할 수 있도록 법규가 완화되면서 하우스 맥주 전문점들이 많이 생겨나고 있습니다. 대형 맥주 회사로부터 맥주를 공급받아 운영하는 기존의 맥주점과 달리 하우스 맥주 전문점에서는 맥주 제조에서 판매까지 이루어지는데요, 이곳에서 맥주가 만들어지기까지의 제조 공정을 관리하는 사람을 (   )라 부릅니다.

4. 현대에서 말은 경마, 승마 등의 스포츠에서만 주로 볼 수 있지만 과거에는 우리의 교통수단으로 그리고 전투에서는 이동 수단으로 중요한 역할을 수행했습니다. 여기서 말의 신발인 편자를 만들거나(조제), 말굽을 깎아서 모양을 만들고(삭제), 제조되거나 또는 이미 만들어진 편자를 말의 건강 상태, 용도 등을 고려하여 말굽에 장착(장제)하는 사람이 (   )입니다.

5. 기업체에서 특정한 분야의 전문가나 인재를 찾을 때 적임자를 찾아 추천해 주는 역할을 하는 사람들이 있습니다. 이 일에서 중요한 자질은 커뮤니케이션 능력입니다. 회사와 후보자 사이에서 서로의 입장을 설득력 있게 전달하고 조율해야 합니다. 또한 전직이나 이직을 희망하는 사람들에게는 인생이 달린 문제임을 잊지 않고 책임감을 가져야 합니다. 이런 사람들을 (   )라고 부릅니다.

6. 해외여행을 하면서 돈도 벌 수 있는 이 직업이 젊은이들의 인기를 끌고 있습니다. 해외여행객들을 인솔해 숙박, 여행 스케줄 등을 작성하고 관리하는 직업으로서, 해외여행의 시작부터 끝까지를 안내해 주는 전문가라고 볼 수 있습니다. 여행자와 여행사의 요구에 맞는 신상품을 기획하고 여행지를 사전 답사하는 것도 빼놓을 수 없는 업무 가운데 하나입니다. 주로 프리랜서로 일하며 여성들이 활발히 활동하고 있습니다. 이 일을 하려면 외국어 구사 능력이 필수이며, 여행지에 대한 풍부한 지식과 여행객의 불평에도 잘 대처할 수 있는 원만한 성격도 갖고 있어야 합니다. 또한 음식과 문화가 서로 다른 나라를 돌아다녀야 하기 때문에 강인한 체력도 요구됩니다. 이런 사람들을 (   )라고 부릅니다.

● 활동 내용

① 활동지 1을 배부하고 진로 정보 탐색 방법을 안내한다.

"오늘은 직업 세계 정보 탐색 방법을 익히는 시간입니다. 먼저 지금 나눠 주는 활동지에 제시된 사이트를 통해 방법을 알아보도록 하겠습니다." (활동지의 사이트와 메뉴를 하나하나 설명하고 찾는 방법을 보여 준다.)

② 4명이 1조를 편성하고 활동지 2를 배부한 후 20분 동안 문제를 푼다.

"자, 그럼 이번에는 지금까지 배운 정보 검색 방법을 통해 퀴즈를 풀어 보겠습니다. 시간은 20분을 주겠습니다. 가장 빨리 정답을 맞힌 조가 우승을 하게 됩니다. 빨리 하는 것보다 정답을 다 맞히는 것이 중요하다는 것을 기억하세요."

③ 제한 시간 동안 가장 많이 정답을 맞힌 조를 뽑아 시상한다.

"그럼 답을 확인해 볼까요?" (참고 자료 '활동지 정답'을 활용하여 답을 확인한 후 준비된 상품을 시상한다.)

④ 직업 목표를 합리적으로 결정하기 위해서는 정확한 진로 정보 수집이 중요함을 강조한다.

"우리가 물건 하나를 선택할 때에도 상품 하나하나에 대한 정확한 정보가 필요합니다. 직업 또는 학과를 선택할 때도 마찬가지입니다. 관심이 있는 직업이 있다면 적어도 그 직업에 어떤 적성과 흥미가 필요한지, 어떤 학력과 자격증이 필요한지, 연봉과 전망은 어느 정도인지 등에 대해서 알고 있어야겠지요. 또한 학과에 대해서도 어떤 내용을 배우는지, 어떤 학교에 이 학과가 개설되어 있는지, 졸업 후 어떤 직업을 가질 수 있는지 등을 알아야 합니다. 이번 시간을 통해 앞으로 관심이 있는 직업이나 학과에 대해 스스로 정보를 수집할 수 있기를 바랍니다."

생각 열기 정답
1. 테마파크디자이너 2. 하우스매니저 3. 브루마스터 4. 장제사 5. 헤드헌터 6. 투어컨덕터(TC)

● 활동 1

진로 정보 수집 사이트

기관	사이트 주소 및 연락처	사이트의 특징
커리어넷	· www.careernet.re.kr · 교육과학기술부 한국직업능력개발원 · 서울시 강남구 삼성로 147길 46 · 02-3485-5000/5100	· 직업 정보 – 키워드, 직업 분류별로 직업 정보를 소개 · 학과 정보 – 키워드, 계열별로 학과 정보를 소개 · 학교 정보 – 계열, 지역, 학교 유형별로 학교를 찾을 수 있으며, 학교 홈페이지로 링크됨 · 진로 상담 – 진로에 대한 질문 및 고민에 대하여 사이버 상담을 받을 수 있음

워크넷	· www.work.go.kr 〉 직업·진로 〉 직업 정보 검색 / 학과 정보 검색
	· 고용노동부 한국고용정보원
	· 서울시 영등포구 문래로 20길 56
	· 2629-7000
		· 직업 검색 – 직업 분류별로 찾기 : 직업군에 따른 직업을 소개
		         – 키워드로 찾기 : 주요 단어를 통해 직업을 검색
		         – 조건(임금, 전망)으로 찾기 : 임금/전망 조건으로 직업을 검색
		· 이색 직업 – 특이한 직업을 직업군별로 안내
		· 학과 검색 – 키워드로 학과 검색
		         – 조건별(학과 계열, 취업률)로 학과 검색
		         – 이색 학과 정보 : 특이한 학과를 분야별로 나눠 정보 제공
		         – 계열(인문, 사회, 교육, 공학, 자연, 의약, 예체능)에 따라 학과 및 개설 대학 소개

학교 알리미	· www.schoolinfo.go.kr · 한국교육학술정보원 학교정보공시 총괄관리기관 · 서울시 중구 퇴계로 299	· 전국 초/중/고/특수학교의 최근 교육 소식 · 학교별 특색 교육과정 및 홍보 자료 · 교육 관련 링크 사이트 제공(전국 교육연구정보원, 교수학습지원센터, 사이버가정학습, 국가전자도서관) · 전국 초/중/고/특수학교의 상세한 정보 제공 · 각 학교의 학생 현황, 교원 현황, 교육 활동, 교육 여건, 예결산 현황, 학업 성취도 등에 대한 정보 제공
대학 알리미	· www.academyinfo.go.kr · 한국교육협의회 · 서울시 서초구 헌릉로25 · 02-6393-5200	· 학교 종류, 유형, 설립 기관, 지역, 학생 수, 전공/학과에 따라 원하는 대학을 검색 · 대학별로 아래의 내용을 제시 학생(신입생 현황, 재학생 현황, 중도 탈락 학생 현황 등), 입학 전형(입학 전형, 기회 균형 선발 결과 등), 등록금/장학금(등록금, 기숙사비, 장학금 및 학자금 대출 현황 등), 취업률/진학률(졸업생의 진로 현황과 취업 현황 등), 교원(전임 교원 확보율, 전임 교원 1인당 학생 수 등), 연구 성과(전임 교원들의 학술지 게재 논문과 저·역서 등의 각종 연구 실적, 특허 출원 및 등록 실적 등)

● 활동 2
진로 정보 퀴즈

다음 문제를 읽고 물음에 답하시오.

1. 변리사가 하는 일은?

2. 헤드헌터가 하는 일은?

3. 소믈리에가 하는 일은?

4. 다음 중 반드시 국가 자격증을 필요로 하는 직업이 아닌 것은?
   ① 변리사   ② 중등교사   ③ 와인감정사(소믈리에)   ④ 사회복지사

5. 다음 중 항공기 조종사에게 필요한 능력으로 거리가 가장 먼 것은?
   ① 작동 점검 능력   ② 공간지각력   ③ 조작 및 통제 능력   ④ 창의력

6. 미용사에게 필요한 지식으로 거리가 가장 먼 것은?
   ① 디자인   ② 영업과 마케팅   ③ 경제와 회계   ④ 고객 서비스

7. 질병의 예방이나 진단, 치료를 돕기 위해 병원에서 환자들의 혈액, 소변, 체액, 조직 등을 이용하여 각종 의학적 검사를 수행하고 분석하는 직업은?

8. 임상심리사에 대한 설명이다. 잘못된 것은?
   ① 인간의 심신의 건강 증진을 돕는 사람이다.
   ② 심리 검사는 임상심리사의 가장 중요한 평가 도구 중의 하나이다.
   ③ 임상심리사의 직업 흥미는 사회형 Social, 기업형 Enterprising 이다.
   ④ 대학원 졸업 이상의 학력이 필요하다.

9. 박물관이나 미술관에서 관람객을 위해 전시를 기획하고 작품 수집, 관리를 담당하는 직업의 이름은?

10. 카메라맨, 기자, 구성작가의 역할을 합쳐 놓은 직종으로서 영상 처리 기술과 글쓰는 능력을 동시에 갖춰야 하는 미래의 유망 직업은?

11. 초등학교 교사가 되기 위해 필요한 학력을 갖출 수 있는 대학이 아닌 것은?
    ① 이화여자대학교 ② 경인교육대학교 ③ 서울대학교 ④ 한국교원대학교

12. 다음 중 상담 전문가와 관련되는 학과로서 가장 거리가 먼 것은?
    ① 교육학과 ② 심리학과 ③ 청소년지도학과 ④ 사회복지학과 ⑤ 사회학과

13. 경찰에 대한 설명 중 바르지 않은 것은?
    ① 고등학교 졸업 이상의 학력이 필요하다.
    ② 경찰 간부는 경찰 대학을 반드시 졸업해야 한다.
    ③ 강인한 체력과 순발력이 있어야 한다.
    ④ 관련 학과로서 경찰행정학과가 있다.
    ⑤ 비행 청소년을 선도하는 일도 한다.

14. 다음 중 자연 계열 학과가 아닌 것은?
    ① 낙농학과 ② 생명공학과 ③ 수학과 ④ 물리학과 ⑤ 천문학과

15. 환경문제 전반에 대한 기술 및 정책에 대한 컨설팅 업무를 수행하는 직업을 무엇이라고 하는가?
    ① 환경컨설턴트 ② 환경오염방지전문가 ③ 수자원관리자
    ④ 환경설비기술자 ⑤ 토양환경기술자

16. 의사가 되기 위한 방법 2가지를 쓰시오.

17. 다음 직업 중 금융 및 경영 관련 전문직이 아닌 것은?
① 경영컨설턴트 ② 광고기획자 ③ 보험계리인 ④ 외환딜러 ⑤ 펀드매니저

18. 사회학과와 관련하여 취득할 수 있는 자격증을 2개 이상 쓰시오.

19. 다음 중 국어 교사가 될 수 있는 국어교육과가 설치되어 있는 대학이 아닌 것은?
① 고려대학교 ② 연세대학교 ③ 강원대학교 ④ 조선대학교 ⑤ 공주대학교

20. 물리치료학과가 설치되어 있는 부산권 대학교 이름을 쓰시오.

21. 전자상거래전문가에게 필요한 자격증 이름을 쓰시오.

22. 메카트로닉스공학기술자에 대한 설명으로 잘못된 것은?
① 각종 제품들의 생산 과정을 자동화하는 설비 기술을 연구한다.
② 전기와 기계공학적 원리 및 실제 적용 등에 대한 지식이 요구된다.
③ 최근 메카트로닉스공학기술자 공급 과잉으로 고용에 대한 전망은 다소 어둡다.
④ 관련 자격증으로는 기계제작기술사 등이 있다.
⑤ 한국생산기술연구원에서 관련 정보를 수집할 수 있다.

- 컴퓨터실 기자재의 작동 여부를 미리 확인해 주세요.
- 지역 및 학교 실정, 학생 수준에 맞게 퀴즈를 재구성하여 출제할 수 있습니다.
- 간단한 상품을 준비하면 더욱 재미있는 수업으로 운영할 수 있습니다.
- 컴퓨터실에서 본 활동이 아닌 다른 행동(예를 들어 문자 보내기, 만화 보기 등)을 하는 학생이 있을 수 있으므로, 선생님은 교실 뒷면에서 학생들의 컴퓨터 화면을 주시할 필요가 있습니다. 혹시 다른 행동을 하는 학생이 발견될 경우 감점한다는 것을 미리 예고할 수도 있습니다.

- 학생들이 혹시 진로 정보를 물어보면 선생님은 답을 알아도 사이트 메뉴를 알려 주고 직접 찾아보게 한 후 검색 결과를 알려 달라고 지도해 보세요. 이렇게 하면 학생들은 스스로 진로 정보를 탐색할 수 있는 능력을 향상할 수 있게 될 것입니다.

- 선생님들이 진로 지도에 대해 갖는 부담 중 하나가 직업 및 학과 등 진로 정보를 다 알아야 제대로 지도할 수 있다는 것입니다. 그렇지 않습니다. 진로 정보를 알려 주는 사이트(커리어넷, 유스 워크넷 등)들이 잘 구축되어 있으며, 모든 직업 정보를 교사가 다 알 수 없다는 것 자체가 직업 세계의 역동성을 의미하는 것입니다. 단, 신문이나 방송을 볼 때 직업 정보 관련 내용 및 신생 직업, 이색 직업 등에 관심을 가지고 스크랩을 해 두면 생생한 자료로 진로 지도에 많은 도움이 됩니다.

- 교육과학기술부 홈페이지(www.mest.go.kr)의 통합 검색창에 '진로 교육 매뉴얼'을 입력하면 '중학교 진로 교육 매뉴얼'이라는 자료가 검색됩니다. 이 자료에 진로 교육 자료 편람이 제시되어 있습니다. 교과 통합 진로 자료(교과와 함께하는 진로 교육), 활동 영역별 진로 자료(자기 이해, 진로 정보 검색, 진로 계획, 진로 체험, 통합 주제 등), 진로 심리 검사, 동영상 및 플래시 자료, 교사용 진로 교육 자료 등으로 세분화되어 있으며, 각 자료의 관련 사이트로 링크되어 더욱 편리합니다.

활동지 2 정답
1. 개인이나 기업의 의뢰에 의하여 새로운 기술에 대한 발명이나 디자인, 상표 등의 특허권 취득을 위한 법률적, 기술적인 상담과 지원을 한다. 2. 기업의 임원이나 기술자 등 고급 인력을 필요로 하는 업체에 원하는 인력의 선정에서부터 평가, 알선까지 여러 단계의 조사 과정을 거쳐 적정 인력을 소개해 주는 일을 담당한다. 3. 와인을 취급하는 레스토랑이나 바에서 와인의 구입과 보관을 책임지고 고객에게 적합한 와인을 추천하여 와인 선택에 도움을 준다. 4. ③ 5. ④ 6. ③ 7. 임상병리사 8. ③ 9. 학예사 또는 큐레이터 10. VJ(비디오저널리스트) 11. ③ 12. ⑤ 13. ②(경찰간부후보생시험에 합격하여 1년간 경찰종합학교에서 간부 후보생으로 교육받으면 경위로 임용되며, 4년제 경찰행정학과 졸업자 대상의 특채를 통해 경찰관이 될 수도 있다.) 14. ②(생명공학과는 공학 계열임) 15. ① 16. ① 의학 대학에서 의학을 전공 ② 일반 대학을 졸업한 경우 4년 과정의 의학전문대학원 졸업 17. ②(광고기획자는 예술 전문직임 18. 중등학교2급정교사 자격증, 사회조사분석사, 정책분석평가사 등 19. ② 20. 부산가톨릭대학교, 신라대학교 21. 전자상거래관리사 1급, 전자상거래관리사 2급 22. ③ 자동화 설비 분야에 대한 투자가 대기업 중심으로 꾸준히 이루어지므로 고용은 증가할 것으로 예측됨

3주. 직업 미니북 만들기

● **목표**
 · 자신이 원하는 직업에 대한 정보를 찾을 수 있다.
 · 희망 직업 정보 수집을 통해 좀 더 자신에게 적합한 직업을 선택할 수 있다.

● **준비물**
 활동지 1 '진로 정보 사이트' 90쪽
 활동지 2 '직업 미니북 만들기' 91쪽
 B4 용지(학생 수대로), 컴퓨터실 예약 후 컴퓨터실 이동

● **생각 열기**

세기의 시대착오

1878년 에디슨이 백열등을 연구하고 있다는 소문이 영국에 전해지자, 가스등 회사의 주가가 폭락하였다. 영국 의회는 이 문제를 조사하고자 위원회를 구성하였다. 그곳에서 우정성 기사국장 윌리엄 프리스 경은 전기로 빛을 만든다는 것은 완전한 도깨비장난이라고 단호히 선언하면서 그 연구를 비웃었다.

1814년 스티븐슨이 증기 기관차를 발명하자, 비평가들은 하나같이 시속 30마일이라는 속도에 도달하게 되면 모든 사람은 질식할 것이라고 말하면서 그 발명품을 평가 절하하였다.

2차 세계대전 말, 사정거리 200마일의 가공할 독일 V-2로켓의 존재가 알려지자 영국은 발칵 뒤집혔다. 즉시 상원 토론회가 열렸다. 이 자리에서 처칠 수상의 과학 자문인 처웰 경은, 그의 뛰어난 산술 실력을 바탕으로 이렇게 말하였다. "장거리 로켓은 90%

이상이 연료로 구성되는 것이 분명하다. 따라서 V-2로켓의 제조는 불가능하다." 이 말은 1945년 봄까지는 맞는 말이었지만, 여름으로 접어들면서 더 이상 맞는 말이 아니었다.

《어느 벤처인의 이유 있는 변명》(이희원, 무한, 2005)

● 활동 내용

① 진로 선택을 할 때 직업 정보의 중요성을 알려 준다.

"합리적인 진로 선택의 가장 중요한 바탕은 바로 정확한 직업 정보입니다. 자신이 관심을 가지고 있는 직업에서 하는 일, 준비 방법, 필요한 학력과 자격증, 필요한 적성과 흥미, 연봉과 전망, 관련 학과 등을 정확히 알고 있을 때 자신에게 적합한 직업인지를 좀 더 정확하게 알 수 있지요."

② 활동지 1 '진로 정보 사이트'를 배부하고 정보 검색 방법을 안내한다.

"(컴퓨터 화면에 진로 정보 관련 사이트(커리어넷, 워크넷)를 띄우고 메뉴 하나하나를 보여 주면서) 자, 그럼 진로 정보, 즉 학과와 직업에 대한 정보를 찾는 방법에 대해 알아볼까요?"

③ 활동지 2 '직업 미니북 만들기'와 B4 용지를 배부한 후 접는 방법을 보여 준다. 학생들이 어려워할 경우 이해를 돕기 위해 다른 학생의 작업(참고 자료)을 먼저 보여 준다.

"B4 종이를 8면으로 접고 가운데 두 칸만 칼로 자릅니다. 길게 접은 후 양끝을 잡고 십자 모양으로 접어서 정리하면 미니북 모양이 됩니다. 책처럼 접은 후 총 8면 중 첫 장과 끝장은 표지로 하고 나머지 6면에 6개의 직업 정보 카드를 만들어 보세요. 본인에게 가장 중요하다고 생각하는 것을 중심으로 미니북의 내용을 마음껏 꾸며 보세요."

● 활동 1

진로 정보 사이트

아래의 사이트를 방문하여 나에게 필요한 진로 정보들을 꼼꼼히 찾아봅시다.

기관	사이트 주소 및 연락처	사이트의 특징
커리어넷	· www.careernet.re.kr · 교육과학기술부 한국직업능력개발원 · 서울시 강남구 삼성로 147길 46 · 02-3485-5000/5100	· 직업 정보 – 키워드, 직업 분류별로 직업 정보를 소개 · 학과 정보 – 키워드, 계열별로 학과 정보를 소개 · 학교 정보 – 계열, 지역, 학교 유형별로 학교를 찾을 수 있으며, 학교 홈페이지로 링크됨 · 진로 상담 – 진로에 대한 질문 및 고민에 대하여 사이버 상담을 받을 수 있음

워크넷	· www.work.go.kr 〉 직업 · 진로 〉 직업 정보 검색 / 학과 정보 검색
	· 고용노동부 한국고용정보원
	· 서울시 영등포구 문래로 20길 56
	· 2629-7000
		· 직업 검색 – 직업 분류별로 찾기 : 직업군에 따른 직업을 소개
		    – 키워드로 찾기 : 주요 단어를 통해 직업을 검색
		    – 조건(임금, 전망)으로 찾기 : 임금/전망 조건으로 직업을 검색
		· 이색 직업 – 특이한 직업을 직업군별로 안내
		· 학과 검색 – 키워드로 학과 검색
		    – 조건별(학과 계열, 취업률)로 학과 검색
		    – 이색 학과 정보 : 특이한 학과를 분야별로 나눠 정보 제공
		    – 계열(인문, 사회, 교육, 공학, 자연, 의약, 예체능)에 따라 학과 및 개설 대학 소개

● 활동 2

직업 미니북 만들기

B4 종이를 8면으로 접고 가운데를 칼로 잘라 미니북 접기를 한 후 총 8면 중 첫 장과 끝장은 표지로 하고 나머지 6면에 6개의 직업 정보 카드를 만들어 보세요.

| 활동지 예시 |

직업 미니북(학생 작품)

 **tip**

- 진로 심리 검사 결과를 활용할 수도 있습니다. 학교에서 실시하는 진로 심리 검사 결과가 보통 5월경에 배부되는데, 이 결과로 제시된 10~15개의 직업 중 원하는 직업 6개를 선택하여 미니북으로 제작할 수 있습니다.
- 직업을 5개로 줄이고 한 면을 비워 두었다가 완성된 직업 미니북을 학부모께 보여 드리고 편지글 형태로 부모님의 소감을 적어 오도록 하면 자연스럽게 부모님과 자녀에게 진로에 관한 대화의 기회를 제공할 수 있습니다.
- 컴퓨터실 사용이 어려울 경우에는 전 시간에 미리 정보 검색 방법을 알려 주고 관심 있는 직업 6개에 대한 정보를 집에서 찾아 오도록 하여 그 자료를 바탕으로 미니북을 만드는 방식으로 진행할 수도 있습니다.
- 미니북을 만들 때에는 손으로 쓰게 하는 것이 좋습니다. 학생들은 인쇄해서 필요한 부분을 오려 붙여 만들고 싶어 하지만, 그럴 경우 직업 정보를 학생들이 제대로 읽지 않은 채 만드는 데만 집착할 수도 있기 때문입니다.

 **talk**

직업 정보, 어떻게 만들어지고 제공되나요?

우리나라 직업 정보는 모두 고용노동부에서 2년에 한 번씩 주요 직업 재직자를 대상으로 설문 조사를 하여 그 결과를 바탕으로 만듭니다. 그러니까 2년에 한 번씩 자료가 업데이트된다고 할 수 있지요. 이 자료들을 토대로 책자 형태의 〈직업전망서〉가 만들어지며, 각 학교에 배부되는 "Job map" 또한 이를 바탕으로 만들어집니다. 커리어넷, 워크넷 사이트 정보 역시 이를 자료로 삼습니다. 노동부에서 만드는 자료 중에는 우리나라의 모든 직업을 망라하는 《직업 사전》이라는 매우 방대한 책도 있습니다.

4주. 학교 미니북 만들기

● **목표**
- 자신이 원하는 학교에 대한 정보를 찾을 수 있다.
- 희망 학교 정보 수집을 통해 좀 더 자신에게 적합한 학교를 선택할 수 있다.

● **준비물**
활동지 1 '학교 정보 사이트' 97쪽
활동지 2 '학교 미니북 만들기' 98쪽
B4 용지, 컴퓨터실 예약 후 컴퓨터실 이동

● **생각 열기**

꿈이 변하는 것을 두려워 마라

'변덕이 죽 끓듯 한다'는 말을 알고 있나요? 어떤 것을 이미 결정했다가도 어느 순간 방향을 바꿔 다르게 하기로 결정하고, 그러다가도 원래대로 또 결정을 바꾸는 사람에게 우리는 이런 말을 하지요. 일반적으로 이렇게 결정을 자꾸 번복하는 사람은 프로답지 못하다는 평가를 받기도 한답니다.

물론 이렇게 자주 마음가짐이 변하는 것은 어떤 목표를 달성하는 데 전혀 도움이 되지 않습니다. 그러니까 목표를 잡기 전에는 내가 이것을 끝까지 해낼 수 있을지, 이 일이 과연 고통이나 어려움을 감수할 만큼 가치 있는 것인지 충분히 고민해야 합니다.

하지만 꿈은 얼마든지 변할 수 있고, 또 바뀌는 것이 당연하다고 생각합니다. 인생이 얼마나 길고 우리가 가진 능력은 또 얼마나 무한한데, 꿈이라고 꼭 한 가지일 수만은 없습니다. 오늘은 이런 일을 하면서 살고 싶고, 또 내일이 되면 저런 일을 하면서 살고 싶어지는 게 어쩌면 당연한 것이고 이렇게 인간이 성장을 하는 동안 꿈은 너무도 자연스럽게 변하기 마련입니다.

꿈에 대한 경우의 수가 늘어나면 늘어날수록 자신이 정말 원하는 것이 어떤 것인지 고민해 볼 수 있는 기회도 늘어납니다. 여기서 간과하지 말아야 할 것은 자신을 어떤 틀에 가두지 않는 것입니다. 예를 들어 나는 여자니까, 나는 약하니까, 나는 수학을 싫어하니까, 나는 게으르니까 등의 이유를 들어서 내가 할 수 있는 범위를 한정 짓고 그 안에서 꿈을 고르는 어리석은 행동은 하지 말기 바랍니다.

우리나라 최초의 우주인 이소연 씨의 경우를 봅시다. 사실 우주인은 어렸을 때 공상 과학 영화나 만화에서만 등장하던 직업으로 누구나 한 번쯤 가져 봤음 직한 꿈입니다. 하지만 그런 꿈을 '약한 여자'라는 이유로 고려 대상에서 아예 제외시켰다면 과연 그녀가 우리나라 최초의 우주인이 될 수 있었을까요? 선발에만 36,206명이 몰린 18,000 대 1의 치열한 경쟁에서 그녀가 뽑힐 수 있었던 건 아마 어렸을 때 간직해 온 그녀의 열정 때문일 것입니다.

풍차를 향해 돌진하는 라만차의 돈키호테처럼, 아침에 일어나 얼굴을 붉히게 만드는 꿈일지라도 어쩌면 그 꿈은 결국 내가 이루고 말 꿈으로 다가가기 위한 디딤돌이 되어 줄 수도 있다는 사실을 잊지 말기 바랍니다.

《딸에게 쓰는 편지》(왕상한, 은행나무, 2010)

● 활동 내용

① 학교 선택을 할 때 학교 정보의 중요성을 알려 준다.

"합리적인 학교 선택의 가장 중요한 바탕은 바로 정확한 정보입니다. 관심 있는 학교의 위치, 통학 방법, 개설 학과, 취업률, 입학 가능성(성적), 장학금 수혜 상황 등을 정확히 알고 있을 때 자신에게 적합한 학교인지를 좀 더 정확하게 알 수 있지요."

② 활동지 1 '학교 정보 사이트'를 배부하고 정보 검색 방법을 안내한다.

"(컴퓨터 화면에 학교 정보 관련 사이트(커리어넷은 중/고생 공통, 더 자세한 내용에 대해 고등학생은 대학 알리미, 중학생은 학교 알리미 활용)를 띄우고 메뉴 하나하나를 보여 주면서) 자, 그럼 학교에 대한 정보를 찾는 방법에 대해 알아볼까요?"

③ 활동지 2 '학교 미니북 만들기'와 B4 용지를 배부한 후 접는 방법을 보여 준다.

"B4 종이를 8면으로 접고 가운데를 칼로 잘라 미니북 접기를 한 후 총 8면 중 첫 장과 끝 장은 표지로 하고 나머지 6면에 6개의 학교 정보를 담아 보세요. 본인에게 가장 중요하다고 생각하는 것을 중심으로 미니북의 내용을 마음껏 꾸며 보세요."

학교 알리미 www.schoolinfo.go.kr의 첫 화면

● 활동 1
학교 정보 사이트

아래의 사이트를 방문하여 나에게 필요한 진로 정보들을 꼼꼼히 찾아봅시다.

기관	사이트 주소 및 연락처	사이트의 특징
커리어넷	· www.careernet.re.kr · 교육과학기술부 한국직업능력개발원 · 서울시 삼성로 147길 46 · 02-3485-5000 / 5100	중학생은 '학교 정보'에서 '고등학교'를 검색함 · 학교명별, 지역별, 계열별(일반계, 전문계, 통합형), 특성화 유형별 검색 가능 · '학교 정보 안내'에서 학교 유형별 소개 및 정보 검색 방법 안내 · 학교 홈페이지로 링크됨 고등학생은 '학교 정보'에서 '대학교'를 검색함 · 학교명별, 지역별, 유형별(전문대, 대학교), 설립 구분별(국립, 공립, 사립) 검색 가능 · 정보 내용(기본 사항, 개설 학과, 입시 및 편입학, 진로 및 취업 지원, 동아리, 장학제도, 기숙사, 설립 목적 등) · 학교 홈페이지로 링크됨
학교 알리미	· www.schoolinfo.go.kr · 한국교육학술정보원 학교정보공시 총괄관리기관 · 서울시 중구 퇴계로 299	· 전국 초/중/고/특수학교의 최근 교육 소식 · 학교별 특색 교육 과정 및 홍보 자료 · 교육 관련 링크 사이트 제공(전국 교육연구정보원, 교수학습지원센터, 사이버가정학습, 국가전자도서관) · 전국 초/중/고/특수학교의 상세한 정보 제공 · 각 학교의 학생 현황, 교원 현황, 교육 활동, 교육 여건, 예결산 현황, 학업 성취도 등에 대한 정보 제공
대학 알리미	· www.academyinfo.go.kr · 한국대학교육협의회 · 서울시 서초구 헌릉로 25 · 02-6393-5200	· 학교 종류, 유형, 설립 기관, 지역, 학생 수, 전공/학과에 따라 원하는 대학을 검색할 수 있음 · 대학별로 아래의 내용이 제시됨 학생(신입생 현황, 재학생 현황, 중도 탈락 학생 현황 등), 입학 전형(기회 균형 선발 결과 등의 정보), 등록금/장학금(등록금, 기숙사비, 장학금 및 학자금 대출 현황), 취업률/진학률(졸업생의 진로 현황과 취업 현황), 교원(전임 교원 확보율, 전임 교원 1인당 학생 수 등), 연구 성과(전임 교원들의 학술지 게재 논문과 저·역서 등의 각종 연구 실적, 특허 출원 및 등록 실적 등)

● 활동 2
학교 미니북 만들기

B4 종이를 8면으로 접고 가운데를 칼로 잘라 미니북 접기를 한 후 총 8면 중 첫 장과 끝장은 표지로 하고 나머지 6면에 6개의 학교 정보 카드를 만들어 보세요.

 tip

- 진로 심리 검사 결과를 활용할 수도 있습니다. 학교에서 실시하는 진로 심리 검사 결과가 보통 5월경에 배부되는데 이 결과지를 활용하여 학과를 선택하고 이 학과가 개설되어 있는 대학 6개를 선택하여 미니북으로 제작할 수 있습니다.
- 중학교의 경우 학교 유형을 달리하여 찾아보게 합니다. 예를 들어 특목고, 특성화고, 공립형 자율고, 일반고 등(학교 유형은 학교마다 조금씩 다를 수 있습니다)을 먼저 알려 주고 이중에서 자신이 원하는 곳을 선택하여(한 유형에서 여러 개를 할 수도 있고, 여러 유형에서 한 가지씩을 할 수도 있습니다) 작업할 수 있도록 합니다.
- 선택하는 학교를 5개로 줄이고 한 면을 비워 두었다가 완성된 직업 미니북을 학부모께 보여 드리고 편지글 형태로 부모님의 소감을 적어 오도록 하면 자연스럽게 부모님과 자녀에게 진로에 관한 대화의 기회를 제공할 수 있습니다.
- 컴퓨터실 사용이 어려울 경우에는 전 시간에 미리 정보 검색 방법을 알려 주고 관심 있는 학교 6개에 대한 정보를 집에서 찾아 오도록 하여 그 자료를 바탕으로 미니북을 만드는 방식으로 진행할 수도 있습니다.
- 미니북을 만들 때에는 손으로 쓰게 하는 것이 좋습니다. 학생들은 인쇄해서 필요한 부분을 오려 붙여 만들고 싶어 하지만, 그럴 경우 정보를 학생들이 제대로 읽지 않은 채 만드는 데만 집착할 수도 있기 때문입니다.

 talk

《미래의 직업 세계 2009》

이 책은 한국직업능력개발원에서 펴낸 직업 및 학과에 대한 안내서로서 직업 편에는 나에게 맞는 직업을 알아보기 위한 적성 검사, 미래의 직업 세계 변화, 직업별 소개와 전망 등이, 학과 편에는 미래의 교육 세계, 진로 선택과 진로 개발, 계열별 학과 세계, 학과별 소개와 전망, 학과 인터뷰 바로가기 등으로 구성되어 있습니다. 커리어넷(www.careernet.re.kr) 사이트에서 무료로 다운로드할 수 있습니다.

6월

가 보자! 만나 보자! 해 보자!

6월	주제	목표	활동 형태
1주	동영상을 통한 직업 체험 (인문 계열)	'경영컨설턴트' 직업 동영상 시청과 체험 활동, 적성 탐색 등을 통해 직업에 대한 이해도를 높인다.	개인
2주	동영상을 통한 직업 체험 (자연 계열)	'생명공학자' 직업 동영상 시청과 체험 활동, 적성 탐색 등을 통해 직업에 대한 이해도를 높인다.	개인
3주	직업 현장 체험 (예체능 계열)	하자센터(서울시 영등포구 소재) '직업 체험 프로젝트'의 예술 관련 직업을 체험하고, 이를 통해 직업에 대한 이해도를 높인다.	개인, 집단
4주			

직업 정보를 수집할 때 가장 좋은 방법은 몸으로 해당 직업을 직접 겪어 보는 것입니다. 직업 체험은 동영상을 통해 직업 세계를 알아보는 간접 체험과 직업 현장을 찾아가 해당 직업인의 근무 환경을 엿보고 직업인의 강의를 들으며, 더 나아가 그 직업과 관련된 간단한 체험을 해 보는 직접적인 체험으로 구성할 수 있습니다.

물론 여러 직업에 대해 인터넷 검색으로 정보를 수집하는 것도 도움이 되지만, 적은 경우라도 해당 직업인이 일하는 모습을 직접 보면서 확인한다면 직업에 대한 이해 정도가 확연히 달라질 것입니다.

여기서는 직업 체험 학습을 동영상을 통한 직업 체험과 현장 체험 두 가지로 나누고, 인문, 자연, 예체능 계열 세 가지 직업 체험을 해 보고자 합니다. 학교에서 전체 학생들을 대상으로 직업 현장 체험을 기획하고 진행하는 것이 무척 번거롭고 힘들기 때문에 자주 할 수는 없을 것입니다. 2009 개정 교육과정의 '창의 체험 활동'에서 '진로 활동'이 강화되기는 하였으나 아직은 많이 부족합니다. 학생들이 직업을 몸으로 느낄 수 있는 직업 체험의 기회가 늘어나길 기대해 봅니다.

1주. 동영상을 통한 직업 체험:

경영컨설턴트

● **목표**
  · 경영컨설턴트의 하는 일, 근무 환경, 준비 방법 등 직업 정보를 수집한다.
  · 경영컨설턴트에 대한 자신의 적성 여부를 탐색할 수 있다.

● **준비물**
  활동지 1 '기업 문제 해결사 – 경영컨설턴트' 105~106쪽
  활동지 2 '이런 능력이 필요해요' 107쪽
  활동지 3 '나에게 얼마나 어울릴까' 108쪽
  동영상 시청이 가능한 컴퓨터

● **생각 열기**

창업컨설턴트 인터뷰_ 김상훈(스타트비즈니스)

Q. "창업컨설팅이 창업 성공 여부에 많은 영향을 미치나요?"
A. "성공과 실패에는 반드시 변수가 있기 마련입니다. 컨설팅을 받는다고 해서 반드시 성공하는 것은 아니지만, 일반적으로 창업 성공률이 10~20% 미만이라면 컨설팅을 받았을 때는 70%까지 성공률을 끌어올릴 수 있습니다. 약 3배 이상으로 높아진다고 볼 수 있죠."

Q. "창업컨설턴트의 장단점은?"
A. "누군가의 길라잡이 역할을 하여 성공할 수 있도록 도와주는 것이기에 매우 보람 있고, 인생에서 의미 있는 일로까지 여겨집니다. 하지만 창업컨설턴트를 만능 박사로 여기고 불가능한 요구를 하는 고객을 만날 때나 사람을 만나는 것에서 오는 스트레스 때문에 어려움을 느끼기도 합니다. 또한 돈을 많이 벌지 못하고 항상 바

쁘다는 점도 힘든 점 중의 하나입니다. 그래도 열정적으로 일할 수 있는 분야인 만큼 재밌게 일하고 있으며, 아직 제대로 형성되지 않은 창업 컨설팅 시장의 길을 만들어 간다는 것에 보람을 느낍니다."

Q. "어떻게 준비해야 하나요?"
A. "창업은 경영, 경제와 관련 있는 분야이므로 관련 학과를 나오면 도움이 됩니다. 하지만 다양한 분야에서 경험을 쌓는 것이 더욱 중요한 분야이기도 합니다. 따라서 국문학과를 나오면 모든 컨설팅 과정에서 빠질 수 없는 보고서 작성 능력을 갖출 수 있어 좋고, 상경 관련 학과는 마케팅, 통계 등에 관련된 지식을 갖출 수 있어 좋으며, 심리학과는 사람 만나는 직업이기 때문에 도움을 받을 수 있습니다. 음대를 나와도 매장에 사용할 배경음악을 결정하는 데 도움을 받을 수 있기 때문에 어떤 분야라도 창업 컨설팅을 하는 데는 도움이 될 것입니다. 여러 전문가의 도움을 받으면 되기 때문에 너무 많은 분야를 다 공부하려는 생각은 하지 않아도 됩니다. 리포터나 취재기자처럼 정보 수집과 상황 판단력을 키울 수 있는 분야나 유통 경제 연구소, 프랜차이즈 본사 등의 관련 분야에서 차근차근 전문성을 쌓으십시오."

Q. "준비생들에게 한 마디!"
A. "직접 체험해 보는 것이 가장 중요합니다. 10년 후에 어떤 모습이 되어 있을지 역할 모델을 정해서 직접 만나 확인해 보고, 적성과 성격을 충분히 고려한 뒤 도전하십시오. 어려움이 많은 만큼 기회 요인도 많은 직업입니다."

워크넷(www.work.go.kr) 〉 직업·진로 〉 직업 탐방 〉 직업인 인터뷰

● 활동 내용

① 진로 선택에서 직업 체험의 중요성에 대해 설명해 준다.

"직업 정보를 수집하는 방법에는 앞에서 배운 것처럼 진로 정보 검색 인터넷 사이트를 통해 찾아보는 방법도 있지만 오늘 할 활동처럼 한 직업에 대해 그 속에서 일하는 직업인의 활동 모습을 살펴보고 그 직업인에게 필요한 간단한 활동을 직접 해 보는 직접 체험도 있습니다. 이 두 가지 방법에는 장단점이 있습니다. 앞의 방법은 짧은 시간 내에 여러 가지

직업에 대한 정보 수집할 수 있는 데 비해 그들의 근무 환경을 엿보거나 직업인으로서의 애환을 살펴보기는 어렵습니다. 반면 직접 체험은 많은 직업을 알아볼 수는 없지만 한 개의 직업이라도 수박 겉핥기가 아니라 속속들이 알 수 있다는 점과 그 직업에 대한 나의 적성 여부를 몸으로 느껴볼 수 있다는 장점이 있지요. 오늘 체험할 직업은 경영컨설턴트인데, 생소하거나 전혀 관심이 없는 친구도 있을 거예요. 그래도 '아는 만큼 보고 보는 만큼 느낀다'는 말이 있듯이 그 직업에 대해 알게 되면 새롭게 관심을 갖게 될 수도 있습니다. 여러분이 모른다고 또는 들어 본 적이 없다고 생각한 그 직업 중에 나에게 정말 적합한 직업이 있을 수도 있지 않을까요? 또한 직업인에게 필요한 능력에는 특정 직업인에게만 필요한 것이 있는 반면 모든 직업인에게 공통적으로 필요한 능력도 있으니 좀 더 적극적인 관심을 갖고 체험 여행을 떠나 봅시다."

② 활동지 '기업 문제 해결사 – 경영컨설턴트'를 배부한다. 관련 동영상 시청 후 문제를 풀어 본다.

"경영컨설턴트는 기업 경영에 관한 문제점을 분석하고 그에 대한 해결책을 제시하는 직종입니다. 이들에게 필요한 적성, 관련 학과와 자격증과 같은 준비 방법, 앞으로의 전망에 대해서는 활동지를 꼼꼼히 읽어 보기 바랍니다. 그럼 지금부터 경영컨설턴트의 활동 모습을 담은 간단한 동영상을 시청한 후 활동지의 문제를 풀어 보겠습니다." (정답 참고)

③ 활동지 '이런 능력이 필요해요'를 풀어 보게 하고 정답을 참고해 확인한다.

④ 활동지 '나에게 얼마나 어울릴까' 배부 후 실시하고, 목표 설정에서 적성과 흥미의 중요성을 강조한다.

"끝으로 경영컨설턴트 직업이 나에게 얼마나 어울릴까에 대해 다시 한 번 평가해 보도록 합시다. (잠시 후) 지금까지 경영컨설턴트 직업에 대해 알아보고, 이 직업이 나의 적성과 흥미에 얼마나 적합한지에 대해서도 알아보았습니다. 무한 경쟁으로 치닫는 현재의 직업 세계는 직업인에게 그 분야 최고의 능력을 요구합니다. 따라서 이러한 능력을 갖추기 위해서는 끊임없는 자기 계발이 필요한데, 그 직업이 적성과 흥미에 맞을 때 훨씬 재미있고 수월하게 자기 계발을 할 수 있다는 점을 꼭 명심하세요."

● 활동 1

기업 문제 해결사 - 경영컨설턴트

Q "경영컨설턴트는 어떤 일을 하는 사람인가요?"

A "경영컨설턴트는 기업 경영에 관한 문제점을 분석하고 대책을 연구하며, 사업에 관한 상담과 조언을 합니다. 효율적인 경영을 위해 문제점을 지적하고 개선점을 제안하며, 경영 정책 및 계획의 효과를 판단하기 위한 연구를 수행하지요. 사업체 운영에 대한 개선 방향을 기획하기도 합니다."

Q "경영컨설턴트에게 필요한 능력에는 무엇이 있나요?"

A "논리적 사고방식과 판단력, 해결을 위한 창의력 등이 필요합니다. 또한 다양한 사람들과 접촉하며 원활하게 업무를 수행해야 하기에 사교성, 유연한 의사소통 능력, 외국어 실력도 갖추어야 하지요."

Q "경영컨설턴트가 되려면 어떻게 준비해야 하지요?"

A "경영컨설턴트가 되기 위해서 특정한 학과를 전공해야 하는 것은 아니지만, 대학에서 경영학, 경제학, 산업공학, 컴퓨터 및 정보 관련 전공을 하는 것이 유리합니다. 특정 분야의 전문가로서 3년 또는 5년 이상의 경력이 있는 경우는 대학 졸업으로 채용될 수 있으나 일반적으로 국내외 석사 학위 또는 박사 학위를 소지자를 요구하지요. 관련 자격증으로는 국가 자격증인 경영지도사와 기술지도사가 있습니다."

Q "경영컨설턴트의 앞으로 전망은 어떠한가요?"

A "정보 기술의 발달과 전자 상거래, 국제 경영이 성장함에 따라 새로운 경영 환경이 조성되고 있습니다. 또한 국제·국내 시장의 경쟁이 더욱 치열해지고 있어 이러한 환경에 능동적으로 대응하고 경영 전반의 문제점에 대해 조언해 줄 수 있는 전문적 지식을 가진 경영컨설턴트의 수요가 늘어나고 있지요. 이에 따라 향후 10년간 경영컨설턴트의 고용은 다소 증가할 것으로 전망됩니다."

화면 속으로!

경영컨설턴트에 관한 다음 동영상 자료를 보고 답하세요.

커리어넷(www.careernet.re.kr) 〉 직업 정보 〉 직업 사전 〉 경영컨설턴트 2(동영상)

상영 시간 7분 12초

1. 경영컨설턴트에 대한 동영상을 보고 다음 내용을 읽은 후 (   ) 안에 옳으면 ○표, 그르면 ×표 하세요.

    ① 경영컨설턴트가 되기 위해서는 반드시 경영학을 전공해야 한다. (   )
    ② 경영컨설턴트의 정년은 58세이다. (   )
    ③ 경영컨설턴트가 창조성을 갖추기 위해서는 실무 경험을 쌓아야 한다. (   )
    ④ 경영컨설턴트 관련 회사는 현재 외국계가 60~80%를 차지한다. (   )
    ⑤ 경영컨설턴트는 정보 처리 능력과 외국어 실력을 갖춰야 한다. (   )

2. 동영상 내용 중에서 그 전에는 몰랐지만 새롭게 알게 된 사실이 있다면 적어 보세요.

3. 동영상 내용 중에서 가장 기억에 남는 장면과 그 이유를 적어 보세요.

● 활동 2

이런 능력이 필요해요

1. 그림과 같은 유통 경로에서 발생하는 문제점을 해결하기 위해 A군이 가져야 할 생각으로 적절하지 않은 것은? (　　　)

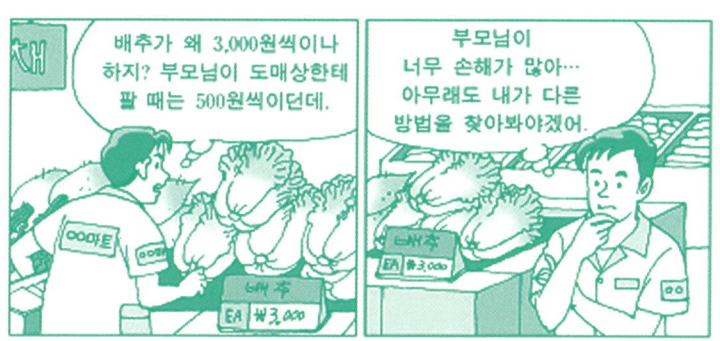

① 인터넷을 통해서 소비자에게 판매해야겠어.
② 생산자와 소비자 사이에 중간상이 많이 필요해.
③ 아파트 단지 부녀회와 직거래하는 방법을 알아봐야겠어.
④ 도매상을 거치지 않고 직접 소비자와 거래하는 방법이 필요해.
⑤ 물적 유통 비용을 적게 들이고 가정에 판매하는 방법을 알아봐야겠어.

2. 같은 골목에 위치하고 규모도 비슷한 라면 가게가 두 곳 있다. 두 가게의 매출은 그동안 비슷했는데 갑자기 한 가게의 매출이 크게 오른 반면 다른 가게의 매출은 뚝 떨어졌다. 매출이 저하된 가게로부터 매출 확대를 위한 컨설팅을 의뢰받았다. 경영컨설턴트로서 가게의 매출이 저하된 여러 가지 이유와 이를 극복하기 위한 나의 제안을 적어 보자.

	매출이 저하된 이유	극복을 위한 나의 제안
1		
2		
3		

● 활동 3

나에게 얼마나 어울릴까

1. 다음 내용은 경영컨설턴트에게 필요한 적성과 흥미입니다. 글을 읽고 그 내용이 자신의 특성과 비교적 가까우면 ○표, 거리가 멀면 ×표 하세요.

① 경영학을 전공할 생각을 해 본 적이 있다. (   )
② 문제 상황에서 가장 효과적인 해결 방법이 무엇인지 생각하는 것을 즐기는 편이다. (   )
③ 다른 사람들과 쉽게 친해지고 좋은 관계를 유지하는 편이다. (   )
④ 자신의 생각을 다른 사람에게 잘 표현하는 편이다. (   )
⑤ 외국어를 배우고 말하는 것을 좋아한다. (   )
⑥ 외국 사람들과 함께 일하는 근무 환경을 좋아한다. (   )
⑦ 정해진 기간 내 꼭 해결해야 할 일이 생긴다면 밤을 새울 만큼 체력이 튼튼하다. (   )
⑧ 숫자 계산하는 것을 즐기는 편이다. (   )
⑨ 자신의 성과만큼 보수를 받는 일을 좋아한다. (   )
⑩ 나의 능력을 인정해 주는 곳이 있다면 언제든지 직장을 옮길 것이다. (   )

2. 나에게 경영컨설턴트로서의 능력과 흥미는 얼마나 적합하다고 생각하나요? 다음 표에서 자신에게 해당하는 것에 답해 보세요.(위에서 ○표가 1~5개면 부적합, 6~10개면 적합)

판단	나의 선택	앞으로의 계획
적합하지 않은 편이다.	그래도 나는 경영컨설턴트가 되고 싶다.	어떻게 노력할 것인가요?
	나의 적성과 흥미에 맞는 다른 직업을 찾아보겠다.	그렇게 생각한 이유와 나에게 적합한 직업은 무엇인가요?
적합한 편이다.	나는 경영컨설턴트가 되기 위해 더 노력하겠다.	어떻게 더 노력할 것인가요?
	적합하지만 나는 다른 직업을 선택하고 싶다.	그렇게 생각한 이유와 나에게 적합한 직업은 무엇인가요?

| 참고 자료 |

경영컨설턴트의 이웃 직업

직업명	하는 일
마케팅전문가	특정 상품과 잠재 상품에 대한 시장 분석을 실시하고 상품이나 서비스에 대한 홍보와 판매 전략을 계획하고 실행한다.
감정평가사	동산(공장, 자동차, 항공기 등), 부동산(토지, 건물, 아파트, 임야 등), 무형자산 등의 경제적 가치를 평가하여 그 결과를 화폐 가치로 산정한다.
물류관리사	물류에 관한 전문 지식을 가지고 화물의 수송·보관·하역·포장 등의 물류 체계를 합리적으로 구축하거나 이에 대한 상담과 자문 업무를 담당한다.
증권분석가	기업의 실적 예상, 증권 평가, 기업의 자금 조달 여건의 조사 및 분석, 증권의 가격 변동과 수익률 추세 분석 등에 대한 업무를 수행하고 고객에게 유용한 투자 정보를 제공한다.
회계사	개인이나 기업, 공공시설, 정부기관 등의 경영 상태, 재무 상태, 지급 능력 등의 다양한 재무 보고와 관련하여 상담하거나 관련 서류를 작성한다.
기업 고위 임원	기업을 대표하며, 사업체 경영의 능률과 경제성을 높이고 이익을 극대화하기 위한 조사 연구나 홍보, 판매 등을 계획하고 관리한다.
시장 및 여론조사 전문가	기업의 마케팅 전략이나 공공 기관의 정책에 대한 조사 전반을 기획, 실시하고 자료를 수집, 분석하여 전략 또는 정책 방향을 제시한다.
보험계리인	보험, 연금, 퇴직연금 등에 대한 보험료 및 보상 지급금을 계산하고 보험 상품을 개발하여, 보험 회사의 전반적인 위험을 평가하고 진단한다.
금융자산운용가	투자신탁, 연금 등의 기관투자나 개인 투자가의 자산이 최대한의 수익을 올릴 수 있도록 투자 전략에 대한 정보를 제공하고 계획을 세워 운용한다.

* 위에서 제시된 직업의 준비 방법, 필요한 적성과 흥미, 전망 등은 워크넷 또는 커리어넷에서 검색할 수 있습니다.

tip

한 개의 직업을 주제로 직업 체험을 하는 경우 가장 문제가 되는 것은 그 직업에 관심이 부족한 학생들의 무관심입니다. 아래와 같이 이야기하면서 관심을 불러일으켜 보도록 합니다.

"잘 모르기 때문에 관심이 없는 것일 수도 있습니다. 의외로 나와 잘 맞는 직업일 수도 있습니다."
"우리가 물건을 하나 살 때도 후회를 줄이기 위해서는 가급적 많은 것에 대한 시장 조사 후 장단점을 비교하는 노력이 필요하지요? 직업도 마찬가지입니다. 내가 알고 있는 소수의 직업에서 선택을 하기 보다는 직업 세계의 폭을 넓히고 그중에서 선택할 때 더 합리적인 결정을 할 수 있습니다."
"직업 종류를 불문하고 성공한 직업인에게는 공통점이 있습니다. 예를 들어 자기 계발을 위한 노력, 직업에 대한 무한 애정 등이 그것입니다. 비록 희망 직업이 다르다고 해도 성공한 직업인의 공통점을 찾아보는 것은 나의 성공을 위해 의미 있는 일이 될 수 있습니다."

활동지 1 정답
1. ① × ② × ③ ○ ④ ○ ⑤ ×
2. 3. 자신의 생각을 적어 볼 것

활동지 2 정답
1. ②
2.

	매출이 저하된 이유	극복을 위한 나의 제안
1	주 고객인 신세대에 맞는 새로운 메뉴가 부족하다.	새로운 메뉴를 개발한다.
2	인테리어가 신선하지 못하다.	감각적인 인테리어로 리모델링한다.
3	국물 맛이 떨어진다.	라면의 핵심이라고 할 수 있는 국물 맛에 대한 연구가 필요하다.
4	고객에 대한 종업원의 친절도가 떨어진다.	종업원 교육을 통해 친절한 서비스를 제공한다.
5	원가가 높아 마진율이 떨어진다.	산지 직거래 등을 통해 원가를 절감한다.
6	인터넷 사이트가 없다.	인터넷 사이트를 개설하여 적극 홍보한다.
7	고객 유인을 위한 방안이 부족하다.	마일리지 서비스 등을 개발하여 적극 고객을 유인하고 단골을 유지한다.
8	가게 소품들이 고객의 취향에 맞지 않는다.	주 고객 취향을 고려하여 라면 그릇, 컵, 수저 등을 교체한다.

 talk

인터넷에서 무료로 다운로드할 수 있는 직업 관련 동영상

자료명	제작 연도	개발처	주소	특징
직업인 인터뷰	'08	한국직업능력개발원	커리어넷 (www.careernet.re.kr) 〉 중학생 〉 직업 정보 〉 직업인 인터뷰	동영상 자료, 21명 직업인 인터뷰 수록(하는 일, 준비 과정, 적성 및 자질, 전망 등), 동영상 분량은 10분 내외
미래의 직업 세계 – 직업 인터뷰 바로가기	'09	한국직업능력개발원	커리어넷 (www.careernet.re.kr) 〉 미래의 직업 세계 2009 〉 직업편 〉 직업인 인터뷰 바로가기	동영상 자료, 150개 직업에 종사하는 직업인 인터뷰 정보 수록, 인터뷰 질문은 직무 소개, 취업 선택 동기, 직업 준비 및 경로, 직업 특성, 자기 계발, 직업 전망, 직업 선택을 위한 조언 등의 내용. 동영상은 3~5분 정도의 분량이며, 3~4장의 사진과 기사 형태의 텍스트로 정보 제시
내일을 잡(job)아라	'11	한국고용정보원	워크넷(www.work.go.kr) 〉 직업·진로 〉 직업·취업·학과 동영상 〉 직업 영상	경영·회계·사무 관련직, 금융·보험 관련직 등 각 영역별로 다양한 직업의 동영상이 탑재되어 있음
Work & Life	'11	한국고용정보원	워크넷(www.work.go.kr) 〉 직업·진로 〉 직업·취업·학과 동영상 〉 직업 영상	기업을 구성하는 다양한 직무를 소개하고 각 직무별 필요 역량과 스킬, 취업 전략 등을 동영상을 통해 알아봄
학과정보영상	'11	한국고용정보원	워크넷(www.work.go.kr) 〉 직업·진로 〉 직업·취업·학과 동영상 〉 직업 영상	인문, 사회, 교육, 공학, 자연, 의약, 예체능 등 영역별로 학과에 대한 정보를 담은 동영상이 탑재되어 있음
전문가와의 만남	'08~'09	서울특별시교육청	서울진로진학정보센터 (www.jinhak.or.kr) 〉 청소년을 위한 방송 〉 전문가와의 만남	총 33개의 직업 동영상을 탑재하고 있으며, 쇼콜라티에(초콜릿 전문가), 쇼핑호스트, 게임캐스터 등 학생들의 흥미를 유발하는 신생 직업을 적극 소개

2주. 동영상을 통한 직업 체험:

생명공학자

● 목표
   · 생명공학자의 하는 일, 근무 환경, 준비 방법 등 직업 정보를 수집한다.
   · 생명공학자에 대한 자신의 적성 여부를 탐색할 수 있다.

● 준비물
   활동지 1 '풍요로운 미래를 만드는 생명공학자' 115~116쪽
   활동지 2 '생명공학자가 되어 봐요' 117~118쪽
   활동지 3 '생명공학자, 나에게 맞을까?' 119쪽, 동영상 시청이 가능한 컴퓨터

● 생각 열기

생명공학자 인터뷰_ 김빛내리 교수(서울대)

김 교수는 성장과 노화 등 생명 현상을 조절하는 유전물질인 마이크로RNA 분야의 세계적인 전문가. 세포 안에서 마이크로RNA를 만드는 효소를 찾아내는 등 독창적인 연구 성과를 거듭 발표해 지난해 세계 최고의 생명과학 학술지인 〈셀cell〉의 편집위원이 됐다. 지난 달 말에는 가장 젊은 나이로 국내 최고 영예인 '국가과학자'에 선정됐다. 소녀를 과학의 길로 이끈 책이 있었다. 과학사를 읽으면서 인간의 지식이 자연의 한계를 넘어서는 모습에 매력을 느꼈다. 김빛내리 서울대 교수는 한국인 최초의 노벨 과학상 수상이 기대되는 신진 학자로 주목받지만 "자연을 이해하는 일이 참 어렵다"고 말했다.

왜 과학자가 됐을까. 김 교수는 지금은 제목이 기억나지 않는 과학 책 한 권을 떠올렸다. "과학사 책이었는데 인간의 지식이 발전하면서 자연의 한계를 넘어서는 모습이 너무 멋있었어요. 이런 일을 평생 즐겁게 하면서 돈도 벌 수 있으면 좋겠다 싶어서 과학자가 되었죠." 지금도 가장 두근거리고 흥분되는 순간을 묻는 질문에는 "예상하지

못한 결과를 보고 고민하다가 새로운 가설이 떠오를 때, 재미있는 아이디어가 떠오를 때가 가장 즐겁다. 학교에 올 때는 늘 즐겁다"며 웃었다.

긍정적인 성격이지만 견디기 힘든 시절이 있었다. 영국 옥스퍼드대에서 박사 학위를 받은 직후 큰아이(딸)를 낳으면서 1년 넘게 집에서 쉬었다. 과연 연구를 계속할 수 있을까. 자신이 없어서 과학자의 길을 포기하려고 했다. 그때 남편과 시댁 식구의 격려와 도움으로 미국으로 박사 후 연구원 과정을 다녀오면서 마음을 잡았다. 부드러운 인상의 남편은 이후에도 늘 든든한 후원자가 됐다.

2020년에는 한국 과학이 얼마나 발전할까. 김 교수는 "현재 한국 과학 수준이 세계 12~14위인데 10년 뒤에는 5위 정도로 올라갈 것"이라고 낙관했다. 투자액과 우수한 연구 인력을 볼 때 저력은 충분하다는 말. 문제는 이공계 인력이 너무 줄어든다는 점. 최근 KAIST나 서울대, 포스텍의 생명과학 전공자 중 대다수가 의학전문대학원이나 약대로 빠져나가려 한다는 보도가 잇따랐다. 김 교수는 "10년 뒤면 인력 공백이 심각할 것이다. 장기적인 과학 발전은 앞으로 길러 낼 이공계 인력에 달려 있다"면서 후배들에게 당부했다.

"먼저 집중하세요. 좋은 과학자가 되고 싶으면 연구에 매진해야 해요. 긍정적인 사고도 중요해요. 10번 실험해서 9번 실패하고 1번 성공하면 굉장히 잘하는 거예요. 실패에서 배우고 다음 단계로 가려면 긍정적인 생각이 꼭 필요합니다."

〈동아일보〉(2010. 5. 11)

● **활동 내용**

① 유망 산업으로서 바이오산업(생명공학)을 소개하고 오늘 프로그램을 안내한다.

"정보화 혁명 이후 한국은 IT 강국으로서 세계 기술을 선도하였으나, 21세기에 들어서며 IT에 이어 BT(biotechnology)가 미래 유망 산업으로 촉망받고 있습니다. 오늘은 건강, 식량, 에너지 등 미래 사회의 가장 중요한 당면 과제들을 해결할 수 있는 바이오산업 분야의 유망 직업으로서 '생명공학자'에 대해 알아보겠습니다."

② 활동지 1 '풍요로운 미래를 만드는 생명공학자'를 배부한다. 관련 동영상 시청 후 문제를 풀어 본다.

"생명공학자는 생명과학 분야의 이론과 응용에 대한 연구를 수행하여 생명의 본질과 생명 현상을 탐구하는 직업인인데, 이들에게 필요한 적성, 관련 학과, 자격증과 같은 준비 방법, 정보 검색을 위한 사이트 등에 대해서는 활동지를 꼼꼼히 읽어 보기 바랍니다. 그럼 지금부터 생명공학자의 활동 모습을 담은 간단한 동영상을 보고 활동지 문제를 풀어 보도록 해요." (정답 참고)

③ 활동지 2 '생명공학자가 되어 봐요'를 통해 체험 활동 실시 후 정답을 참고하여 답을 맞춘다.

"지금부터 자신이 생명공학자가 되었다고 상상하고 생명공학 관련 아이디어를 적어 보세요. (잠시 후) 그럼 어떤 아이디어가 있는지 들어 볼까요?" (한두 명 발표하게 한다.)

④ 활동지 3 '생명공학자, 나에게 맞을까?'를 배부 후 실시하고, 관련 학과 및 개설 대학 정보 검색 방법을 안내한다.

"끝으로 생명공학자라는 직업이 나에게 얼마나 어울릴까에 대해 다시 한 번 평가해 보도록 합시다. (잠시 후) 지금까지 생명공학자 직업에 대해 알아보고, 이 직업이 나의 적성과 흥미에 얼마나 적합한지에 대해서도 알아보았습니다. 혹시 이번 활동을 통해 생명공학에 대한 관심이 생긴 친구가 있다면 준비의 첫걸음으로서 생명공학 관련 학과 및 이 학과가 개설되어 있는 대학을 알아보아야겠지요. 앞에서 살펴본 커리어넷 www.careernet.re.kr 사이트의 학과 정보 코너에서 검색창에 생명공학을 치면 생명공학과의 교육 내용, 교과목 등과 함께 개설 대학 목록이 소개됩니다. 관심 있는 대학을 클릭하면 그 학교의 홈페이지로 링크되니 입학 정보 메뉴에서 대입 관련 정보를 수집해 보세요."

 tip

사탕 하나에도 목숨 거는(?) 아이들

학생들은 선생님이 주는 사탕 하나에도 목숨을 겁니다. 얄팍해 보일지 몰라도 선생님 입장에서 가장 쉽게 학생들의 수업에 대한 관심을 끌어낼 수 있는 방법입니다. 보통 학교 예산에 과목별로 배당된 학습 준비물 구입비를 활용하여 학교 행정실에 물품 구입을 요청하면 간단히 해결할 수 있습니다. 필자의 경험으로 보면 막대사탕이나 낱개 포장된 초콜릿 등이 학생들의 열광적인 환영을 받습니다.

● 활동 1
풍요로운 미래를 만드는 생명공학자

Q "생명공학자는 무슨 일을 하나요?"

A "생명공학자는 생명과학 분야의 이론과 응용에 대한 연구를 수행하여 생명의 본질과 생명 현상을 탐구하며 Biotechnology, 즉 BT의 핵심 인력이라고 할 수 있지요. 전문 분야에 따라 인체 전문가, 동물 전문가, 미생물 전문가, 식물 전문가 등으로 구분하지요. 인체 전문가는 주로 인간 유전자 해석 및 기능 연구, 암 등 난치병 예방 및 치료 기술의 개발, 의료 기기 및 의료용 생체 재료 기술 등을 연구하며, 동물 전문가는 동물 복제 기술, 동물 형질 전환 기술, 실험동물의 생산 및 이용 기술 등을 연구합니다. 미생물 전문가는 미생물 유전체 해석 및 기능 연구, 미생물 대사산물 이용 기술, 미생물의 농업, 환경, 식품 이용 기술 등을 연구하고, 식물 전문가는 식물 유전체 해석 및 기능 연구, 식물의 조직 배양 기술, 식물의 형질 전환 기술 등을 연구합니다."

Q "생명공학자가 되기 위해서는 어떤 준비를 해야 하나요?"

A "생명공학자가 되기 위해서는 생물학, 생물공학, 미생물학, 생명과학, 유전공학 등 관련 분야 석사 이상의 학위가 필요합니다. 국가 수준의 연구소나 규모가 크고 활동이 많은 연구소에서는 박사 학위 이상을 채용하는 경향이 증가하고 있고, 일부 기관에서는 박사 학위 취득 후 연구 경력을 요구하기도 합니다. 학문 영역의 내외에서 다양한 연구 프로젝트에 참여해 보거나 관련 연구원에서 연구 보조원 Research Assistant 으로 근무해 보는 것이 유리합니다."

Q "생명공학자가 되기 위해 필요한 능력과 적성에는 무엇이 있나요?"

A "생명공학자는 생명체나 생명현상을 과학적으로 연구하기 때문에 논리적이고 분석적인 사고력이 필요합니다. 새로운 것을 발견하려는 끊임없는 호기심과 창의력, 관찰력이 무엇보다 요구됩니다. 또한 실험실에서 장시간 실험하고 분석하는 일이 많기 때문에 문제를 해결하려는 적극적인 자세와 끈기가 필요합니다."

Q "생명공학자에 대해 더 알아볼 수 있는 사이트를 알려 주세요."

A "한국생명공학연구원 www.kribb.re.kr, 생명공학정책연구센터 www.bioin.or.kr, 생물학연구정보센터 bric.postech.ac.kr 등이 있습니다."

생명공학자, 동영상으로 이해하기

생명공학자에 관한 다음 동영상 자료를 보고 관련 문제를 풀어 보세요.

> 워크넷(www.work.go.kr) 〉 직업·진로 〉 직업·취업·학과 동영상 〉 직업 영상 〉
> 내일을Job아라 〉 교육 및 자연과학·사회과학 연구 관련직 〉 농생명공학기술자

상영 시간 25분 5초

1. 아래의 내용은 어떤 학문을 설명한 것인가요? (   )

    > 농생명 자원의 안정적 공급을 돕고 환경 친화적인 농작물을 연구하는 학문

2. 다음 중 씨앗의 수입 의존도가 가장 높은 품목은?
    ① 딸기   ② 장미   ③ 국화

3. 농생명공학자가 품종을 개발할 때 관심을 갖고 있는 문제 중 가장 거리가 먼 것은?
    ① 소비자가 좋아하는 품종 개발
    ② 생산자가 쉽게 재배할 수 있는 품종 개발
    ③ 잘 자라고 병에 잘 걸리지 않는 품종 개발
    ④ 자신이 가장 많은 돈을 벌 수 있는 품종 개발

4. 다음은 농생명공학자에 대한 설명이다. 잘못된 것은?
    ① 농생명공학과 등 관련 학과를 전공해야 한다.
    ② 실험실에서 주로 연구하기 때문에 농가를 직접 찾지는 않는다.
    ③ 교배를 통해 개발한 토종 품종의 가격은 수입 종자 값의 1/2이다.
    ④ 토종 품종이 품평회에서 외국 품종과 겨뤄 이겼을 때 보람을 느낀다.

● 활동 2

생명공학자가 되어 봐요

다음은 생명공학과 관련된 기사입니다. 이 글을 읽고 자신이 생명공학자라면 어떤 연구를 하고 싶은지 네모 칸에 적어 보세요.

생명공학 기술로 탄생한 기능성 컬러 쌀

2000년 과학 학술지인 〈사이언스〉를 통해 생명공학적 유전자 도입으로 하얀 일반 쌀과 달리 비타민A 전구체인 베타카로틴이 생성되어 노란색을 띠는 최초의 기능성 컬러 GM(Genetically Modified) 쌀, 즉 '황금쌀Golden Rice'이 세상에 소개되었다.

쌀의 주곡 의존도가 높은 동남아시아 등 저개발국에서 영양 불균형으로 인한 영양실조가 심각한 질병과 기아로 이어지고 있는 점에 주목한 이 연구 결과는 비타민A 결핍증(유아 성장 발달 부진, 시력 형성 저해, 야맹증, 안구건조증, 퇴행성 시력 감퇴, 피부 각질화 등을 초래하는 질병)에 의해 고통 받고 있는 전 세계 5세 이하 어린이 약 백만 명(동남아시아의 경우 70%)을 구하고자 마이크로소프트사의 창업자인 빌 앤 멜린다 게이츠 재단의 후원으로 인도주의적 세계 평화운동으로 발전되었다.

국내에서는 농촌진흥청 연구팀에 의해 이 국외 개발 황금쌀과 차별되는 '다중 유전자 동시 발현 기술'이 적용된 새로운 황금쌀이 개발되어 관련 기술은 국내 특허(등록 제 10-0905219)는 물론 미국, 중국 등 해외 특허 출원으로 지적 재산권을 확보하였고, 농산물 가치 증진을 위한 유전자 발현 조절 기술 선진화 성과를 인정받아 교과부 주관 국가 연구 개발 우수 성과 100선에 선정되었다.

벼의 잎, 줄기, 뿌리 등 다른 부위는 일반 벼와 동일하나 쌀에만 베타카로틴을 생성하도록 유전자를 발현시킨 신기능성 황금쌀은 특히 도정 후에도 영양분이 손실되지 않도록 쌀의 배유 부분에서 베타카로틴이 생성되도록 고안되었다. 하루 밥 두 공기(200g 정도)로 비타민A 일일 권장량(5000IU) 섭취가 가능하여 영양가가 많고 질병을 예방하는 비타민A 황금쌀로서의 부가가치도 크지만, 다중 유전자 동시 발현 기술을 통한 세 개 이상의 유전자 도입이 요구되는 주황색 지아산틴(시력 개선), 분홍색 아스탁산틴(노화 방지) 등 다양한 기능성 컬러 쌀 개발의 출발점으로서의 의미가 더 크다고 할 수 있다.

노랑(비타민A), 주황(시력 개선), 빨강(면역 증진 및 노화 방지) 등 색깔로 자기 몸에 필요한 기능성을 한 줌씩 골라 밥을 지을 수 있는 '컬러 쌀' 개발은 평소 식생활만으로 병원이나 약국에 갈 필요 없는 건강한 미래 밥상을 실현시키기 위한 다양한 유용 기능성 GM 작물 개발의 일환으로 진행되고 있는 것이다.

생명공학 기술은 어느 날 하늘에서 갑자기 떨어진 기술이 아니다. 미래를 위한 중요한 도구이자 관행의 기술로 극복하기 어려운 난제를 해결할 수 있는 크나큰 잠재력을 가진 현대적인 육종 방법의 하나인 것이다. 이 기술을 이용하여 원래 쌀에는 없는 다양한 카로티노이드 성분 도입 컬러 쌀 개발 프로젝트에 박차를 가하고 있다. 이미 개발에 성공한 베타카로틴 생성 황금쌀에 이어 한창 진행 중인 지아산틴 및 아스탁산틴 등 기능성 색소 성분을 함유하고 있는 쌀 개발 등 색깔로 영양성과 기능성을 골라 먹을 수 있는 컬러 쌀 개발! 농업생명공학 기술을 통해 다양한 영양분을 함유한 꿈의 쌀Dream Rice 개발 목표에 한 걸음씩 더 다가가고 있는 농촌진흥청의 요즘 행보에 큰 기대 한번 걸어도 좋지 않을까 한다.

공감코리아(www.korea.kr/newsWeb)(2010. 5. 11) 기사 발췌 후 재구성

연구하고 싶은 동식물	상세 내용
1.	
2.	
3.	
4.	

● 활동 3

생명공학자, 나에게 맞을까?

1. 다음은 생명공학자의 직업 관련 적성을 나열한 것입니다. 현재는 아니지만 상황이 주어졌을 때 자신이 잘할 수 있다고 생각되는 적성의 번호를 네모 칸에 적어 보세요.

(아래 목록은 워크넷 사이트에서 발췌)

(1) 사용자의 요구에 맞도록 장비와 기술을 개발하여 적용한다.
(2) 장비 혹은 시스템을 조작하고 통제한다.
(3) 새로운 것을 배우거나 가르칠 때 적절한 방법을 활용한다.
(4) 새로운 방법을 고안하고 기존의 방법을 개선하기 위해서 현재 사용되는 도구와 기술을 분석한다.
(5) 문제에 대한 답을 구하기 위해 정보를 분석하거나 논리를 사용한다.
(6) 솔직하고 도덕적이다.
(7) 사소한 부분까지도 주의 깊고 업무를 철저히 완수한다.
(8) 책임을 기꺼이 받아들이고 도전하려 한다.
(9) 새로운 지식을 얻을 수 있다.
(10) 국가를 위해 도움이 될 수 있다.
(11) 자율적으로 업무를 해 나갈 수 있다.
(12) 여러 사람과 어울려 일하기보다는 혼자 일할 수 있다.
(13) 업무가 정형화되지 않고 변화가 많다.
(14) 물리적, 생물학적 혹은 문화적 현상들에 대해 호기심을 가지고 관찰하는 것을 좋아한다.
(15) 조직적인 목표나 경제적인 이익을 얻기 위한 다른 사람과의 상호작용 활동을 선호한다.

내가 가진 적성	내가 가지지 못한 적성

2. 생명공학자를 나의 진로 선택에 적용해 본다면?

생명공학자가 되고 싶은 학생은 앞으로 어떻게 노력할지 쓰세요.	
다른 직업을 희망하는 학생은 어떤 희망 직업과 목표 달성을 위해 노력할지 쓰세요.	

| 참고 자료 |

생명공학자의 이웃 직업

직업명	하는 일
축산 및 수의학연구원	축산업의 진흥을 위하여 가축 및 가금의 유전학, 품종 개량, 육종, 사양 관리, 생산 관리에 관한 연구를 수행한다.
수의사	동물의 질병과 상해를 예방, 진단, 치료하고 이를 위해 연구하고 자문하는 업무를 수행한다. 수의사는 애완동물부터 가축, 실험동물, 수생동물, 야생동물 및 희귀 동물 등 모든 동물을 대상으로 진료하고 연구한다.
생명정보학자	생명정보학자는 생물학 관련 데이터를 컴퓨터로 정리, 분석, 이용하는 방법을 연구한다.
농학연구원	농작물을 개량하기 위해 실험실 및 농장에서 육종 연구를 계획하며 수행한다. 채소, 화훼, 감자류의 품종 개량, 재배법 개선 및 작물 환경에 관한 시험 연구와 원예작물의 종자 생산에 관한 연구를 한다.
자연과학시험원	물리학, 천문학, 화학, 지학 등의 자연과학 분야에서 과학자의 연구 개발 업무를 보조하거나 기술적인 업무를 수행한다. 또한 각종 시험 기기와 장비를 설치하고 조작, 유지 관리하며 연구자의 관리하에 시험, 분석, 검사하는 업무를 수행한다.
생명과학시험원	생물학, 의약, 식품, 농업, 임업 등 생명과학 분야에서 연구자의 연구 개발 업무를 보조하거나 기술적인 업무를 수행한다. 또한 실험 기구 및 장비를 설치하고 조작, 유지 관리하며 실험을 관찰하고 결과를 기록하거나 연구자의 관리하에 시험, 분석, 검사하는 업무를 수행한다.
생물학연구원	모든 형태의 생명체에 대하여 기원, 발달, 해부, 기능 관계 및 기타 원리를 연구하며 의학, 농업 등의 분야에 실제 적용 부문을 개발한다.
수산학연구원	기후변동에 따른 수산자원에 대한 대책이나 양식, 유전 등에 대하여 연구한다.
환경 및 해양과학 연구원	대기오염, 수질오염 등 환경오염의 발생 원인과 처리 방법을 연구하고 분석한다. 해수의 흐름과 같은 해양학의 여러 문제를 연구하고 분석한다.

위에서 제시된 직업의 준비 방법, 필요한 적성과 흥미, 전망 등은 워크넷에서 검색할 수 있음
서울시교육청 발간 〈미디어와 함께하는 교실 속 진로 체험〉 자료 재구성

활동지 1 정답
1. 농생명공학 2. ③ 3. ④ 4. ②

활동지 2 정답
예시 : 제초제 저항성 작물 환경, 정화용 미생물, 슈퍼미꾸라지 등

 **talk**

서울시교육청 발간 〈미디어와 함께하는 교실 속 진로 체험〉
(서울진로진학정보센터 사이트(www.jinhak.or.kr/index.jsp) 자료실에서 무료로 다운로드)

1. 진행 개요

형식	소제목	내용
직업 소개	인터뷰 형식으로 직업 소개하기	일의 내용, 근무 환경, 미래 전망 정보
활동지 1	동영상 보며 직업 이해하기	동영상 시청 및 내용 확인 후 소감 정리
활동지 2	나도 직업인, 스스로 체험하기	직업의 필수 핵심 역량 확인 · 직접 체험
활동지 3	직업 핵심 역량 점검해 보기	직업에 필요한 자질을 스스로 점검
활동지 4	마인드맵 통해 관련 직업 알아보기	유사 직업 및 관련 직업 정보 파악 · 확인
활동지 5	직업 체험 현장 견학하기	직업 체험 현장 및 관련 기관 정보

부록 : 교사용 활동지 정답, 직업 체험 현장 정보, 관련 직업 목록, 진로 관련 웹 사이트 수록

2. 활용 방안
(1) 시간 : 창의적 체험 활동, 진로의 날, 동아리 활동 시간, 휴무 토요 프로그램 및 교과 시간에 활용
(2) 흐름 : 활동지 출력, 인쇄 → 동영상 준비(활동지1에 위치 소개) → 활동지 배부 → 직업 소개부터 활동지5까지 순차적으로 진행
(3) 연계 : 서울진로진학정보센터(www.jinhak.or.kr)의 진로 심리 검사 → 홀랜드 진로 심리 검사 → 진로 탐색 검사 실시 후, 관련된 직업 및 현장 체험 정보 안내

3. 체험 직업 구성

형식	전통 직업(15개 직종)	신생 직업(9개 직종)
인문/사회 (10개 직종)	기자, 아나운서, 통역사, 사회복지사, 호텔리어, 항공기객실승무원 (6개 직종)	외환딜러, 투자분석가, 행사기획자, 경영컨설턴트 (4개 직종)
이공/예술 (10개 직종)	수의사, 간호사, 감독 및 연출가, 건축사, 특수분장사, 제빵 및 제과원, 조리사, 의상디자이너, 보석디자이너 (9개 직종)	생명공학자, 음악치료사, 스포츠에이전트, 컴퓨터프로그래머, 정보보호전문가 (5개 직종)

3·4주. 직업 현장 체험 : 문화 예술 관련직

● 목표
  · 문화 예술 관련 직업에 대한 직업 정보를 수집한다.
  · 문화 예술 관련 직업 체험을 통해 자신의 적성 여부를 탐색할 수 있다.

● 준비물
  활동지 1 '자신의 흥미 파악하기' 126~127쪽
  참고 자료 '하자센터 약도 및 교통편' 128쪽
  활동지 2 '패션디자이너, 나에게 맞을까?' 129쪽
  활동지 3 '직업 체험 프로그램 소감문' 130쪽
  동영상 시청이 가능한 컴퓨터

● 생각 열기

패션디자이너 인터뷰_이상봉 대표

Q. "얼마 전 아이스쇼에서 김연아 선수가 한글 티셔츠를 입어 화제가 됐습니다. 어떻게 그 옷을 입히게 됐습니까?"

A. "김연아 선수 측으로부터 한글 티셔츠를 만들어 달라고 요청을 받았어요. 사실 스트레스 많이 받았어요. 옷이 안 예쁘면 국민 전체에게 욕을 먹을 거 아니에요? 예쁘면 '나도 입고 싶어' 그럴 거고. 다행히 아름답다는 얘기가 많았어요. 김연아 선수와 같은 유명 인사들이 입은 한글 패션을 보고 사람들이 따라서 입도록 하는 것, 그게 내가 운동하는 방식이죠. MBC 〈무한도전〉에 나가서 MC들에게 한글 티셔츠를 입힌 것도 같은 이유예요. 그게 효과가 있어요."

Q. "한글 패션을 하면서 누구보다 열심히 한글을 연구했을 것 같은데 새로 발견한 매

력이 있나요?"

A. "한글 작업을 하기 전까지 저도 한글에 대해 무식했었어요. 그런데 지금은 우리나라에서 가장 위대한 문화유산이 한글이라고 생각해요. 다른 문화재는 비교 대상이 있지만 한글은 유일무이하죠. 외국은 지나간 것을 열심히 찾고 있는데, 우리는 가지고 있는 것조차 버리고 있는 게 아닌가 싶어요. 외국에서는 호평을 하는데 정작 국내에서 지금 한글을 갖고 뭘 하겠다는 거냐는 식으로 보면 안타깝죠. 분명한 것은 우리 것 없이 세계에 나갈 수 없다는 거예요."

Q. "어떤 디자인을 추구하십니까?"

A. "디자인이나 패션은 맨 앞에서 가는 겁니다. 난 뭔가 리드하는 사람이 되고 싶어요. 우리의 생활이나 생각을 변화시켜 나가는 사람, 자극을 주는 사람이 되고 싶어요. 오죽하면 제가 나이를 버렸겠어요? 제 자신이 정체되는 게 너무 두렵기 때문이에요."

〈국민일보〉(2009. 4. 29) 발췌 후 재구성

● 활동 내용

본 활동은 문화 예술 분야 직업 체험 프로그램을 제공하고 있는 하자센터(1999년 12월 18일에 개관. 연세대학교가 서울시로부터 위탁 운영하고 있으며, 공식 명칭은 '서울시립청소년직업체험센터'임.www.haja.net)의 '일일직업체험' 프로그램을 활용한 것이다. 각 시도의 경우는 참고 자료로 제시한 '직업 체험 프로그램 기관 및 프로그램'과 본 프로그램의 틀을 참고하여 별도로 기획할 수 있다. 또한 각 시도의 직업 체험 기관에 대해서는 각 시도 교육청 '진로 교육' 관련 부서나 '진학 진로 정보 센터'로 문의할 수 있다.

본 프로그램의 전체적 형식은 사전 활동, 현장 활동, 사후 활동으로 되어 있다. 사전 활동, 사후 활동은 학교에서 진행할 수 있으며, 현장 활동은 프로그램 예약 후 하자센터의 프로그램 진행에 따른다. 시간이 부족할 경우는 사전·사후 활동을 유인물 및 과제로 대신하고 현장 활동만으로 프로그램을 구성할 수 있다. 자세한 내용은 뒤에 제시된 교사용 자료(프로그램 신청 방법 및 프로그램 내용)를 참고하기 바란다. 19개 문화 예술 관련 직업 체험 프로그램이 동시에 진행될 수 있는데, 한 프로그램이 15명 내외로 진행되므로 한 학년 규모의 체험이 가능하다. 단, 사전 예약을 통해 날짜와 프로그램을 조율해야 하며, 연초일수록 원하는 예약 성사율이 높다.

사전 활동 (1시간, 교실)	체험 직업에 대한 직업 정보를 이해하고, 흥미를 중심으로 체험 직업을 선정한다.
현장 활동 (2시간, 하자센터)	체험 직업의 하는 일, 준비 방법, 적성과 흥미에 대한 강의를 듣는다. 직업 관련 활동을 체험한다. 체험 직업인 면담과 함께 궁금한 점에 대한 질의 응답 시간을 갖는다.
사후 활동 (1시간, 교실)	체험 직업에 대한 자신의 적성을 평가해 본다. 소감을 나누고, 직업 선택에서 적성과 흥미의 중요성을 강조한다.

1. 사전 활동

① 진로 선택에서 직업 체험의 중요성에 대해 설명해 준다.

"최근 웰빙 붐과 관련, 여가에 대한 관심이 증가함에 따라 문화 예술 관련 직업에도 많은 영향을 끼치고 있습니다. 특히, 영화와 게임 산업은 수요가 갈수록 증가하고 있습니다. 자신의 능력을 개발해 문화 예술 분야로 진로를 정한다면, 다른 직업에 비해 얻을 수 있는 부가가치가 상당하다고 할 수 있지요. 특히 게임 산업은 최근 들어 더욱 주목을 받기 시작해, 많은 수요를 필요로 하고 있습니다. 예를 들어 한국은행이 영화 산업의 경제 파급 효과를 산업연관표로 분석한 결과, 관객 천만을 기록한 〈왕의 남자〉의 부가가치 유발액은 일자리 8,000개를 창출한 것과 같은 효과였습니다. 또한 최근 한류 열풍이 한국 문화에 대한 관심을 증대시켜, 관련 직업도 전망이 높아지리라 기대됩니다. 오늘은 다음 시간에 문화 예술 관련 직업을 체험하기 전에 문화 예술 관련 여러 직업 중 자신에게 더 적합한 직업을 찾아보고, 이를 바탕으로 체험 직업도 결정해 보겠습니다."

② 커리어넷 사이트를 보여 주면서 문화 예술 관련 직업을 알아본다.

"커리어넷 홈페이지 www.careernet.re.kr 의 '중학생 〉 직업 사전 〉 분야별 직업의 세계 〉 문화 관련 직업의 세계' 로 가 볼까요?"

"각 직업에 대한 준비 방법, 적성과 흥미, 전망 등에 대한 정보는 '커리어넷 > 중학생 > 직업 사전 > 직업명 검색' 메뉴를 활용할 수 있습니다."

③ 학생의 흥미(활동지 1)를 기준으로 '하자센터 직업 체험 프로그램' 체험 직업을 선정한다.

"하자센터 직업 체험 프로그램 직업 목록을 통해 흥미를 알아보고 체험 직업을 선정하겠습니다. 그런데 인원 조정이 필요한 경우 '매우 좋아한다' 뿐 아니라 '조금 좋아한다' 또는 '조금 싫어한다' 까지 포함할 수도 있으므로 양해 바랍니다."

④ 체험 학습에 임하는 자세(현장에서의 안전, 질서 등)와 교통편(참고 자료)을 안내한다.

2. 현장 활동

프로그램 예약 후 하자센터의 진행에 따른다.

3. 사후 활동

① 활동지 2 '패션디자이너, 나에게 어울릴까?' 배부 후 체험 직업에 대한 적성을 평가해 본다.

"지난 시간에 체험한 직업에 필요한 적성과 흥미를 스스로 평가해 봅시다. 또한 자신이 그 직업에 적합한지 여부와 앞으로의 계획을 생각해 보도록 하세요."(시간이 허락할 경우 몇 명의 발표를 듣고 적극 격려해 준다.)

② 활동지 3 '소감문' 배부 후 활동 소감을 정리한다.

"체험 활동에 대한 소감을 작성해 보세요. (잠시 후) 몇 명의 발표를 들어 볼까요? (발표 내용에 대해 적극 격려해 준다). 끝으로 직업 목표 선정 시 적성과 흥미의 중요성을 다시 한 번 되새기며, 오늘 수업을 마치도록 합시다."

● 활동 1

자신의 흥미 파악하기

아래의 직업명과 하는 일을 읽고 좋아하는 정도를 표시해 보세요.

번호	직업명	하는일	매우 아니다	조금 아니다	조금 그렇다	매우 그렇다
1	아나운서	라디오와 텔레비전 방송을 통하여 각종 정보를 전달하고 프로그램을 진행한다.				
2	비디오 저널리스트	비디오카메라를 가지고 방송물 등을 직접 기획, 취재, 촬영, 편집하는 일을 담당한다.				
3	게임기획자	PC 게임, 네트워크 게임 등 게임용 소프트웨어 제작과 관련된 모든 사항들을 총괄적으로 지휘하고 감독한다.				
4	화가	그림물감, 먹물 등을 사용하여 인물화, 풍경화, 정물화, 추상화 등의 예술 작품을 창작한다.				
5	시각 디자이너	다양한 정보가 시각을 통해 효율적으로 표현, 전달될 수 있도록 이미지를 도안하고 표현한다.				
6	포장 디자이너	식품, 음료수, 화장품, 약품, 기계류 등의 포장지와 포장 상자를 디자인한다.				
7	가수	악단이나 녹음된 반주에 맞추어 방송국의 공연장이나 콘서트 무대에서 대중적인 노래를 부른다.				
8	분장사	영화, 연극, 방송 드라마 출연자들의 얼굴을 극의 분위기에 맞게 분장시킨다.				
9	메이크업 아티스트	화장을 통해 아름다움을 연출하는 것으로 분위기와 상황에 따라 메이크업을 한다.				
10	네일 아티스트	손·손톱·발·발톱의 미용 관리 및 제모(체모의 제거)에 관련된 업무를 한다.				
11	패션 디자이너	양복, 한복, 남성복, 여성복, 아동복, 캐주얼, 유니폼 등 각종 의류의 새로운 디자인을 기획·창안하고 샘플을 제작한다.				
12	컬러리스트	색상에 관한 정보를 수집하고 분석해 품목별로 적합한 색상을 선정하는 등 색상에 관한 모든 업무를 책임진다.				
13	플로리스트	꽃을 소재로 공간의 기능성과 미적인 장식물의 계획, 디자인, 제작, 유지, 관리하는 기술과 관련된 업무를 수행한다.				
14	마술사	관중을 즐겁게 하기 위하여 카드, 마술 상자 등을 사용하여 재빠른 손 기술이나 환상적인 속임수를 개발하여 연출한다.				
15	모델	상품 선전이나 예술 작품 창작을 위한 다양한 자세, 행동 등을 취하거나 연기한다.				
16	백댄서	관객을 즐겁게 하기 위하여 혼자 또는 단체의 일원으로 대중음악에 맞추어 무용을 연기한다.				

앞의 내용에 따라 자신의 체험 프로그램을 선택해 보세요. 일단 '매우 그렇다'를 위주로 체험 프로그램을 선택하되, 프로그램에 따라 인원 조정이 필요한 경우 '조금 그렇다' 또는 '조금 아니다' 까지 고려하기 바랍니다.

번호	직업명	하는일	체험 프로그램
1	아나운서	라디오와 텔레비전 방송을 통하여 각종 정보를 전달하고 프로그램을 진행한다.	라디오하자 MC하자
2	비디오 저널리스트	비디오카메라를 가지고 방송물 등을 직접 기획, 취재, 촬영, 편집하는 일을 담당한다.	영상하자
3	게임기획자	PC 게임, 네트워크 게임 등 게임용 소프트웨어 제작과 관련된 모든 사항들을 총괄적으로 지휘하고 감독한다.	게임하자
4	화가	그림물감, 먹물 등을 사용하여 인물화, 풍경화, 정물화, 추상화 등의 예술 작품을 창작한다.	그래피티하자
5	시각 디자이너	다양한 정보가 시각을 통해 효율적으로 표현, 전달될 수 있도록 이미지를 도안하고 표현한다.	명함디자인하자 POP광고하자
6	포장 디자이너	식품, 음료수, 화장품, 약품, 기계류 등의 포장지와 포장 상자를 디자인한다.	포장데코하자
7	가수	악단이나 녹음된 반주에 맞추어 방송국의 공연장이나 콘서트 무대에서 대중적인 노래를 부른다.	보컬하자 뮤지컬하자
8	분장사	영화, 연극, 방송 드라마 출연자들의 얼굴을 극의 분위기에 맞게 분장시킨다.	분장하자
9	메이크업 아티스트	화장을 통해 아름다움을 연출하는 것으로 분위기와 상황에 따라 메이크업을 한다.	메이크업하자
10	네일 아티스트	손·손톱·발·발톱의 미용 관리 및 제모(체모의 제거)에 관련된 업무를 한다.	네일아트하자
11	패션 디자이너	양복, 한복, 남성복, 여성복, 아동복, 캐주얼, 유니폼 등 각종 의류의 새로운 디자인을 기획·창안하고 샘플을 제작한다.	패션디자인하자
12	컬러리스트	색상에 관한 정보를 수집하고 분석해 품목별로 적합한 색상을 선정하는 등 색상에 관한 모든 업무를 책임진다.	천연염색하자
13	플로리스트	꽃을 소재로 공간의 기능성과 미적 효과가 높은 장식물의 계획, 디자인, 제작, 유지, 관리하는 기술과 관련된 업무를 수행한다.	플로리스트하자
14	마술사	관중을 즐겁게 하기 위하여 카드, 마술 상자 등을 사용하여 재빠른 손 기술이나 환상적인 속임수를 개발하여 연출한다.	마술하자
15	모델	상품 선전이나 예술 작품 창작을 위한 다양한 자세, 행동 등을 취하거나 연기한다.	모델하자
16	백댄서	관객을 즐겁게 하기 위하여 혼자 또는 단체의 일원으로 대중음악에 맞추어 무용을 연기한다.	스트릿댄서하자

| 참고 자료 |

하자센터 약도 및 교통편

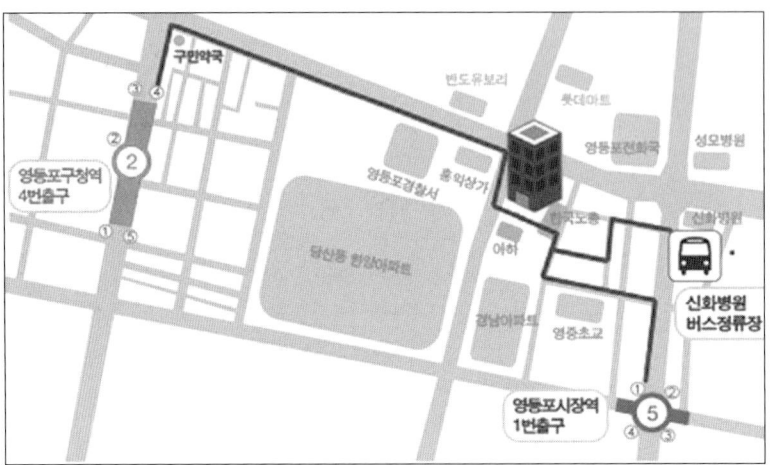

사이트에서 발췌

1. 버스 이용 시

영등포 7가 신화병원 하차 기준	영등포시장역 하차 기준
261 / 파랑(간선) 장위동 ↔ 영등포 363 / 파랑(간선) 송파 차고지 ↔ 여의도 605 / 파랑(간선) 방화동 ↔ 후암동 760 / 파랑(간선) 구파발 ↔ 영등포 5714 / 초록(지선) 광명 하안동 ↔ 이대입구 6514 / 초록(지선) 신정동 ↔ 서울대 5616 / 초록(지선) 난곡 ↔ 등촌동 6636 / 초록(지선) 철산동 ↔ 당산역 6619 / 초록(지선) 신정동 ↔ 당산역	파랑(간선), 초록(지선) 노선은 동일 608 / 공항버스 인천공항 ↔ 영등포역 9707/ 빨강(광역) 고양 ↔ 영등포역 66 / 노랑(시계) 인천 ↔ 김포 ↔ 영등포역 83 / 노랑(시계) 교하 ↔ 영등포역 87 / 노랑(시계) 일산 ↔ 영등포역 70-2 / 노랑(시계) 부천역 ↔ 영등포역 70-3 / 노랑(시계) 송내역 ↔ 영등포역 300 / 노랑(시계) 인천 ↔ 영등포역 301 / 노랑(시계) 인천공항 ↔ 영등포역

2. 지하철 이용 시
   5호선 영등포시장역 ①번 출구
   2호선/5호선 영등포구청역 ④번 출구

● 활동 2

패션디자이너, 나에게 맞을까?

1. 다음 내용은 패션디자이너에게 필요한 적성과 흥미, 관련 지식입니다. 글을 읽고 그 내용이 관심이 있거나 자신의 특성과 비교적 가까우면 ○표, 거리가 멀면 ×표 하세요.

① 밑그림, 제도와 같이 디자인에 필요한 기법 및 도구에 관한 지식 (   )

② 상품 제조 및 공정 상품의 제조 및 유통을 효율적으로 하기 위해 필요한 원자재, 제조 공정, 품질 관리, 비용에 관한 지식 (   )

③ 예술 음악, 무용, 미술, 드라마에 관한 지식 (   )

④ 영업과 마케팅 상품이나 서비스를 판매하거나 촉진하는 것에 관한 지식 (   )

⑤ 주어진 주제나 상황에 대하여 독특하고 기발한 아이디어를 산출한다. (   )

⑥ 먼 곳이나 가까운 것을 보기 위해 눈을 사용한다. (   )

⑦ 타인 혹은 조직의 성과를 점검하고 평가한다. (   )

⑧ 학습 전략 : 새로운 것을 배우거나 가르칠 때 적절한 방법을 활용한다. (   )

⑨ 적응성/융통성 : 변화와 가지각색의 다양성에 대하여 개방적이다. (   )

⑩ 인내 : 장애가 있어도 포기하지 않고 계속 참고 견딘다. (   )

2. 나에게 패션디자이너로서의 능력과 흥미는 얼마나 적합하다고 생각하나요? 다음 표에서 자신에게 해당하는 것에 답해 보세요. (위에서 ○표가 1~5개면 부적합, 6~10개면 적합)

판단	나의 선택	앞으로의 계획
적합하지 않은 편이다.	그래도 나는 패션디자이너가 되고 싶다.	어떻게 노력할 것인가요?
	나의 적성과 흥미에 맞는 다른 직업을 찾아보겠다.	그렇게 생각한 이유와 나에게 적합한 직업은 무엇인가요?
적합한 편이다.	나는 패션디자이너가 되기 위해 더 노력하겠다.	어떻게 더 노력할 것인가요?
	적합하지만 나는 다른 직업을 선택하고 싶다.	그렇게 생각한 이유와 나에게 적합한 직업은 무엇인가요?

● 활동 3

직업 체험 프로그램 소감문

___학년 ___반 ___번 이름_____

체험 시기	20 년 월 일 ( )
체험 장소 및 체험 직업	

| 체험 장소 및 체험 직업 체험 활동 내용 |
| (활동 내용을 자세히 기록하고 사진 첨부해도 됨) |
| |

| 소감 및 느낀 점 |
| |

| 지도교사 확인 및 조언 |
| |

|교사용|

하자센터 일일직업체험 프로젝트

1. 대상
(1) 일반 중고등학교 학생 중 대학 진학 외에 취업이나 창업에 관심 있거나 다양한 분야의 직업 체험을 원하는 14~19세 청소년
(2) CA 활동, 방과 후 학교 프로그램으로 직업 체험을 원하는 학교

2. 기간 및 참가 인원
(1) 기간 : 연중(수시 마감)
(2) 참가 인원 : 각 학교당 적정 인원은 15~60여 명(한 타임에 동시 진행 가능 인원)
  (개인 참가는 불가능하며, 한 개 프로그램당 최소 10명 이상이어야 참가 가능함)
(3) 참가비 : 1인당 7,000원

3. 참가 가능 일정 (예약 일정은 http://career.haja.net 을 통해 확인 가능)

요일	화	수	목	금	토
오전		10:30~12:30		10:30~12:30	10:30~12:30
오후1		13:30~15:30 14:00~16:00 14:30~16:30		13:30~15:30 14:00~16:00 14:30~16:30	
오후2		15:00~17:00 15:30~17:30 16:00~18:00		15:00~17:00 15:30~17:30 16:00~18:00	

4. 신청 방법 및 순서
① 전화(02-2677-9200 / 내선 280) 혹은 담당자 이메일(ileilo@haja.or.kr) 접수
② 참가 일정 조율 및 확정
③ 신청 학교(기관)에서 프로그램 선택하여 하자센터 담당자에게 이메일 전송
④ 하자센터에서 프로그램 확정 후 신청 학교(기관) 담당자에게 알림
⑤ 신청 학교(기관)는 프로그램에 맞는 인원 배정 후 하자센터 담당자에게 이메일 전송

번호	프로그램명	내용	정원
1	라디오하자	라디오 방송 제작 체험을 통한 흥미 고취와 공동 방송 제작 활동을 통해 협동 고취 * PD, 아나운서, 작가로 직업을 나누어 방송 대본을 만들어 녹음한 후 녹음 방송 파일을 참가자에게 전달	18~24
2	영상하자	편집 과정을 최소화하여 자신의 이야기를 풀어 보는 영상 촬영 및 상영 * 카메라 작동법을 숙지한 후 각 팀별 영상을 만들고 촬영본 상영 및 코멘트	10~12
3	게임하자	현재 자신의 게임 문화에 대해 성찰할 수 있는 기회 제공 * 게임 관련 직업의 특성 및 게임을 이해할 수 있는 능력 배양 * 온라인 게임을 만드는 과정을 알아보고 스토리텔링 중심의 보드 게임 체험 * 게임 특성상 정원이 14명을 넘을 수 없음	10~14
4	그래피티하자	힙합 문화에 대한 이해를 통한 그래피티 기획과 제작 이해 * 자기 표현 도구로서의 그래피티에서 한 걸음 나아가 타이포그래피, 비주얼 커뮤니케이션 디자인 등 적용할 수 있는 여러 방면에 접근 * 야외에 마련된 벽면에 스프레이로 그래피티 실습 * 야외 활동이므로 동절기 진행 불가(12월~3월)	12~16
5	명함디자인하자	자신의 이미지를 반영한 명함을 디자인하고 디자이너라는 직업을 체험 * 잡지와 종이를 활용하여 자신을 표현하는 명함을 디자인한 후 컬러 출력해 보는 명함 만들기 실습	12~16
6	POP광고하자	예쁜 글씨로 디자인하여 상품의 가치를 더욱 빛나게 하는 POP 광고 지식 습득과 직업 소개 * 기초적 POP 글씨 체험	12~16
7	포장데코하자	포장 데코레이션에 대한 이해와 직업 소개 * 기초 포장 기술 습득 및 다양한 재료를 응용할 수 있는 방법 습득	18~24
8	보컬하자	보컬리스트에 대한 소개 * 보컬 트레이닝 방법 습득 및 곡에 대한 이해, 같은 노래를 다른 감정으로 부르기 체험	12~18
9	분장하자	무대나 화면 속의 캐릭터들을 여러 모습으로 변화시켜 주는 분장에 대한 직업의 이해 * 기본 캐릭터 분장 등 특수 분장 체험	12~16
10	뮤지컬하자	직업으로서의 뮤지컬 배우 소개 * 노래와 춤을 바탕으로 스토리 라인에 따라 자신을 표현하는 연기와 표현력 습득 후 노래 한 곡을 선정하여 연습 및 발표	12~16
11	메이크업하자	미에 대한 관심이 높아짐에 따라 꾸미는 것을 넘어서 메이크업아티스트라는 직업 이해 * 설명과 시범에 따라 2인 1조가 되어 직접 메이크업 표현을 해 보면서 자신의 적성과 가능성을 스스로 체크해 보는 시간	12~16
12	네일아트하자	네일아티스트 및 네일 숍에 대한 개념 및 직업 소개 * 네일아티스트에 대한 소개와 다양한 재료를 활용한 네일 아트 체험	12~16
13	패션디자인하자	패션디자이너와 관련된 직업들에 대해 습득 * 원단을 활용하여 바디에 여러 가지 모양의 디자인을 직접 코디해 보는 체험	14~18
14	천연염색하자	자연으로부터 우러나는 천연 염색을 통해 우리나라 고유의 색을 체험 * 천연 염색의 기본 과정 습득과 매염제를 이용한 다양한 천연 염색 체험	12~16
15	플로리스트하자	플로리스트 직업 소개 및 생화를 이용한 꽃꽂이 체험 * 테이블 데코를 만드는 과정을 통해 꽃꽂이 방법과 색감 활용 방법, 다른 소품과의 조화 등을 습득	12~16
16	마술하자	마술사 직업 소개 및 간단한 도구를 이용한 마술 체험 * 마술사들의 여러 가지 마술 영상 감상과 함께 강사의 시연 관람, 간단한 도구를 이용한 마술 체험	10~16
17	모델하자	현장에서 이루어지는 패션, 광고 모델의 역할 소개 * 모델 일을 하기 위한 실제적이고 체계적인 준비 과정 소개 * 모델로서의 워킹, 연기력을 위한 훈련 체험	12~15
18	스트릿댄스하자	스트리트 댄스 소개(운동화, 체육복 착용) * 몸으로 음악을 표현하고 대화하는 스트리트 댄스의 기본 동작 체험 및 응용	12~20
19	MC하자	MC의 역할을 분명히 알고 대상과 상황에 맞는 진행 체험 * 대표적인 MC의 유형을 파악하고, MC가 되기 위한 과정과 방법 소개 * 실제적인 진행 방법과 대표적인 스팟 기법들을 체험	10~15

 **tip**

- 인터넷이 잘 구동되는지 사전에 철저히 점검해 주세요.
- 한 프로그램에 학생들이 집중될 경우 '활동지 1'의 내용을 퀴즈로 구성하여(직업명 맞추기) 맞추는 학생에게 우선권을 주어 조정할 수 있습니다.
- 시간이 허락하는 경우 체험 프로그램과 관련 있는 동영상을 커리어넷이나 워크넷 사이트에서 찾아 시청할 수도 있습니다.
- 패션디자이너 외에 다른 직업에 대한 활동지는 직업 정보 사이트(커리어넷) 직업 사전 메뉴를 활용, 별도 제작하여 사용할 수 있습니다.
- 희망하는 직업인이 되기 위해서는 목표를 수립한 이후에 세부 계획을 세워 꾸준히 노력해야 함을 강조합니다.
- 체험 직업에 흥미를 느끼지 못하는 학생들에게는 자신에게 다른 어떤 직업 목표가 적합한지, 그 목표를 이루기 위해 앞으로 어떻게 노력할 것인가를 생각해 보도록 합니다.

 talk

1. 직업 체험 기관 및 프로그램 – 부록 참고

2. 서울시 상설 진로 체험 센터 및 진로 체험 홍보관

설치 학교		직업 체험 내용
진로 체험 센터	경기기계공고	공업교육사료전시관 견학 및 메카트로닉스, 디자인·건축, PC 조립 등 (6시간 종일 활동 중식 제공)
진로 체험 홍보관	경기상업고	나도 사장 되기, 네일 아트, 직업 심리 검사 등
	서서울생활과학고	조리 과학, 피부 미용, 실용음악, 만화 영상 등
	수도전기공고	로봇 만들기, 전자 키트 제작, UCC 동영상 등
	송곡관광고	티셔츠 만들기, 카나페 만들기, DIY 팬시, 캐리커처 등
	강서공고	내 방 모델링, 천연 비누 만들기, 과일 모형 만들기, LAN 케이블 연결 등
	선일이비즈니스고	제과·제빵 체험, UCC 동영상 제작, 온라인 쇼핑몰 사장 되기 등
	성수공고	주사위 및 목걸이 팬던트 만들기, 자동차 작동 체험, 자동화 회로 등
	일신여상고	영화 포스터 주인공, 나만의 명함, 면접 체험, 나비 전시관 관람 등

3. 창의적 체험 활동(진로 포함) 관련 자료

*아래의 사이트에 가면 창의체험사업단이 2010년에 개발한 직업 체험(초중고별, 인문사회 계열/이공 계열)을 포함한 체험 활동 모델 프로그램이 제시되어 있다. 자세한 활동지와 읽기 자료가 제공된다.
사이언스올(www.scienceall.com) 〉사이언스올 에듀 〉자료 도서관 〉창의인성교육 자료실(19)

7월

창업, 대박을 터뜨려라!

7월	주제	목표	활동 형태
1주	성공 비결을 찾아라	창업 성공 비결을 찾아본다.	개인
2주	창업 아이디어 찾기	조별 토의를 통해 창업 아이디어를 찾아본다.	조별
3주	대박을 터뜨려라	창업 아이디어 경진 대회를 통해 아이디어를 겨룬다.	개인

이번 달 진로 교육 주제는 창업입니다. 직업을 갖는 방법을 크게 두 가지로 나누면 조직에 들어가서 월급을 받는 취업과 자신이 주인이 되어 사업 또는 가게를 직접 운영하는 창업이 있습니다. 물론 취업자와 창업자의 비율을 따져 보면 취업자가 훨씬 많은 것은 사실이지만 창업자의 비율 역시 만만치 않습니다. 1996~2007년 OECD 평균 자영업자 비율은 19~16.1%인 데 비해 우리나라는 38.3~31.8%로 국민 세 사람 중 하나는 자영업자라고 합니다. OECD 다른 나라의 두 배에 이르는 비율인데, 더욱 심각한 것은 창업 대비 폐업의 비율입니다. 2005년 그 비율은 92.58%를 기록했다고 합니다. 물론 오래 영업을 하다 폐업하는 경우도 있겠지만, 통계상으로는 창업자 수와 거의 맞먹는 수가 폐업했다는 이야기입니다. 진로 교육을 하다 보면 성적도 부진하고 생활 자세도 성실하지 못한 학생이 자신의 진로에 대해 당당하게 내세우는 것 중 하나가 "나중에 사업해서 재벌될 거예요." 하는 것입니다. 취업은 어렵고 월급도 적지만 창업은 손쉽게 시작하고 대박도 칠 수 있다는 잘못된 생각을 하는 것이지요. 그래서 이번 달에는 창업 성공의 어려움 및 그 비결을 알아보고, 창업 아이디어 경진 대회를 통해 학생들의 창업에 대한 아이디어와 적성을 알아보고자 합니다.

1주. 성공 비결을 찾아라

● 목표

· 창업을 할 때 고려해야 할 점들을 알 수 있다.
· 상품화 가능성이 있는 아이디어와 창업에 대한 자신의 적성을 알아본다.

● 준비물

SBS〈해결! 돈이 보인다〉DVD, "대박 라면집 편"(2003. 7. 30. 총 50분 중 앞부분 30분),
활동지 1 '대박 라면집 편을 보고' 138쪽
활동지 2 '내가 만약 기업가라면……?' 139쪽 (DVD가 없는 경우)

● 생각 열기

달인들의 성공 비결

한 방송사에서 방영하는 생활의 달인들은 몇 가지 공통점을 가지고 있다. 첫째, 한 분야에 오래 종사했다는 것이다. 겉절이 하나만 20년을 담가 온 김치의 달인, 가발만 36년을 만든 가발의 달인, 3만 5천 번을 쪼아야만 완성되는 맷돌을 44년 동안 만든 맷돌의 달인 등 결코 달인은 하루아침에 만들어지지 않는다. 둘째, 자기만의 노하우가 있다는 것이다. 남들처럼 똑같이 해서는 성공할 수 없다. 라면 하나를 끓여도 새로운 메뉴, 더 맛있는 국물, 더 쫄깃한 면발을 만들어 낼 때 성공의 주인공이 될 수 있다. 마지막으로 남다른 자부심이다. 비록 남들이 하찮게 보는 직업이라고 해도 "달인의 명예를 하버드 대학 졸업장 100장과도 바꾸지 않겠다는 마음"이 달인의 경지에 오를 수 있게 한 원동력이었던 것이다.

● 활동 과정

① 창업에 대한 도입 설명을 간단히 하고 비디오를 함께 본 후, 활동지 1을 배부하고 자신의 생각을 적게 한다.

"직업을 갖는 형태에는 직장에 취직하는 것과 직접 창업하는 방법이 있습니다. 창업에는 자신이 원하는 일을 하고 노력한 만큼 대가를 얻을 수 있다는 장점과 함께 자신이 모든 것을 결정하고 해결해야 한다는 부담감, 실패할 경우 돌아오는 경제적 손실 등의 단점이 있습니다. 지금부터 비디오를 통해 창업의 성공과 실패에 대해 생각해 보겠습니다. 시청이 끝나면 활동지를 작성해 보기 바랍니다."

비슷한 조건에서 출발했지만 초기 실패에 대한 대처와 창업 아이템(라면)에 대한 마음가짐이 달랐던 두 라면 가게를 쪽박과 대박이라는 이름으로 비교하고 있다. 초기 실패의 원인을 라면 맛에서 찾고 국물 비법 개발, 쫄깃거리는 면발 만들기 등으로 승부를 걸었던 대박집은 큰 성공에, 다른 집에서 잘된다고 하는 것은 무조건 흉내 낸 쪽박집은 결국 실패에 이르게 된다. 이 밖에도 단순한 라면이 아니라 라면도 예술이고 철학이라는 대박집의 철저한 마인드, 손님을 앉아서 기다리는 것이 아니라 찾아 나서는 적극적인 홍보, 고객의 취향에 맞춰 그릇 하나라도 세심하게 선택하는 장면 등은 창업에서 성공의 비결이 어디에 있는지 잘 보여 주고 있다.

② 인상 깊었던 장면과 새롭게 알게 된 내용을 발표한다.

"자, 그럼 인상 깊었던 장면 또는 새롭게 알게 된 내용을 발표해 볼까요? (몇 명의 발표를 듣고) 그렇습니다. 두 집이 비슷한 출발을 했음에도 불구하고 매출의 차이가 수십 배에 달할 정도로 엄청 커졌지요. 왜 그랬을까요? 처음에는 똑같이 매출이 부진했습니다. 그러나 쪽박집은 실패의 원인을 IMF와 같은 다른 곳에서 찾고, 메뉴에서도 다른 가게를 따라 하기에 바빴지만, 대박집의 경우에는 라면 국물 맛을 좌우하는 '야채수'를 오랜 노력 끝에 개발하고, 또 손님을 그저 기다리는 것이 아니라 먼저 손님 곁으로 다가가 가게를 홍보하는 적극적인 전략을 구사했다는 점에서 큰 차이가 나타나게 됐습니다. 아울러 대박집 사장님이 쪽박집에 조언을 할 때 자신의 노하우를 그대로 전달하는 것이 아니라 쪽박집이 위치한 상권에 맞는 전략을 찾았다는 점도 꼭 기억하기 바랍니다. 그럼 다음 시간에는 여러분의 창업 아이디어를 조별로 개발해 보도록 합시다."

③ DVD를 준비할 수 없는 경우는 활동지 2로 진행한다.

● 활동 1
"대박 라면집 편"을 보고

_____중(고등)학교 ___학년 ___반 ___번   이름_____

1. 줄거리를 정리해 보기

    (1) 쪽박집의 경우

    (2) 대박집의 경우

    (3) 비교

2. 가장 인상 깊었던 장면은?

    (1)

    (2)

    (3)

3. 새롭게 배운 점이 있다면?

    (1)

    (2)

● 활동 2

내가 만약 기업가라면……?

기업가는 문제 해결사다.
버스 정류장과 멀리 주택가를 연결해 주는 마을버스는 어떻게 생겨났을까? 이 아이디어를 생각한 기업가는 바쁜 도시인들은 항상 시간에 쫓기고 먼 거리는 걸어가기를 싫어한다는 것을 알게 되었고 이를 해결할 좋은 방법을 생각하다 마을버스 사업을 시작하게 되었다. 오늘도 우리 주변에는 '문제 또는 불편한 것들'이 참 많이 있다. 이러한 것들을 조금만 다른 시각, 생산자의 눈으로 보면 쉽게 해결의 실마리를 찾을 수 있을 것이다.

당신이 기업가라고 상상해 보자.
아래의 상황을 생산자의 눈으로 바라볼 때 가능한 사업은 무엇인가?

문제	가능한 사업
· 학교에서 체험 학습이 강화된다.	
· 남북이 통일이 되어서 남북한 학생들이 함께 수업을 받는다.	
· 학교 옆에 100평짜리 건물을 운영해야 한다.	
· 아침을 거르고 등교하는 학생이 늘어난다.	

청소년 비즈쿨(www.bizcool.go.kr) 자료실

2주. 창업 아이디어 찾기

● **준비물**
활동지 '모의 창업 경연 대회' ^{141쪽}

● **활동 과정**

① 활동지를 배부하고, 모의 창업 경연 대회에 대한 설명을 한다.

"오늘은 지난번 비디오 시청 내용을 바탕으로 모의 창업 경연 대회를 해 보겠습니다. 먼저 5~6명이 한 조를 만들고 상품화할 수 있는 아이디어를 구상해 보기 바랍니다. 이때 고려할 것은 아이디어가 참신하면서도 현실적이어야 한다는 것입니다. 또한 창업 아이템은 꼭 물건이 아니어도 됩니다. 어떤 눈에 보이지 않는 서비스를 해 주고 돈을 벌 수도 있으니까요. 물론 사회적으로 해를 끼치거나 법을 어겨서는 안 되겠지요? 아울러 조원들이 각자의 장점을 살려 사업을 해 나가면서 맡을 역할도 생각해 보기 바랍니다."

② 교사는 교실을 돌아다니면서 학생들이 아이디어 회의를 잘하고 있는지 알아보고, 해킹이나 지나친 저가 공세 등 불법적이거나 비현실적인 내용이 나올 경우 바로잡아 준다.

③ 다음 시간 내용을 안내한다.

"다음 시간에는 이 상품을 투자자에게 설명하여 투자를 이끌어 내는 모의 상품 설명회를 갖겠습니다. 이때 발표하는 조는 창업자가 되고, 듣는 조는 투자자가 됩니다. 각 조에 주어지는 시간은 5분입니다. 상품을 잘 설명할 수 있는 그림을 그리거나 실제로 상품을 제작해 와서 상품 홍보에 대한 경연을 하고 많은 투자금을 확보한 조가 우승을 하게 됩니다. 우승한 조에는 상품도 주어지니 더욱 분발해 주시기 바랍니다."

● 활동

모의 창업 경연 대회

_____중(고등)학교 ___학년 ___반 ___번 ___조

1. 조(회사) 명칭과 맡은 조원이 회사에서 맡은 역할
   조(회사)명 :
   ①
   ②
   ③
   ④
   ⑤
   ⑥

2. 아이디어 상품(브레인스토밍)
   ①
   ②
   ③
   ④
   ⑤

3. 최종 결정된 상품(토론을 통해)과 그 이유 :

4. 설명회 준비
   (1) 홍보에 주력할 상품의 우수성 :

   (2) 역할 분담
   ①
   ②
   ③
   ④
   ⑤
   ⑥

3주. 대박을 터뜨려라

● 준비물
채점 용지 143쪽(조별용 채점 용지는 조 숫자대로 준비, 집계용 채점 용지)

● 활동 과정

① 상품 설명회 진행 과정을 설명한다.

"오늘은 상품 설명회를 하겠습니다. 각 조에게 각각 5분 동안의 상품 설명 시간을 주겠습니다. 나머지 조는 투자자가 되어 잘 들어 주세요. 그리고 각 조에게 100만 원이 있다고 가정하고 자기 조를 제외하고 어떤 조에게 얼마를 투자할 것인가를 생각해 보기 바랍니다. 발표 순서는 공정을 기하기 위해 추첨으로 할 것입니다. 경연이 끝나고 많은 투자금을 확보한 조가 우승을 하게 됩니다."

② 조별 발표가 끝난 후 먼저 조별용 채점 용지를 나눠 주고 각 조별로 채점을 하게 한 후 집계용 채점 용지를 칠판에 그린다. 다음으로 각 조의 점수를 집계용 채점 용지에 적은 후 합계를 내어 등수를 정한다. 집계 결과에 따라 1등한 조를 발표하고 간단한 상품을 준비하여 시상한 후 마무리한다.

"지금까지 창업 성공의 비결은 무엇이고 또 여러분의 창업에 대한 아이디어를 겨루는 시간을 가져 보았습니다. 이 시간들을 통해 자신이 창업에 적성이 있는지 아니면 취업 쪽이 더 어울리는지 실제적으로 판단해 볼 수 있는 기회가 되었기를 바랍니다. 통계에 의하면 자영업을 시작한 뒤 80%가 3년 안에 문을 닫고, 그나마 흑자를 내는 곳은 5%에 불과하다고 합니다. 따라서 창업은 대박의 기회이지만 쪽박이라는 위험도 내포하고 있다는 점도 꼭 기억하기 바랍니다."

● 활동

채점 용지_조별용

자기 조를 제외한 나머지 조에게 100만 원으로 어디에 얼마나 투자할지 조원 토의를 통해 투자액을 결정하십시오. 다른 조와 담합하는 일은 없도록 하며, 몇 개 조에 얼마씩 투자할 것인가는 자유롭게 결정할 수 있습니다.

창업자 투자자	1	2	3	4	5	6
1						
2						
3						
4						
5						
6						

채점 용지_집계용

창업자 투자자	1	2	3	4	5	6
1						
2						
3						
4						
5						
6						

 tip

- "우리나라의 전체 취업자 수 대비 자영업 비율은 25.8%로 미국 7.1%, 일본 9.7% 등에 비해 월등하게 높고 OECD 국가 중에서도 최고치다. 적정 수준의 3~4배나 되며 이 때문에 자영업을 시작한 뒤 80%가 3년 안에 문을 닫고, 그나마 흑자를 내는 곳은 5%에 불과하다. 말 그대로 자영업이 포화 상태에 이른 것이다."⟨《대전일보》 2009. 6. 15⟩

- "우리에게 아픈 기억으로 남은 IMF 외환 위기 이전에는 '30:40:30의 법칙'이라 해서 사업 성공을 30%로, 40%는 현상 유지, 30%는 실패로 보았다. 외환 위기 이후에는 '2:8의 법칙'으로 20%의 성공과 80%의 높은 사업 실패율이 일반적이 되었다. 하지만 최근에 와서는 이마저도 흔들려 '97:3의 법칙'이라 할 만큼 3%만을 성공으로 보는 걸 보면 얼마나 많은 창업자가 아픔을 겪었고, 눈물을 흘리고 있는지 알 수 있다."⟨《경향신문》 2010. 7. 15⟩

- 비즈쿨(Business + School)은 청소년들의 올바른 기업가 정신과 비즈니스 스킬 함양을 위해 중소기업청 창업진흥원이 운영하는 초·중·고 대상의 차세대 경영 체험 학습 프로그램으로 전국 150여 학교에서 시행 중입니다. 청소년 비즈쿨(www.bizcool.go.kr) 홈페이지에는 청소년들의 올바른 기업가 정신 및 비즈니스 스킬 함양을 위한 차세대 경영 체험 학습 프로그램 등 창업과 관련된 다양한 자료가 탑재되어 있습니다.

- 이 프로그램은 총 3차시로 구성되어 있기 때문에 시간이 넉넉하고 학생들이 강의식 수업을 지루해하는 학기 말에 하는 것이 좋습니다. 만약 시간이 더욱 충분하다면 2차시를 둘로 나누어 앞 시간은 조별로 창업 아이템 확정하기, 뒤 시간은 다음 시간의 발표를 위해 확정된 아이템 홍보 자료 제작하기 등으로 진행하여 4시간으로 운영할 수도 있습니다. 시간이 없는 경우 1차시와 2차시를 묶어 총 2차시로 진행할 수도 있습니다.

- 프로그램을 진행할 때 작은 상품이라도 준비하여 교탁 위에 놓고 나중에 그 자리에서 우수 조에게 시상을 하면 큰 반응을 이끌 수 있습니다.

- 사회나 도덕 교과에서 실시할 경우 수행평가에 반영할 수도 있습니다.

talk

- 성적 부진에다가 생활 태도까지 불성실한 학생에게 미래가 걱정되어 "너, 앞으로 어떻게 먹고살려고 그래?"라고 한마디 던지면 적지 않은 수가 "저 앞으로 사장되어서 돈 많이 벌 거예요."라고 큰소리를 칩니다. 학생들 생각에는 사업이라는 것이 공부도 필요 없고, 취직에 목매지 않아도 되며, 그저 벌여 놓으면 척척 주머니에 돈이 쌓이는 요술 램프처럼 느껴지는 모양입니다. 이 프로그램을 통해 학생들은 창업(사업)이라는 것이 결코 쉽지 않으며, 성공을 하기 위해서 어떤 부분에 주력해야 할 것인지를 스스로 느낄 수 있을 것입니다.

- 이 프로그램이 교사에게 주는 또 한 가지 장점은 공부하는 수업 시간에 보지 못했던 학생들의 장점이 눈에 들어온다는 것입니다. 평소 수업 시간에 잠을 자거나 떠들고 장난을 치거나 불성실했던 학생이 이 시간만큼은 주인공이 되어 마치 금방이라도 사장이 될 것처럼 열심히 아이디어를 내놓고 조원들을 리드하기도 합니다. 평소 수업 시간을 방해하고 교사의 눈에 거슬리는 학생이었다고 해도 이런 모습을 발견하게 되면 '아, 저 아이도 자신의 흥미와 적성을 발휘할 수 있는 상황이 되면 열심히 그리고 멋지게 해낼 수도 있겠구나!' 하는 믿음이 생기기도 합니다.

9월
진로 결정 정말 어려워!

9월	주제	목표	활동 형태
1주	진로 의사 결정의 고정관념을 깨자	진로 의사 결정과 관련된 고정관념을 알아보고, 생각을 바로잡는다.	개인
2주	의사 결정 유형 검사	의사 결정 유형 검사를 통해 합리적, 직관적, 의존적 등 자신의 의사 결정 유형을 파악한다.	개인
3주	의사 결정 5단계 익히기	문제 파악, 대안 탐색, 기준 확인, 대안 평가 및 결정, 계획 수립 및 실천 등 의사 결정 5단계를 알아보고 진로 결정에 관한 실습을 통해 익힌다.	개인
4주	진로 의사 결정 비교표 작성하기	정보 검색 및 대차대조표 작성을 통해 직업을 결정해 본다.	개인

지금까지 학생들은 인간에게 미치는 직업의 의미, 적성, 흥미, 가치관과 같은 자신에 대한 이해, 직업 세계의 변화 및 직업 정보 수집 방법 등 진로에 관련된 여러 가지 활동을 했습니다. 그러나 학생들에게 무엇보다 중요하고 어려운 것은 바로 최종 결정입니다.

사실 이런 활동들을 해 보기 전에 진로 결정은 오히려 단순하고 쉬웠습니다. 나는 수학을 잘하니 이과 가서 돈 잘 버는 의사가 될 거야, 나는 영어를 잘하니까 부모님이 안정적이라고 권유하시는 교사 할래, 성적 우수한 나는 외고에 가야겠다, 하는 식으로요. 하지만 앞에서 배웠듯이 자신의 특성을 알게 되고 직업 정보 수집 결과까지 고려하면 결정은 한없이 어려워집니다.

그리고 진로를 포함한 대부분의 의사 결정은 똑떨어지는 정답이 없는 경우가 훨씬 많지요. 만약 어떤 면에서든 완벽한 답을 찾고자 한다면 진로 결정은 미로가 될 수밖에 없고, 결국 우유부단함에 빠져 결정하지 못하기 십상입니다.

따라서 이번 의사 결정 수업에서는 먼저 학생들이 빠지기 쉬운 의사 결정의 함정들을 살펴본 후 의사 결정 방법을 익힐 것입니다. 그리고 이러한 방법들을 진로 의사 결정(학교, 직업)에 적용해 보는 시간을 갖고자 합니다.

1주. 진로 의사 결정의 고정관념을 깨자

● 목표
· 진로 의사 결정과 관련된 함정들을 살펴본다.
· 진로 의사 결정에 관한 자신의 고정관념을 바로잡는다.

● 준비물
활동지 '진로 의사 결정 고정관념 깨기' 150~151쪽
참고 자료 '진로 의사 결정 고정관념 깨기 해설' 152~154쪽

● 생각 열기

초점의 오류

어느 한 면에만 집중한 나머지 다른 부분을 무시하는 현상을 심리학자들은 '초점의 오류'라고 부른다. 어느 한 부분이 정말 좋아 다른 부분들은 미처 못 보았거나, 아예 무시하는 현상이다.

한 연구팀이 춘천에 사는 사람과 서울에 사는 사람들에게 어디 사는 사람이 더 행복한지 물었더니, 양쪽 모두 서울 사는 사람이 더 행복할 것이라고 대답했다. 이번에는 질문을 바꿔 지금 사는 곳에서 얼마나 행복한지 물어봤다. 7점 만점에 춘천 사람들은 4.49점, 서울 사람들은 4.13점으로 큰 차이는 없지만, 오히려 춘천 사람들이 행복하다고 대답했다.

초점의 오류에서 벗어나는 방법은 간단하다. 남의 떡을 부러워하지 말고 내 떡을 찾으면 된다. 남의 행복을 부러워하기보다는 자기 행복을 찾아야 한다. 남에게 있는 행복만 행복이라고 생각하면, 행복은 언제나 멀게만 느껴진다. 하지만 우리는 다 안다. 행복은 생각보다 가까이 있다는 사실을.

"부모들이 행복의 기준을 경제적 능력, 사회적 지위 등에 두는 것은 교육정책의 변화와는 별개로 사회적인 고정관념의 문제다. 진로 교육이 강화된다고 해서 일순간에 바뀔 수 있는 부분은 아니라고 본다. 고착화된 학벌주의, 대학 서열화를 직접 겪으며 부모들이 내린 냉정한 현실 인식에 바탕을 두고 있기 때문이다. 그래서인지 자녀가 좋은 직업을 갖기 위해서는 '학습'을 더 강화해야 한다고 생각하는 부모도 많다. 요즘 아이들은 목표 직업으로 공무원이나 교사 등 안정추구형 직종을 꼽는다고 한다. 직업 선택에 있어 고용 안정성을 중시하는 부모 세대의 가치판단이 자녀에게 전달됐기 때문이다. 하지만 이렇게 제한된 진로 정보만으로 아이의 미래를 결정하는 건 바람직하지 않다. 아이의 꿈의 크기를 제한함으로써 더 큰 성장을 방해하는 결과를 낳을 수도 있다. 기존에 선호하던 직업인 의사, 변호사 등은 전문 대학원 체제가 도입되면서 그 위상이 흔들리고 있다. 반면 스마트폰 앱 개발자 등의 새로운 직업군의 인기는 고공행진 중이다. 부모 세대의 직업관으로 급변하는 지식 정보화 시대를 살아갈 아이들을 지도하고 있지는 않은지 고민해 봐야 한다."

〈한겨레〉(2011. 4. 11)

● 활동 내용

① 활동지를 배부하고 자신의 생각을 적게 한다.

"지금 여러분이 받은 활동지에는 진로와 관련된 여러 가지 생각들이 제시되어 있습니다. 내용을 잘 읽고 먼저 ○, ×로 판단한 다음 그렇게 생각한 이유를 빈 칸에 적어 보세요."

② (15분 정도 후) '활동지 정답'을 참고로 하여 진로 의사 결정에 대한 고정관념을 바로잡은 후 마무리한다.

"자, 그럼 정답을 맞춰 볼까요? ('활동지 정답'을 통해 답을 맞추고 그 이유를 설명한다.) 아마 지금까지 다룬 진로 의사 결정 고정관념들 중에는 여러분이 평소에 갖고 있던 생각도 포함되어 있을 것입니다. 이러한 고정관념은 합리적인 진로 의사 결정을 하는 데 큰 장애가 되고 여러분을 잘못된 길로 이끌 수 있습니다. 이번 시간이 여러분이 합리적인 진로 의사 결정의 기본을 다지는 데 큰 역할을 했기를 기대합니다."

● 활동

진로 의사 결정 고정관념 깨기

*다음 글을 읽고 ○, ×를 표시한 후 그렇게 생각한 이유를 적어 보세요.

번호	내용	○, ×	그렇게 생각한 이유 또는 예를 들어 보세요.
1	일단 진로를 결정하면, 절대 바꾸어서는 안 된다		
2	남자가 잘할 수 있는 일과 여자가 잘할 수 있는 일은 따로 정해져 있다.		
3	대학 진학이 자신의 진로를 개척하는 최선의 방법은 아니다.		
4	전문가들은 개개인에게 잘 맞는 진로가 무엇인지 잘 알고 있다.		
5	사람에게는 완벽하게 잘 맞는 직업이 한 가지씩 있다.		
6	시간이 지난다고 자신에게 가장 잘 맞는 직업이 무엇인지 저절로 알게 되는 것은 아니다.		
7	일은 인생에서 가장 중요한 것이다.		

번호	내용	O, X	그렇게 생각한 이유 또는 예를 들어 보세요.
8	진로를 계획할 때, 모든 조건들이 정확히 맞아떨어지는 것은 아니다.		
9	한 사람의 가치가 그 사람이 선택한 직업에 의해 모두 평가되는 것은 아니다.		
10	개인의 흥미와 적성은 반드시 일치한다.		
11	직업 목표 결정을 먼저 하고 나서 공부에 전념하는 것이 좋다.		
12	적성(재능)은 타고나는 것이다.		
13	최선의 결정은 결정할 당시에 결판이 난다.		
14	직업 전망은 어긋날 수도 있다.		
15	같은 직업인끼리 연봉은 같다.		

코넬 대학 신입생 진로 교육 자료 발췌 후 필자의 진로 교육 경험을 바탕으로 일부 재구성

| 참고 자료 |

진로 의사 결정 고정관념 깨기 해설

번호	내용	○, ×	그렇게 생각한 이유 또는 예를 들어 보세요.
1	일단 진로를 결정하면, 절대 바꾸어서는 안 된다.	×	진로는 일생일대의 중요한 결정이기는 하지만 평생을 통해 바뀔 수도 있습니다. 예를 들어 자신의 적성이 현재의 직업이나 학과에 맞지 않을 때 바뀔 수도 있고, 구조 조정 등 타의에 의해 바뀔 수도 있습니다. 미국의 경우 이미 한 사람이 평생 동안 6~7회의 전직을 경험한다는 통계가 있습니다.
2	남자가 잘할 수 있는 일과 여자가 잘할 수 있는 일은 따로 정해져 있다.	×	직업에서 성 역할에 대한 편견은 점점 무너져 가고 있습니다. 예를 들어 미용사는 한때 여자의, 중장비 기사는 한때 남자의 주된 직업이었습니다. 하지만 이제 이러한 편견은 파괴되고 있으며, 이러한 추세는 더욱 늘어 갈 것입니다. 오히려 여자의 직업에서 남자가, 남자의 직업에서 여자가 주목을 받으며 성공의 발판으로 삼는 경우도 적지 않습니다.
3	대학 진학이 자신의 진로를 개척하는 최선의 방법은 아니다.	○	대학 진학은 자신의 직업 목표 달성을 위한 준비 차원에서 다루어지는 것이 바람직합니다. 의사, 교사, 교수 등과 같이 반드시 대학 학력을 갖추어야 하는 직업이 있는가 하면 기술이나 실적을 위주로 한 직업들은 반드시 학력이 필요한 것은 아닙니다. 예를 들어 조성진 LG전자 부사장, 포스코 임채식 공장장, 이종규 롯데햄 대표, 온라인 게임 업체 웹젠 김남주 대표는 모두 고졸 학력으로 최고의 자리에 이른 분들입니다. 자신이 원하는 직업이 반드시 대졸 학력을 필요로 하는지 검토해 보세요.
4	전문가들은 개개인에게 잘 맞는 진로가 무엇인지 잘 알고 있다.	×	직업 결정은 우리가 인생을 살아가면서 결혼과 함께 가장 중요한 결정의 하나이므로 어려운 것이 사실입니다. 그러나 그렇다고 이것을 누군가 대신해 줄 수 있는 것은 아니지요. 내 인생의 주인공은 다름 아닌 나이니까요. 중·고등학교 시기에 당장 직업을 결정해야 하는 것은 아니지만 궁극적으로 당사자인 자신이 해야 한다는 점을 잊지 마세요. 물론 결정을 하기 전에 전문가의 조언과 주변 사람들의 의견을 충분히 검토하고 생각해 보는 자세는 필요합니다.
5	사람에게는 완벽하게 잘 맞는 직업이 한 가지씩 있다.	×	우리가 옷을 살 때에도 디자인, 색상, 바느질, 옷감의 재질, 가격 등 여러 조건을 만족시키고 싶지만 딱 맞는 것을 찾기는 어렵지요. 직업도 마찬가지입니다. 자신의 특성 및 직업의 조건(전망, 연봉, 근무 여건, 안정성 등)을 모두 고려해야 하지만 그중에서 가장 중요한 것을 중심으로 선택하고 나머지에 대해서는 자신의 노력으로 극복하거나 감수해야 하는 선택의 상황입니다.
6	시간이 지난다고 자신에게 가장 잘 맞는 직업이 무엇인지 저절로 알게 되는 것은 아니다.	○	시간이 지난다고 자신에게 가장 잘 맞는 직업이 무엇인지 저절로 알게 되지는 않습니다. 자신의 적성, 흥미, 가치관이 무엇인지 생각해 보고, 관심 있는 직업에 대한 정확한 정보를 탐색하며 나에게 적합한 직업을 찾아보는 노력을 통해 알게 되는 것입니다.

번호	내용	○, ×	그렇게 생각한 이유 또는 예를 들어 보세요.
7	일은 인생에서 가장 중요한 것이다.	×	일(직업)은 사람의 인생에서 정말 중요한 결정이지만 가장 중요한 것은 아닐 수도 있습니다. 예를 들어 어떤 사람은 여행을 좋아하지만 그 여행을 직업으로 가질 생각은 없습니다. 왜냐하면 여행이 직업이 되면 진정으로 여행을 즐길 수 없기 때문이지요. 그래서 이 사람은 일단 돈을 벌 수 있는 일을 해서 여비를 모아 여행을 떠납니다. 이 사람에게 여행이라는 취미는 직업보다 더 중요한 것이지요. 이처럼 어떤 사람에게는 일보다 취미, 건강, 종교, 사랑이 더 중요한 사람도 있답니다.
8	진로를 계획할 때, 모든 조건들이 정확히 맞아떨어지는 것은 아니다.	○	진로를 계획할 때 모든 조건이 맞아떨어지는 경우는 거의 없습니다. 적성과 흥미에는 맞지만 가정 형편이 따라 주지 못할 수도 있고 부모님이 반대할 수도 있습니다. 따라서 진로를 계획할 때는 자신이 가장 중요하게 여기는 한두 가지 조건을 중심으로 결정하고 나머지 조건에 대해서는 타협하고 감수하는 자세가 필요합니다.
9	한 사람의 가치가 그 사람이 선택한 직업에 의해 모두 평가되는 것은 아니다.	○	한 사람을 평가하는 데 직업은 매우 중요한 잣대이지만 다는 아닙니다. 예를 들어 가수 김장훈은 가수로서도 인정을 받지만 자신의 수입을 어려운 사람과 적극적으로 나눈다는 점에서 다른 사람들의 존경을 받습니다. 따라서 어떤 사람의 가치가 직업에 의해서만 평가되는 것은 아니랍니다.
10	개인의 흥미와 적성은 반드시 일치한다.	×	흥미와 적성이 일치하면 좋겠지만 반드시 그렇지는 않습니다. 즉, 좋아하는 일과 잘하는 일이 다를 때도 있답니다. 이럴 때는 자신의 특성을 고려해 보세요. 만약 자신이 다른 사람의 인정보다 내가 즐기는 일을 하는 것이 더 좋은 사람이라면 흥미를, 반대인 경우라면 적성을 직업과 연결시키는 것이 좋을 것입니다.
11	직업 목표 결정을 먼저 하고 나서 공부에 전념하는 것이 좋다.	×	직업 목표 결정은 매우 중요한 절차이기는 하지만 결코 짧은 시간에 할 수 있는 일은 아닙니다. 그런데 성적은 직업 결정에서 가장 중요한 근거가 되기도 합니다. 따라서 직업 결정 때문에 한동안 공부를 소홀히 한 결과 직업 결정은 했지만 너무 높은 성적이 필요한 직업이고 그동안 소홀히 한 공부 때문에 직업을 포기해야 하는 극단적인 경우가 생길 수도 있습니다. 따라서 직업 목표 결정과 공부는 순서가 있다기보다는 병행하는 것이 바람직합니다.
12	적성(재능)은 타고나는 것이다.	×	적성은 후천적으로 개발할 수 있는 능력을 포함합니다. 적성은 선천적인 능력만 말하는 것이 아니며, 자신의 노력으로 키울 수 있는 부분이 훨씬 큽니다. 예를 들어 가수 비는 가난한 무명 시절에 며칠씩 굶으면서도 춤 연습을 했고, 잠도 하루에 두 시간 자면서 연습해 오늘의 위치에 올랐다고 합니다. 그가 버는 돈은 그 굶주림과 땀, 눈물의 정당한 대가라고 할 수 있지요. 또한 YB의 윤도현 씨도 고등학교 시절 기타를 잘 치기 위해서 한겨울에 꼼짝하지 않고 뜨거운 아랫목에서 기타를 연습하다 생긴 엉덩이 상처가 지금도 있다고 합니다.

번호	내용	○, ×	그렇게 생각한 이유 또는 예를 들어 보세요.
13	최선의 결정은 결정할 당시에 결판이 난다.	×	모든 선택에는 장단점이 있습니다. 결점이 없는 완벽한 선택이란 없다는 것입니다. 따라서 일단 결정을 하기까지는 최선을 다해 정보를 찾고 조언을 구하되 일단 결정이 내려지면 장점만을 생각하고 단점에 대해서는 어떻게 극복할 것인가를 궁리하는 것이 현명하답니다. 예를 들어 치열한 경쟁을 통한 성적 향상을 위해 특목고에 진학해서는 내신 관리에 유리한 일반고가 갖는 장점을 부러워한다거나, 반대의 경우도 있을 수 있겠지요. 결론적으로 최선의 결정이란 운명적으로 따로 있는 것이 아니라 결정 이후 그 결정이 갖는 장점만을 생각하고 자신의 땀과 노력을 통해 스스로 만들어 나가는 것이라는 점을 잊지 마세요.
14	직업 전망은 어긋날 수도 있다.	○	한때 홈페이지를 만들어 주는 웹마스터가 유망 직업으로 손꼽힐 때가 있었고 그 전망을 믿고 너도 나도 웹마스터 자격증을 취득하는 붐이 일었습니다. 물론 한동안 홈페이지를 하나 제작해 주는 데 100만 원 이상의 보수를 받기도 했지만 웹마스터가 점점 늘어나고 스스로 홈페이지를 만들 수 있는 프로그램이 개발되면서 단가가 점점 떨어져 결국 10만 원도 받지 못하는 경우도 생겼습니다. 따라서 전망은 참고 자료일 뿐 절대적인 것은 아니라는 점을 명심하세요.
15	같은 직업인끼리 연봉은 같다.	×	직업 세계의 전문화 추세가 늘어나고 있는데 이것은 앞으로의 직업 세계는 의사, 법조인, 대학교수 등 일단 입직만 하면 평생을 보장받을 수 있는 소위 전문직과 그렇지 못한 직업들이 피라미드 구조를 이루는 것이 아니라 같은 직업인이라고 하더라도 그 안에서 양극화가 일어나는 현상을 말합니다. 즉, 같은 변호사라 하더라도 실적에 따라 연봉이 몇 억에 도달하는 변호사와 사무실 임대료도 내지 못하는 변호사가 공존하며, 조그만 라면집이 1년에 7억 원의 매출을 올리기도 하는 것입니다. 또한 교사와 공무원과 같은 조직은 성과, 즉 실적보다는 근무 경력에 따라 월급이 일정 액수만큼 오르기 때문에 근무 경력이 연봉을 좌우합니다. 예를 들어 교사의 평균 연봉은 3800만 원 정도이지만 신입 교사와 30년 경력의 교사는 수천만 원의 연봉 차이가 난답니다.

tip

진로 의사 결정 교육을 하다 보면 진로 의사 결정 방법 자체도 쉽지 않지만 의사 결정에 대한 기본적인 마음가짐이나 태도 때문에 더욱 혼란스러워하는 경우가 많습니다. 따라서 진로 의사 결정을 하기에 앞서 의사 결정에 따른 잘못된 생각들을 먼저 바로잡아 준다면 훨씬 편안하고 안정된 상황에서 의사 결정에 임할 수가 있습니다. 비단 진로뿐 아니라 인간의 삶이 의사 결정의 연속이라고 볼 때, 이러한 내용들은 의사 결정 모든 영역에서 학생들에게 의미 있는 교육 효과를 준다고 기대할 수 있습니다.

 talk

결정을 독촉하는 사회

진로에서 의사 결정은 매우 중요한 과정이기 때문에 결정 자체를 도움 받고자 하는 학생이나 학부모가 대다수입니다. 그리고 요즘은 중요한 의사 결정을 빨리 할수록 좋다는 생각 때문에 심지어 초등학교 때부터 어떤 고등학교에 진학할 것인지, 어떤 학과를 선택할 것인지, 어떤 직업을 가질 것인지를 결정하려고 하기도 합니다. 이것은 진로 의사 결정에 대한 충분한 이해가 없기 때문에 벌어지는 불안이 반영된 하나의 사회현상입니다. 이렇게 어떤 방향으로 결정해야 하는지에 대한 조언을 구할 때 교사들이 역시 빨리 결정을 할 수 있도록 도와야 한다는 부담감을 느끼게 됩니다. 그러나 상담자들은 결정 자체를 도와주는 것보다는 학생들이 결정의 의미를 스스로 인식하고 결정을 둘러싼 불안을 낮출 수 있도록 도와주어야 합니다.

진로 발달 이론의 대가인 Super는 진로의 탐색 단계인 초등학교 시기에는 어떤 선택도 하지 않아야 할 뿐만 아니라, 진로와 관련된 개인의 특성을 파악하기 위해 심리 검사를 실시하는 것도 바람직하지 않다고 주장하고 있습니다. 탐색 단계는 무엇보다 자신에 대한 탐색에서부터 시작합니다. 이때는 어떤 것을 좋아하는지, 어떤 것을 중요하다고 느꼈는지, 어떤 것을 더 잘하는지, 주변의 기대는 어떤지 등에 대해 탐색을 하게 됩니다. 자신이 지향할 수 있는 대안들을 전부 고려해 보고 각 대안에 대해 자신이 과연 밀고 나갈 만한 능력과 여건을 갖추고 있는지에 대한 예비 평가를 해 봅니다. 아울러 각 대안이 충분한 가치를 지니고 있는지, 어떤 장점과 단점이 있는지 알아봅니다.

구체화의 단계에서는 자기가 나아갈 수 있는 여러 개의 방향(목적) 및 각 방향을 취했을 때 나타날 수 있는 결과를 충분히 고려하고, 또한 자기의 가치관이나 목적 및 실용성에 비추어 적합한 어느 하나를 밀고 나갈 준비를 합니다. 이때가 되어야 선택을 할 수 있는데, 이런 탐색과 구체화를 거친다고 해서 나에게 완벽하게 맞는 대안을 선택했다고 장담할 수는 없습니다. '나에게 완벽하게 맞는 진로'라는 것은 사실 존재하지 않고, 그런 것을 찾고 있다면 그것은 진로에서의 비합리적인 신념(진로 미신)에 사로잡혀 있는 것으로 볼 수 있습니다.

이렇게 우리는 최고가 아닌 최선의 선택good enough을 하게 되는 것이고, 그렇기 때문에 선택 이후의 과정이 그 선택을 잘한 선택으로 만들기도 하고 잘못된 선택으로 만들기도 합니다. 지금 한 선택이 잘된 선택이 되도록 하는 것 역시 자신의 책임입니다. 우선 내가 무엇을 선택했는가에 대한 명료화를 해야 합니다. 이미 내린 선택을 보다 신중히 분석, 검토해 보고 미흡한 점이나 의심스러운 사항이 있을 때는 이를 명확히 하고, 어떻게 실천할 것인지 계획을 세우고, 앞으로 예상되는 어려움에 대해서도 대책을 세우는 과정이 필요합니다. 이러한 과정을 거치게 되면 적응이 좀 더 수월해집니다. 그리고 결정 이후 좀 더 나은 결정으로 만들기 위해서는 그 상황에 좀 더 적응을 잘하기 위한 노력이 일차적으로 필요합니다.

끝으로 의사 결정의 전체 과정 속에서 학생들의 문제를 이해한다면 당장의 의사 결정에 대한 조언과 함께 현재 학생이 가장 집중해야 할 일이 무엇인지, 그리고 앞으로 해 나가야 할 일이 무엇인지를 알려 줄 수 있을 것입니다.

《선생님 진로 상담이 필요해요》(한국고용정보원, 2007)

2주. 의사 결정 유형 검사

● **목표**
 · 진로 의사 결정 유형 검사를 통해 자신의 유형을 파악한다.
 · 자신의 진로 의사 결정 유형의 단점을 알고 보완할 수 있다.

● **준비물**
 활동지 '의사 결정 유형 검사' 158~159쪽
 참고 자료 '의사 결정 유형 검사 해설' 160쪽

● **생각 열기**

나는 특성화고생이다

작년 겨울, 저는 경기도 안산시에 위치한 IT 특성화고등학교인 한국디지털미디어고등학교의 합격 통지를 받고 얼마나 기뻤는지 모릅니다. 초등학교 때부터 IT 분야의 전문가가 되는 꿈을 꿔 왔기 때문입니다. IT 특성화고등학교에 진학하면 다른 아이들보다 IT 분야의 전문적인 교육을 먼저 받을 수 있다는 생각을 해 왔기에 합격 소식을 듣고는 잠을 설칠 정도로 가슴이 설레었습니다. (중략)

제가 이 학교에 진학한 이유는 '좋은 대학'을 가기 위해 '좋은 회사'에 취직하기 위해서가 아니었습니다. 물론 좋은 대학에 진학해서 심층적으로 공부할 수 있다면, 좋은 회사에 취직할 수 있다면 좋겠지만 그보다 제가 배우고 싶은 것을 배우고, 학교생활도 행복하게 하기 위해 이 학교에 왔습니다. 취직하고 대학에 가기 위한, 입사와 입시만을 위한 공부는 하고 싶지 않았습니다.

한편으로는 대학에서 받아 주지 않는다면 '내가 혼자서 공부하면 되지!' 회사에서 받아주지 않는다면 '내가 회사 차리면 되지!'라는 조금은 거만한 마음으로 저는 제가 진정으로 배우고 싶은 것을 배우고, 하고 싶은 활동을 하면서 재밌게 보내기로 마음먹었습니다. 대학 입학을 위한 입시 공부가 아닌, 자신이 하고 싶은 활동과 공부를 하면서 고등학교 3년을 지내기로 결정했습니다.

최훈민, 〈나는 특성화고생이다〉, 계간 《우리교육》 2011년 가을호에서 발췌

● 활동 내용

① 활동지 '진로 의사 결정 유형 검사'를 배부하고 요령을 설명한다.

"오늘은 여러분들이 진로 의사 결정을 하는 데 어떤 유형인지 알아보는 활동을 해 보도록 하겠습니다. 진로 의사 결정이란 자기 자신을 올바르게 이해하고, 일과 직업 세계에 대한 폭넓은 정보와 지식을 바탕으로 진로와 관련된 여러 가지 갈등을 합리적으로 해결하는 것을 의미합니다. 어떤 갈등이나 상황을 결정하는 일에서 자신의 유형을 파악할 수 있다면 진로를 결정할 때도 자기에게 부족한 부분이 무엇인지 알고 더 나은 판단을 내리는 데 큰 도움이 될 것입니다. (검사지 배부 후) 이 검사를 통해 정확한 결과를 얻기 위해서는 먼저 빠짐없이 답하고 솔직하게 답하는 것이 가장 중요합니다. 아울러 문제를 너무 곰곰이 생각하면 오히려 답을 할 때 혼란스러울 수 있으므로 떠오르는 느낌대로 즉각적으로 답을 하기 바랍니다."

② (15분 후) 참고 자료 '진로 의사 결정 유형 검사 해설'을 나누어 주고, 그 결과에 대해 자신의 생각을 정리해 본 후 활동을 마무리한다.

"자, 그럼 각 유형의 특징을 알아볼까요? (결과지 유형 설명 자료를 중심으로 간단하게 설명한 후 시간이 있을 경우 주어진 문제에 대해 학생 몇 명의 발표를 듣는다.) 그런데 여기서 한 가지 명심해야 할 것은 합리, 직관, 의존 이 세 가지 유형 중 합리적 유형은 정답이고 나머지 두 유형은 모든 면에서 잘못된 유형은 아니라는 것입니다. 정도의 차이는 있지만 세 가지 유형이 모두 장단점을 가지고 있다는 것을 명심하고 자신의 유형을 완전히 바꾸기보다는 먼저 자신의 유형의 장점을 충분히 살리되, 단점을 보완하기 위한 차원에서 다른 유형의 장점을 일부 활용하는 것이 바람직한 자세임을 잊지 마세요. 이 검사가 앞으로 여러분이 진로를 결정하는 데 좀 더 효과적이고 정확한 방향을 제시해 줄 수 있기를 기대합니다."

● 활동

진로 의사 결정 유형 검사

다음 글을 읽고 자신과 비슷하다고 생각하면 ○표, 그렇지 않다면 ×표 하세요.

A

___ 나는 중요한 의사 결정을 할 때 한 단계 한 단계 체계적으로 한다.
___ 나는 얻을 수 있는 정보를 수집하지 않고는 중요한 의사 결정은 거의 하지 않는다.
___ 나는 의사 결정을 할 때, 이 의사 결정과 관련된 결과까지 고려한다.
___ 어떤 의사 결정을 할 때, 나는 시간을 갖고 주의 깊게 생각해 본다.
___ 나는 중대한 의사 결정 문제가 예상될 때, 그것을 계획하고 생각할 시간을 충분히 갖는다.
___ 의사 결정을 하기 전에 올바른 사실을 알고 있나 확인하기 위해 관련된 정보들을 다시 살펴본다.
___ 어떤 중요한 일을 하기 전에 나는 신중하게 계획을 세운다.
___ 나는 조급하게 결정을 내리지 않는데, 그 이유는 올바른 의사 결정임을 확신하고 싶기 때문이다.
___ 종종 내가 내린 각각의 의사 결정을 일정한 목표를 향한 진보의 단계들로 본다.
___ 의사 결정을 하기 전에, 나는 그 결정을 함으로써 생기는 결과에 대해 가능한 한 많이 알고 싶다.

○ 합계 : (   )개

B

___ 나는 내 자신의 욕구에 따라 매우 독특하게 의사 결정을 한다.
___ 나는 어려운 문제에 부딪치면 재빨리 결정을 내린다.
___ 나는 의사 결정을 할 때, 내 자신의 즉각적인 느낌이나 감정에 따른다.
___ 나는 문제의 본질에 대해 찰나적으로 떠오르는 생각에 의해 결정을 한다.
___ 나는 의사 결정에 관해 실제로 생각하지는 않지만 갑자기 생각이 떠오르면서 무엇을 해야 할지를 알게 된다.
___ 나는 의사 결정을 할 때, 마음이 가장 끌리는 쪽으로 결정을 한다.
___ 나는 의사 결정을 할 때, 예감 또는 육감을 중요시한다.
___ 어떤 의사 결정이 감정적으로 나에게 만족스러우면 나는 그 결정을 올바른 것으로 본다.
___ 나는 '이것이다' 라는 느낌에 의해 결정을 내릴 때가 종종 있다.
___ 여러 가지 정보를 수집하거나 검토하는 과정을 갖기보다는 나에게 떠오르는 생각대로 결정을 내리는 경우가 자주 있다.

○ 합계 : (   )개

> **C**
> ___ 의사 결정을 할 때 친구들이 내 결정을 어떻게 생각할 것인가를 매우 중요시한다.
> ___ 나는 다른 사람의 도움 없이는 중요한 의사 결정을 하기가 힘들다.
> ___ 나는 내가 하고 싶은 것보다 다른 사람이 어떻게 생각하느냐에 영향을 받아 의사 결정을 한다.
> ___ 나는 친한 친구에게 먼저 이야기하지 않고는 의사 결정을 거의 하지 않는다.
> ___ 나는 의사 결정을 못한 채 미루는 경우가 많다
> ___ 의사 결정을 할 때 나는 다른 사람의 많은 격려와 지지를 필요로 한다.
> ___ 나는 인기를 떨어뜨릴 의사 결정은 별로 하고 싶지 않다.
> ___ 올바른 의사 결정을 할 수 있는 능력에 자신이 없기 때문에 주로 다른 사람의 의견에 따른다.
> ___ 내가 내리는 의사 결정을 친구들이 지지해 주지 않으면 그 결정에 대해 확신을 갖지 못한다.
> ___ 대개의 경우 나는 주위 사람들이 바라는 방향으로 의사 결정을 한다.
> ○ 합계 : (   )개

1. 나는 어떤 유형의 사람인가?

2. 검사 결과에 대해 자신의 의사 결정 유형의 장단점과 앞으로 어떻게 단점을 보완할지에 대해 적어 보자.

(1) 장점

(2) 단점

(3) 보완할 점

| 참고 자료 |

진로 의사 결정 유형 검사 해설

○ 개수가 가장 많은 것이 자신의 유형입니다.

A_ 합리적 양식 rational style

의사 결정 과업에 대해서 논리적이고 체계적으로 접근하는 것을 의미한다. 또한 결정에 대한 책임을 수용하고 이후의 결정들을 위해서 이전 결정들의 결과를 평가할 수 있는 능력을 소유하고 있고, 미래의 의사 결정의 필요성을 예견하고 자신 및 기대되는 상황에 대한 정보를 수집하는 등의 준비를 한다. 따라서 결정은 매우 신중하고 논리적으로 행해지는 것이 특징이다. 단, 의사 결정에 시간이 걸릴 수 있고, 지나치게 완벽한 정답을 찾으려고 하다 보면 우유부단함에 빠질 수도 있다.

B_ 직관적 양식 intuitive style

의사 결정에서 개인 내적인 감정적 상태에 의존하는 것을 나타낸다. 결정에 대한 책임은 수용하지만 미래에 대해서 예견을 거의 하지 않고 정보 수집을 위한 활동도 별로 없으며, 사실에 대해서 논리적인 비중을 거의 두지 않는다. 오히려 환상을 활용하고 현재의 느낌에 주의를 기울이는 것으로 특징지어진다. 이 양식을 채택하는 사람들은 결정 과정에 대한 각 단계의 선택과 수용이 비교적 빨리 이루어지며, 종종 어떻게 결정에 도달하였는가를 명백하게 진술하지 못하는 경향이 있다. 단, 의사 결정이 신속하며, 드물게는 직관이 매우 정확한 사람도 있다.

C_ 의존적 양식 dependent style

결정에 대한 자신의 책임을 거부하며, 그 책임을 자신 이외의 가족이나 친구 그리고 동료 등에게 전가하는 특징이 있다. 이와 같은 양식을 활용하는 사람들은 타인들의 기대에 크게 영향을 받고 수동적이고 복종적이며 사회적인 승인에 대한 욕구가 높다. 단, 의존하는 사람이 풍부한 지식과 합리적인 판단력을 갖추고 있을 때 의외로 도움이 될 때도 있다.

합리적 유형의 장점에 초점을 맞춰 설명하되, 합리적 유형도 단점이 있고, 직관형과 의존형도 장점이 있음을 알려 줍니다. 즉, 합리적 유형의 경우 신중함이 지나쳐 의사 결정에 시간이 많이 걸리고 결국 우유부단함에 빠질 수도 있습니다. 또한 직관형의 경우 결정이 빠르기 때문에 시급을 다투는 상황에서 유용하게 쓰일 수 있으며, 의존형의 경우 의존하는 사람이 현명하고 전문적인 식견이 있는 경우 바람직한 면을 보이기도 합니다.

대학 전공 선택 가이드

학생들이 해야 하는 의사 결정 중 가장 중요하고 어려운 것이 바로 대학 전공 선택입니다.
'커리어넷(www.careernet.re.kr) 〉 교사 연구자 〉 진로 교육 프로그램 〉 대학 전공 선택 가이드'는 전공 선택을 합리적으로 할 수 있도록 도와주는 자료로서, 대학 전공 선택을 위한 4단계가 상세한 활동지와 함께 제시되어 있습니다. 적극 활용하시기 바랍니다.

1단계 전공 선택을 위한 나에 대한 탐색
자신의 목표, 대학 진학 선택과 그 이유, 자신에게 필요한 교육, 현재 목표 대학 및 전공, 자신의 흥미, 자신의 능력 등을 생각해 보게 한다.

2단계 전공 선택을 위한 직업 세계의 이해
앞 단계에서 파악된 자기 특성을 바탕으로 다양한 직업에 관하여 학습하고, 자신에게 맞는 직업을 찾도록 한다. 그리고 직업과 학과의 연관 관계를 이해하도록 한다.

3단계 대학 전공에 대한 이해
다양한 대학의 전공을 파악하고 자신의 흥미와 능력, 그리고 자신이 원하는 직업과 관계된 대학의 전공을 찾도록 한다.

4단계 합리적인 진로 결정
앞 단계까지 수행된 진로 결정 과정이 올바르게 되었는지 확인하도록 한다. 그리고 합리적인 진로 선택을 위하여 의사 결정 방법을 학습한다.

3주. 의사 결정 5단계 익히기

● 목표
  · 의사 결정 5단계 과정을 익힌다.
  · 의사 결정 5단계를 자신의 문제에 적용할 수 있다.

● 준비물
  활동지 1 '의사 결정 5단계 및 사례' 165~167쪽
  활동지 2 '의사 결정 5단계 실습' 168~169쪽
  활동지 3 '의사 결정 5단계를 자신의 진로 문제에 적용하기' 170쪽

● 생각 열기

빌 게이츠의 인생 충고 10가지

마이크로소프트사의 빌 게이츠가 캘리포니아 주에 있는 마운틴휘트니 Mt.Whitney 고등학교를 방문하고 사회 문을 밟기 시작하는 학생들에게 참고가 될 조언을 들려주었다.

1. 인생이란 원래 공평하지 못하다. 그런 현실에 대하여 불평할 생각하지 말고 받아들여라.

2. 세상은 네 자신이 어떻게 생각하든 상관하지 않는다. 세상이 너희들한테 기대하는 것은 네가 스스로 만족하다고 느끼기 전에 무엇인가를 성취해서 보여 줄 것을 기다리고 있다.

3. 대학 교육을 받지 않는 상태에서 연봉이 4만 달러가 될 것이라고는 상상도 하지

말라.

4. 학교 선생님이 까다롭다고 생각되거든 사회 나와서 직장 상사의 진짜 까다로운 맛을 한번 느껴 봐라.

5. 햄버거 가게에서 일하는 것을 수치스럽게 생각하지 마라. 너희 할아버지는 그 일을 기회라고 생각하였다.

6. 네 인생을 네가 망치고 있으면서 부모 탓을 하지 마라. 불평만 일삼을 것이 아니라 잘못한 것에서 교훈을 얻어라.

7. 학교는 승자나 패자를 뚜렷이 가리지 않을지 모른다. 어떤 학교에서는 낙제 제도를 아예 없애고 쉽게 가르치고 있다는 것을 잘 안다. 그러나 사회 현실은 이와 다르다는 것을 명심하라.

8. 인생은 학기처럼 구분되어 있지도 않고 여름방학이란 것은 아예 있지도 않다. 네가 스스로 알아서 하지 않으면 직장에서는 가르쳐 주지 않는다.

9. TV는 현실이 아니다. 현실에서는 커피를 마셨으면 일을 시작하는 것이 옳다.

10. 공부밖에 할 줄 모르는 '바보' 한테 잘 보여라. 사회 나온 다음에는 아마 그 '바보' 밑에서 일하게 될지 모른다.

● 활동 내용

① 활동지 1을 배부하고 의사 결정 5단계 및 사례들을 설명한다.

"오늘은 합리적 의사 결정 방법을 배우는 첫 번째 시간입니다. 지금 나누어 준 활동지를 보며 의사 결정 5단계를 살펴보고, 이것을 부모님과의 갈등 사례와 동아리 부서 정하기 사례에 적용하여 봅시다."

② 활동지 2를 배부하고 의사 결정 5단계를 연습해 본다.

"자, 그럼 이번에는 여러분이 직접 사례에 적용해 보도록 합시다. 먼저 학교에서 숙제를 둘러싸고 벌어질 수 있는 일, 책을 선택하는 일에 앞에서 배운 의사 결정 5단계를 적용해 봅시다."

③ 활동지 3을 배부하고 의사 결정 5단계를 자신에게 적용해 본다.

"이번에는 지금까지 배운 의사 결정 5단계를 자신이 겪고 있는 진로 갈등에 적용하여 여러분 자신의 문제를 해결해 봅시다. 진로란 직업, 학과, 학교 선택과 준비와 관련된 문제들입니다. 앞서 제시한 것처럼 부모님과의 직업 선택에 대한 갈등과 함께 가정 형편의 어려움과 학교 선택의 갈등, 직업 선택의 조건으로서 적성과 안정성 중 어떤 것을 더 중시할 것이냐 등이 있을 수 있습니다."

④ 몇 명 발표시키고 수업을 마무리한다.

"자, 그럼 의사 결정 5단계를 자신의 진로 문제에 대해 적용한 사례를 발표해 보도록 할까요? (몇 명의 발표를 듣는다.) 진로 문제에 대한 고민과 갈등은 앞으로 여러분이 살아 나가면서 계속해서 겪어야 할 문제들입니다. 예를 들어 고등학교에서의 문·이과 계열 선택, 대학 갈 때 학교 및 학과 선택, 유학 여부에 대한 결정, 대학원 진학이냐, 취업이냐의 갈등 등이 계속될 것입니다. 이때 그저 혼란스러워하고 답답해하거나 주변의 사람들에게 결정을 미루지 말고 오늘 배운 의사 결정 5단계를 통해 현명하게 해결해 보기 바랍니다. 아울러 한 가지 알려 주고 싶은 것은 모든 선택에는 장단점이 있다는 것입니다. 결점이 전혀 없는 완벽한 선택이란 없습니다. 따라서 결정을 하기까지는 최선을 다해 정보를 찾고 조언을 구하되 일단 결정이 내려지면 장점만을 생각하고 단점에 대해서는 어떻게 극복할 것인가만을 궁리하는 것이 현명합니다. 즉, 최선의 결정이란 운명적으로 따로 있는 것이 아니라 결정 이후 그 결정이 갖는 장점만을 생각하고 자신의 땀과 노력을 통해 스스로 만들어 나가는 것이라는 점을 잊지 마세요."

● 활동 1

의사 결정 5단계 및 사례

1단계_문제를 명확히 파악할 것

이 단계는 문제를 분명하게 이해하도록 하는 데 있다. 갈등 상황에 관련된 가치와 목표를 구체적이고 분명하게 제시할수록 문제 해결에 가까워진다.

▼

2단계_대안을 탐색해 볼 것

이 단계는 원하는 결과를 성취할 수 있는 가능한 방법을 찾는다. 과거에 비슷한 상황에서 어떻게 했는가? 다른 사람들은 이 문제에 부딪쳤을 때 어떻게 하겠는가? 가능하면 대안을 많이 찾고, 대안이 많을수록 해결책을 찾는 데 도움이 된다.

▼

3단계_기준을 확인할 것

다음 질문들은 당신이 기준을 설정하는 데 도움을 줄 것이다.
- 해결책을 통해서 이루고자 하는 목표는 무엇인가?
- 어떤 가치가 내포되어 있는가?
- 문제를 해결하는 데 필요한 자원은 충분한가?

▼

4단계_대안을 평가하고 결정을 내릴 것

각 대안이 갖는 바람직한 정도, 가능성, 위험성을 평가한다. 대안이 만족스럽지 않다면 새로운 대안을 찾고, 기준을 변경할 수 있다.

▼

5단계_계획을 수립하고 그대로 따를 것

계획을 세우고 행동을 하면서 새로운 정보를 얻을 수 있다. 계획을 재검토하고 목표 성취의 가능성을 점검하여 계획을 바꾸거나 새로운 계획을 수립할 수 있다.

사례 1	민경이는 그림 그리는 것을 좋아하고, 미술 대회에서 우수상을 2번 수상하였다. 민경이의 꿈은 화가가 되는 것이기 때문에 미술부가 있는 특목고에 진학하고 싶다. 그런데 부모님은 경제적인 이유로 특목고 진학을 반대하시고, 장래 직업도 일반고에 진학하여 교사가 되길 원하신다.

단계	적용 사례
1. 문제 파악	부모와 나의 진로 희망에 갈등이 생겼다. 내 희망은 화가로서 특목고에 진학하고 싶지만, 부모님은 경제적인 이유로 일반고에 진학하여 교사가 되길 기대하신다.
2. 대안 탐색	1. 특목고에 진학하여 미술에 집중한다. 2. 일반고에 진학하여 대입 준비에 집중한다. 3. 특목고에 진학하여 미술과 대입 준비를 함께 한다. 4. 일반고에 진학하여 미술과 대입 준비를 함께 한다.
3. 기준 확인	1. 나의 자아실현에 도움이 되는가? 2. 현실적으로 경제적 상황과 부모님의 기대를 무시할 수 있을까?
4. 대안 평가 및 결정	대안1. 부모님 의견이 존중되지 않는다. 대안2. 나의 의견이 존중되지 않는다. 대안3. 대입 준비와 미술 공부를 함께 하기 힘들다. 대안4. 미술중점학교[1]에 진학하여 미술을 공부하며, 교사 자격이 주어지는 대학에 진학하여 화가와 미술 교사의 꿈을 함께 추구할 수 있다.
5. 계획 수립 및 실행	미술교육학과가 있는 사범대학 또는 교사가 될 수 있는 기회를 부여하는 미술대 입학을 장기적 목표로 두고 미술중점학교에 진학하여 미술과 대입 공부를 함께 해 나간다.

[1] 미술중점학교는 예술·체육중점학교 중 하나이다. 예술·체육중점학교는 일반 중·고등학교 학생 가운데 예술과 체육에 소질과 적성이 있는 학생들에게 특성화된 교육을 실시하기 위해 예술·체육 중점 과정을 설치(학년당 1~2학급 규모)한 학교로 음악, 미술, 체육, 공연·영상 4가지 분야 중 하나를 선택해 운영한다.

사례 2	1년 동안 활동할 동아리를 정할 때이다. 어떤 부서를 선택하면 좋을까?	

단계	과정	결정한 내용
1단계	문제 파악	1년간 활동할 동아리 활동 정하기
2단계	대안 탐색	내가 하고 싶고, 더 잘하고 싶은 동아리를 뽑아 본다. 예 : 리코더부, 미술부, 서예부
3단계	기준 확인	최종 결정을 위한 평가 기준을 뽑아 본다. · 내게 도움이 되어야 한다. · 비용이 많이 들지 않아야 한다.
4단계	대안 평가 및 결정	· 리코더부 − 좋은 점 : 내가 하고 싶고 잘할 수 있다. − 나쁜 점 : 리코더에는 자신이 있기 때문에 1년간 한다고 해도 내게 별로 도움이 안 된다. · 미술부 − 좋은 점 : 디자이너의 꿈을 이루기 위한 실력을 쌓는 데 도움이 된다. − 나쁜 점 : 미술 도구 사는 데 약간의 비용이 든다. · 서예부 − 좋은 점 : 부족한 서예 실력을 기르는 데 도움이 된다. − 나쁜 점 : 서예 용구를 사는 데 비용이 너무 많이 든다. → 미술부로 결정
5단계	계획 수립 및 실행	부모님께 미술부를 하려는 이유를 설명하고 미술 용품을 구입해서 미술부를 신청한다.

● 활동 2

의사 결정 5단계 실습

다음과 같은 상황에서 진로 의사 결정 5단계를 적용해 해결해 봅시다.

> **실습 1** 선생님께서 매우 어려운 숙제를 내셨습니다. 영진이는 그 숙제를 위해 열심히 했습니다. 일요일 하루 종일 노력하여 숙제를 완성했습니다. 영진이는 결과에 만족하였습니다. 중학교에 들어와서 최고의 일을 해낸 느낌입니다. 그런데 친한 친구가 그 숙제를 완성하지 못하여 영진의 숙제를 보고 베끼려 합니다. 선생님이 그 사실을 알아차릴 가능성은 매우 낮습니다.

1단계 문제 인식 단계(상황을 명확히 하는 단계) 내가 힘들여 한 숙제를 친한 친구가 베끼려고 한다.
2단계 정보 탐색 단계(대안을 탐색하는 단계) (1) 나의 숙제를 베끼게 한다. (2) 그렇게 할 수 없다고 친구에게 거절한다. (3) 내가 참고로 한 참고서를 빌려 준다.
3단계 대안 설정 단계(기준을 확인하는 단계) (1) 이 일로 인해 우정이 손상되지 않아야 한다. (2) 양심에 거리낌이 없어야 한다.
4단계 대안 평가 단계(대안을 평가하고 결정을 내리는 단계) (1) (2) (3)
5단계 의사 결정 단계(최종 대안을 실행하는 단계)

〈2010 진로 교육 자료(중학교용)〉, 2009 개정 교육과정 창의적 체험 활동 진로 활동 지도 자료(서울시교육청, 2010)

다음 내용을 보고 의사 결정 단계에 따라 자신의 생각을 적어 보세요.

실습 2 세뱃돈으로 만 원짜리 도서상품권 2장을 받았다. 이 돈으로 책을 산다면 어떤 책을 살 것인가?

Ⅰ. 문제 인식 단계

    (1) 내가 지금 해야 할 일은 무엇인가?

Ⅱ. 정보 탐색 단계

    (2) 평소 사고 싶었던 책이 있다면?
    (3) 부모님이 권하신 책은?
    (4) 선생님이 권하신 책은?
    (5) 친구들이 추천한 책은?
    (6) 위의 책들의 가격은?

순위	책 이름	가격	순위	책 이름	가격
1			4		
2			5		
3			6		

    (7) 위의 책들을 샀을 때 좋은 점과 문제점은?

순위	책 이름	장점	단점
1			
2			
3			
4			
5			
6			

Ⅲ. 대안 설정 및 평가 단계

    (8) 가격과 내용 비교 후 최종 순위와 그렇게 생각한 이유는?

순위	책 이름	그렇게 생각한 이유
1		
2		
3		
4		
5		
6		

Ⅳ. 의사 결정 단계

    (9) 지금까지 과정을 통해 내가 사야 할 책 한 권을 고른다면?

● 활동 3

의사 결정 5단계를 자신의 진로 문제에 적용하기

부모님과 의견 차이로 갈등을 겪거나 자신이 스스로 어떤 결정을 내리지 못해 망설이거나 고민하게 되는 경우가 있습니다. 예상되는 진학 또는 진로 갈등 상황을 아래에 적고, 그 상황을 5단계에 맞게 적용하여 봅시다.

갈등 상황 _____
_____
_____

단계	나의 문제에 적용해 보세요.
1단계 문제 파악	
2단계 대안 탐색	1. 2. 3. 4.
3단계 기준 확인	
4단계 대안 평가 및 결정	1. 2. 3. 4.
5단계 계획 수립 및 실행	

2009 개정 교육과정 창의적 체험 활동 진로 활동 지도 자료(서울시교육청, 2010) 발췌 후 재구성

 tip

모든 선택에는 장단점이 있다는 것을 알려 주세요. 즉, 최선의 결정이 따로 있는 것이 아니라 결정을 한 이후에는 그 결정이 갖는 장점만을 생각하고 자신의 땀과 노력을 통해 단점을 극복함으로써 스스로 만들어 나가는 것이라는 점을 학생들에게 꼭 일깨워 주세요. 예를 들어 100점짜리 해결책이 없는 상태에서 가능한 두 가지 대안 중 하나는 60점짜리이고 하나는 40점짜리라고 해 봅시다. 둘 중에 더 나은 것인 60점짜리를 선택한 이후, 계속해서 60점짜리의 단점에만 매달려 불안해하며 시간을 낭비한다면 60점짜리는 40점짜리만도 못한 대안이 될 것이며, 60점짜리의 단점은 접어 두고 장점을 살리기 위해 최선을 다한다면 60점짜리가 80점짜리도 될 수 있다는 것이지요.

talk

한국직업정보시스템

1. 주소 워크넷(www.work.go.kr) 〉 직업·진로 〉 직업 정보 검색 〉 한국직업정보시스템
2. 메뉴
    ① 키워드로 직종 찾기
    ② 조건별 검색(연봉 전망)
    ③ 나의 특성에 맞는 직업 찾기
        – 지식으로 찾기
        – 업무 수행 능력으로 찾기
    ④ 분류별 검색

활동지 2 정답 예시
4. 대안 평가 단계 (1) 우정에 손상은 없으나 양심에 가책을 받는다. (2) 양심에 가책을 받진 않으나, 우정에 손상이 갈 수 있다. (3) 우정에 손상도 적고, 양심의 가책을 받지 않는다.
5. 의사 결정 단계 최종 결정 : (2) 내가 참고로 한 참고서를 빌려 준다.

4주. 진로 의사 결정 비교표 작성하기

● **목표**
- 정확한 정보를 바탕으로 직업에 대해 자신이 원하는 바를 안다.
- 고교 진학 문제를 스스로 결정해 본다.

● **준비물**

활동지 '진로 의사 결정 비교표 작성하기' 175~176쪽
과제로 각자 관심 있는 직업과 고등학교에 대한 세부 정보를 찾아오게 한다(진로 정보 탐색 단원 참고).

● **생각 열기**

1만 시간의 법칙

심리학자인 안데르스 에릭손Anders Ekicsson이 연구하고 신경과학자인 대니얼 레비틴 Daniel Levitin이 정의한 숫자 이야기가 있습니다.

에릭손은 다섯 살 때부터 바이올린을 켜 온 음악 아카데미 학생들을 대상으로 바이올린을 처음 켠 때부터 지금까지의 연습 시간을 조사했습니다. 그리고 같은 조건의 아마추어 피아니스트와 프로 피아니스트의 연습 시간도 똑같이 조사했죠. 그리고 결론을 하나 도출해 냈습니다. 어릴 때부터 일주일에 세 시간 이상 연습하지 않은 이들, 즉 스무 살까지 2천 시간 정도밖에 연습하지 않은 이들은 모두 아마추어 수준에 머물렀고, 보통 수준인 경우엔 4천에서 8천 시간, 반면에 아주 뛰어난 명연주자 수준이거나 프로가 된 이들은 다 똑같이 해마다 연습 시간을 늘려서 총 1만 시간을 연습했다는 결론이었습니다.

그러니까 진정한 실력 차이는 타고난 재능보다는 1만 시간을 연습했느냐, 안 했느냐의 차이에 있다는 것, 꼭 악기 연주만이 아니라 어느 분야에서든 세계 수준의 전문가가

되려면 최소 1만 시간의 연습이 필요하다는 게 바로 '레비틴의 매직 넘버 – 1만 시간의 법칙'입니다. 이 말은 누구든 1만 시간만 들이면 해당 분야에서 최고가 될 수 있다는 뜻이기도 하죠. "최고 중의 최고는 그냥 열심히 하는 게 아니라 훨씬, 훨씬 더 열심히 한다"는 조언을 기억하면서 그동안 내가 꼭 성공하고 싶은 분야의 연습에 몇 시간을 들였나, 얼마를 더 들여야 1만 시간이 되나, 계산해 보는 것도 의미 있을 듯합니다.

《행복한 심리학》(김경미, 교양인, 2010)

1만 시간 선순환의 두 번째 단계는 신중한 연습이다. 좋아하는 마음만 있고 연습을 하지 않으면 성취는 물론 자신감도 얻을 수 없다. 그렇다고 모든 연습이 성공을 보장하는 것은 아니다. 아무런 의미 없는 단순 반복이 아닌 신중한 연습만이 범재를 천재로 만드는 디딤돌이 된다.

신중한 연습에는 두 가지가 필요하다. 우선 몰입해야 한다. 연습을 하되 늘 깨어 있는 상태로 연습에 수반되는 모든 움직임에 신경을 집중해야 한다. 신중한 연습에 실패하는 사람이 많은 이유는 이 단계에서 타성에 빠지기 쉽기 때문이다.

세기의 바이올리니스트로 꼽히는 나탄 밀슈타인은 어릴 적 스승에게 곡 하나를 제대로 연주하려면 하루에 몇 시간이나 연습해야 하냐고 물었다. 스승은 이렇게 답했다. "아무 생각 없이 손가락만 움직이면 하루 종일 연습해도 모자라지만, 온 신경을 연주에 모으고 손놀림 하나하나에 집중해 연습하면 2~3시간이면 족하다."

《1만 시간의 법칙》(이상훈, 위즈덤하우스, 2010)

직업이라는 것이 우리 삶의 수단이지 목표는 아닙니다. 그 직업을 통해 일을 하고 돈을 법니다. 그러나 돈을 버는 것이 목표가 아니라 돈을 벌어서 행복하게 살고자 하는 것이 목표입니다. 권력이 있는 자리, 큰소리치며 살 수 있는 힘 있는 직업을 가지려고 하는 것도 그런 직업을 가지면 인생이 행복할 것이라고 믿기 때문입니다. 그래서 우리가 하고 있는 일이 진정 나를 행복하게 하고 있는가, 일을 하면서 기쁘고 보람을 느끼는가 자신에게 물어보아야 합니다. 그런 직업을 선택해야 합니다. 그 일이 내가 하고 싶은 일이고 일을 하면서 신이 나고 활기에 넘치며 즐거워야 합니다. 어떻게 많은 것을 누리고 쌓으며 사느냐 하는 것보다 더 중요한 것이 어떻게 가치 있게 사느냐 하는 것이고, 어떤 사회적 신분을 가진 사람이 되느냐보다 더 중요한 것이 어떻게 사람답게 사느냐 하는 것입니다.

도종환, 〈우리 동네 심마니 집배원〉, 《참 아름다운 당신》(도종환 외, 우리교육, 2009)

● 활동 내용

① 활동지를 나눠 주고 직업 선택을 위한 의사 결정 비교표 작성 요령을 설명한 후 실시한다.

"이번 시간에는 직업 의사 결정 비교표 작성을 통해 합리적인 진로 의사 결정 방법을 익혀 보도록 하겠습니다. (설명 후) 그럼 조금 어려울 수 있지만 천천히 자신의 직업 선택에 이 방법을 적용해 보도록 합시다. 이때 과제로 제시한 희망 직업에 대한 세부 정보를 적극 활용하세요."

② 고등학교 선택을 위한 의사 결정 비교표 작성 요령을 설명한 후 실시한다.

"이번에는 의사 결정 비교표 작성을 통해 자신의 고등학교 선택에 이 방법을 적용해 보도록 합시다. (요령 설명 후) 역시 조금 어려울 수 있지만 자신의 고등학교 선택에 이 방법을 적용해 보도록 합시다. 이때 역시 과제로 제시한 희망 고등학교에 대한 세부 정보를 적극 활용하세요."

③ 활동을 마무리한다.

"지금까지 의사 결정 비교표 작성법을 통해 직업과 고등학교에 대한 의사 결정 비교표를 작성해 보았습니다. 여러분의 고민 해결에 많은 도움이 되었기를 바랍니다. 끝으로 한 가지 당부할 것은 의사 결정 비교표는 반드시 정확한 정보가 바탕이 되어야 한다는 것입니다. 따라서 앞에서 배운 의사 결정 유형 중 합리적 유형이 하는 것처럼 인터넷 정보나 그것을 잘 알고 있는 주변 사람들의 조언을 먼저 꼼꼼히 수집하고 기준을 세워서 의사 결정 비교표를 작성해야 한다는 점을 기억하세요. 눈에 보이는 것만 생각하고 또는 자신이 어떠할 것이라고 추측하는 내용만 가지고 성급하게 결정하지 않도록 하세요."

● 활동

진로 의사 결정 비교표 작성하기

1. 직업 선택을 위한 표 만들기

① 아래 소개된 직업 가치를 살펴보고 표의 괄호 안에 전체가 100점이 되도록 기준마다 자신이 중요하게 생각하는 비중에 따른 점수를 매기세요. 이때 제시된 가치 중 원하지 않는 것에는 0점을 줄 수도 있습니다.
② 세로에 원하는 직업을 적고 각 기준마다 점수를 매기고 총점을 계산해 보세요.
③ 총점이 높은 순서대로 순위를 매기세요.

직업 가치관 검사에 포함되는 하위 요소별 정의(커리어넷 직업 가치관 검사에서 발췌)

하위 요소	정의
능력 발휘	자신의 능력을 발휘하고 성취감을 갖는 것
보수	많은 돈을 버는 것
안정성	쉽게 해직되지 않고 오랫동안 그 직장에서 일할 수 있는 것
사회적 인정	다른 사람으로부터 인정받는 것
사회봉사	다른 사람들에게 구체적으로 도움이 되는 일을 하는 것
발전성	더 발전하고 배울 수 있는 기회가 있는 것
창의성	자신의 아이디어를 내서 새로운 시도를 할 수 있는 기회가 많은 것
자율성	윗사람의 명령이나 통제 없이 독자적으로 일하고 책임지는 것

직업\직업 가치	능력 발휘 ( )	보수 ( )	안정성 ( )	사회적 인정 ( )	사회봉사 ( )	발전성 ( )	창의성 ( )	자율성 ( )	합계	순위

▶ 참고 및 유의 사항

· 커리어넷 www.careernet.re.kr 심리 검사 코너에 가면 중·고등학생용 검사에 직업 가치관 검사가 있습니다. 회원 가입 후 실시하면 자신의 직업 가치에 따른 학과 및 직업이 결과로 제시됩니다.
· 의사 결정 비교표를 작성할 때 잘못되었거나 추측에 의한 정보를 근거로 점수를 매긴다면 올바른 결과가 나오기 어렵습니다. 점수를 매기기에 앞서 각 직업에 대한 정확한 정보를 탐색한다면 보다 합리적인 의사 결정을 할 수 있습니다.

2. 고등학교 선택을 위한 표 만들기

다음은 중3 학생이 고교 진학을 고민하면서 사이버 상담실에 올린 글입니다.
아래 표를 이용하여 자신의 고교 진학 의사 결정을 해 보세요.

> 저는 중학교 3학년 여학생으로서 고등학교 진학 때문에 고민입니다. 성적은 전교 200명 중에 100등 안에 겨우 듭니다. 그런데 저는 특성화 고등학교에 가고 싶습니다. 일반계에 가서 좋은 성적을 받는 것은 자신이 없어요. 전 호텔리어가 되고 싶어요.
> 졸업했을 때 취업이 잘 되는 특성화 고등학교는 어느 학교인가요?
> 또, 특성화 고등학교에 가서 성적이 아주 좋으면 좋은 대학에 갈 수 있다는데 맞나요? 고등학교만 졸업하고 취업했을 때 대학 나온 사람과의 차이가 있는지요?
> 특성화 고등학교 수업은 일반계 고등학교와 어떻게 다른가요?
> 빠른 시일 내에 답변 좀 부탁드립니다.

고교 선택을 위한 의사 결정 비교표

고교 \ 항목(가중치)	( )	( )	( )	( )	( )	( )	( )	합계 (100)
일반계고								
특성화고								
( )								

커리어넷(www.careernet.re.kr) 〉중학생 〉학교 정보, 학교알리미(http://www.schoolinfo.go.kr/index.jsp) 등을 참고

① 아래 보기에서 위의 표 항목에 들어갈 내용 5개를 중요도에 따라 골라 쓰세요.

> 보기 : 입학 가능성(성적) / 경제적 비용 / 통학 거리 / 사회적 평판 / 대학 진학 가능성 / 취업 가능성 / 자신의 적성, 흥미 / 가치관 / 신체 조건 / 공부 자신감 / 가정 환경 / 부모 기대

② 가로축 각 항목의 (   )에 자신의 판단에 따라 가중치 합계가 100이 되도록 점수를 부여합니다. 그리고 세로축에 있는 각 고등학교별로 항목의 가중치를 고려해 해당하는 점수를 매기고 합계를 계산해 보세요. 모든 항목과 학교의 종류는 본인이 더하거나 줄일 수 있습니다.

③ 나의 최종 선택 고교와 선택의 가장 큰 이유는 무엇인지 적어 보세요.

*이 의사 결정 비교표는 대학 선택에도 똑같이 적용될 수 있습니다.

〈2010 진로 교육 자료(중학교용)〉, 2009 개정 교육과정 창의적 체험 활동 진로 활동 지도 자료〈서울시교육청, 2010〉

| 참고 자료 |

고등학교 유형, 학생 선발 방법, 교육과정

구분		일반고	특목고			
			과학고	외국어고 / 국제고	예술고 / 체육고	마이스터고
개요	목적	중학교 교육 기초 위에 중등교육 실시	과학 인재 양성	외국어에 능숙한 인재 양성 (외국어고) 국제 전문 인재 양성 (국제고)	예술인 양성 (예술고) 체육인 양성 (체육고)	전문적인 직업교육을 위한 맞춤형 교육과정 운영
	법적 근거	초·중등교육법 시행령 제76조의 2	초·중등교육법 시행령 제76조의 2 제90조	초·중등교육법 시행령 제76조의 2 제90조	초·중등교육법 시행령 제76조의 2 제90조	초·중등교육법 시행령 제76조의 2 제90조
	현황	1,317개교	18개교 (2011년 19개교)	외고(33개교) 국제고(4개교)	40개교 (예술 25 / 체육 15)	21개교
학생 선발	모집 단위	지역 / 광역 단위	광역 단위	광역 단위	전국 단위	전국 단위
	입학 전형	평준화 : 추첨·배정 비평준화 : 내신+선발 고사	자기주도학습 전형+과학 창의성 전형	자기주도학습 전형으로 선발	내신, 면접, 실기 등	내신, 면접, 실기 등
	사회적 배려 대상자	-	자기주도학습 전형의 20%	20% (사립학교는 연차적으로 확대)	-	-
교육과정 (2009 개정 교육과정 기준)		필수 이수 단위 116단위 이수	필수 이수 단위 72단위 이수 전문 교과 80단위 이상	필수 이수 단위 72단위 이수 전문 교과 80단위 이상	필수 이수 단위 72단위 이수 전문 교과 80단위 이상	필수 이수 단위 72단위 이수 전문 교과 80단위 이상 (학교별 교육 과정을 자율 운영 하도록 검토 중)

구분		특성화고		자율고	
		특성(직업)	체험(대안)	자율형 사립고	자율형 공립고
개요	목적	소질과 적성 및 능력이 유사한 학생을 대상으로 특정 분야 인재 양성	자연 현장 실습 등 체험 위주 교육	학교별 다양한 교육 실시, 사립학교의 자율성 확보	교육과정, 학사 운영의 자율성 제고 및 전인교육 구현
	법적 근거	초·중등교육법 시행령 제76조의 2 제91조	초·중등교육법 시행령 제76조의 2 제91조	초·중등교육법 시행령 제61조 초·중등교육법 시행령 제76조의 2 제91조의 3	초·중등교육법 시행령 제61조 초·중등교육법 시행령 제76조의 2 제91조의 4
	현황	670개교	23개교	46개교	44개교
학생 선발	모집 단위	광역 / 전국 단위	광역 / 전국 단위	광역 단위	광역 단위
	입학 전형	내신, 면접, 실기 등	내신, 면접, 실기 등	평준화 : 교육감 결정 (내신, 면접+추첨) 비평준화 : 자기주도 학습 전형(필기 고사 금지)	평준화 : 선지원 후추첨 비평준화 : 학교 자율 (필기 고사 금지)
	사회적 배려 대상자	-	-	모집 정원의 20%	-
교육과정 (2009 개정 교육과정 기준)		필수 이수 단위 72단위 이수 전문 교과 80단위 이상	필수 이수 단위 72단위 이수 (시·도 지침으로 조정 가능)	필수 이수 단위 58단위 이상 이수 교과별 이수 단위 준수 의무 없음	필수 이수 단위 72단위 이상 이수 교과별 이수 단위의 50% 증감 운영

 *tip*

학생들이 의사 결정 비교표 작성을 어려워하는 편입니다. 작성 방법을 되풀이해 설명해 주세요. 그래도 학생들이 잘 이해하지 못한다면 옷이나 휴대전화를 구입하는 경우처럼 쉬운 예를 들어 설명해 주는 것이 좋습니다. 또한 학생들이 의사 결정 비교표를 작성할 때 교사는 교실을 다니면서 어려워하는 학생들이 보이면 개별 지도를 해 주세요.

 talk

〈2010년 진로 교육 자료(중학교용)〉〈2009 개정 교육과정 창의적 체험 활동 진로 활동 지도 자료〉는 서울시교육청에서 개발한 진로 교육 자료로서 진로 교육의 주요 내용인 자기 이해, 직업 세계 이해, 의사 결정, 진로 체험, 계획 및 실천 등을 주제로 한 다양한 활동지를 제시하고 있습니다.
'서울진로진학정보센터(www.jinhak.or.kr) 〉 진로 정보 〉 진로 자료실'에서 무료로 다운로드할 수 있으니 적극 활용해 주세요. 내용은 아래와 같습니다.

1. 나는 누구인가?
2. 직업 세계 속으로 go go
3. 고교, 대학으로 가는 길
4. 나만의 진로 계획 수립
5. 나만의 진로를 만들어 가자
6. 온몸으로 나의 진로를 느껴 보자

10월

진로 계획 및 실천

10월	주제	목표	활동 형태
1주	진로 로드맵 작성 및 발표하기	자신의 직업 목표와 관련하여 중장기 계획을 세워 보고, 여러 사람 앞에서 발표해 봄으로써 진로 목표 달성에 대한 실천 의지를 더욱 굳건히 한다.	개인
2주			개인
3주	책 속에 길이 있다	자신의 직업 목표와 관련한 책을 읽고 독서록을 작성해 봄으로써 직업 정보 수준을 높인다.	개인
4주	진로 포트폴리오	자신의 직업 목표와 관련한 체험 활동(캠프, 방과 후 활동), 봉사 활동, 자격증, 대회 등을 알아보고 1년 계획을 수립해 본다.	개인

지금까지 자신의 꿈을 이루기 위한 과정으로서 적성, 흥미, 가치관과 같은 자기 이해, 직업 세계 변화 및 진로 정보 탐색, 합리적 의사 결정 방법 등을 학습했습니다. 이번 시간부터는 진로 계획 및 실천을 주제로 학습하고자 합니다.

먼저 그동안 수집한 진로 정보를 바탕으로 중장기 계획을 세워 보는 진로 로드맵 작성 및 발표 시간을 가질 것입니다. 이 시간을 통해 학생들은 꿈은 하루아침에 이루어지는 것이 아니라 세부적인 계획 수립 및 꾸준한 실천을 통해 달성될 수 있다는 것을 몸으로 느낄 것입니다.

다음으로 자신의 직업 목표와 관련된 책을 찾아보고 그중 한 권을 선택하여 읽은 후 독서록을 작성해 봄으로써 희망 직업에 대한 정보 수준을 높이는 활동을 하게 됩니다. 이 활동은 앞으로 실시되는 '독서 이력제'와도 연계하여 활용할 수 있습니다.

끝으로 자신의 직업 목표와 관련한 체험 활동(캠프, 방과 후 활동 등), 봉사 활동, 자격증, 대회 등에 대한 자료를 수집하고, 이를 바탕으로 향후 1년 동안의 계획을 수립함으로써 진로에 대한 성취 의지를 다지고 나아가 입학사정관제에도 대비할 수 있도록 합니다.

1·2주. 진로 로드맵 작성 및 발표하기

● **목표**
  · 진로 로드맵 작성을 통해 자신의 꿈을 구체화한다.
  · 진로 로드맵을 작성하고 발표하면서 목표 달성에 대한 의지를 다진다.

● **준비물**
  활동지 '나의 꿈 실현을 위한 진로 로드맵' 184쪽
  희망 직업에 필요한 학력, 자격증 등 세부 정보는 각자 과제로 미리 찾아온다.

● **생각 열기**

진짜 꿈 vs 가짜 꿈

꿈에도 가짜 꿈이 있고 진짜 꿈이 있습니다. 가짜 꿈은 막연히 꿈만 꾸고 이를 실현시키기 위해 어떠한 행위나 시도도 하지 않는 사람의 것입니다. 하지만 진짜 꿈은 그 꿈을 현실화하기 위해 부단한 노력으로 행동하는 사람의 것을 말합니다. 같은 꿈을 꾼다고 하더라도 그 꿈이 지니는 가치와 결과에는 현격한 차이가 있는 것입니다. 가짜 꿈을 꾸는 사람들은 100억 원짜리 복권에 당첨이 되길 기대하거나, 갑자기 백마 탄 왕자가 나타나 자신을 데려가 줄 것이라고 믿으며 허송세월을 보냅니다. 반면 진짜 꿈을 꾸는 사람들은 주체적인 목표를 세우고 어떠한 장애물이 나타나도 뛰어넘어 그 목표에 기필코 도달하고야 맙니다. 학문의 측면에서 소망이란 굳건한 믿음이나 신념을 바탕에 두지 않고 단순히 바라는 것만 뜻합니다. 따라서 마음이 흔들리는 순간, 소망은 언제든 쉽게 변해 버립니다. 또한 조그만 장애물만 나타나도 그것을 이기지 못해 그대로 주저앉아 버리고 맙니다.

하지만 갈망은 다릅니다. 갈망은 간절히 원하는 마음에서 비롯된 것이므로 이것을 할 수 없으면 절대 안 된다는 강한 믿음이 지속적인 내면의 변화를 유도해 행동을 일으

키게 됩니다. 그러므로 목표(꿈)를 이루기 위해서는 단순한 소망이 아닌 갈망을 해야 합니다.

그럼, 여러분에게 묻겠습니다.

"여러분은 어떠한 꿈을 꾸고 있습니까? 그 꿈은 진짜입니까, 가짜입니까?"

《가슴 뛰는 열정을 부탁해》(윌리엄 장, 무한, 2009)

● **활동 내용**

① 진로 로드맵 작성의 중요성을 설명한다.

"오늘은 앞에서 결정한 자신의 진로 목표를 달성하기 위한 세부 계획표, 즉 로드맵을 작성해 보겠습니다. 올림픽에서 금메달을 딴 김연아 선수도 단 한 번에 그 꿈을 달성한 것이 아니라 초등학교 2학년 때 목표를 정하고 국내 주니어 선수권 우승, 세계 주니어 선수권 우승, 시니어 세계 선수권 우승을 거쳐 무려 거의 10년 만에 꿈에 그리던 금메달을 목에 걸 수 있었습니다. 따라서 꿈은 저절로 이루어지는 것이 아니라 세부 계획을 바탕으로 한 계단씩 오를 때 이룰 수 있다는 점을 가슴에 새기며 로드맵을 작성해 보도록 합시다. 수집한 진로 정보를 충분히 활용하고, 아직 최종 목표가 정해지지 않았더라도 현재 고려하고 있는 직업 중 하나를 택해 작성해 보세요."

② (20분 후) 몇 명의 발표를 듣고 적극 격려하고 장점을 찾아 칭찬해 준다.

③ 목표 달성에 대한 성취 의지를 다지면서 활동을 정리한다.

"지금 잠을 자러 가면 꿈을 꿀 수 있지만 공부를 하면 꿈을 이룰 수 있다는 말이 있지요? 같은 맥락에서 나무 위의 감이 먹고 싶다면 감나무 아래에서 입을 벌린 채 내 입으로 감이 떨어지기를 마냥 기다리는 것은 정말 어리석은 짓입니다. 감이 먹고 싶다면 감나무에 오르든가 높은 나뭇가지에 열려 있는 감을 딸 수 있는 도구를 만들어야 합니다. 끝으로 당부하고 싶은 것은 아무리 좋은 계획도 실천하지 않으면 소용이 없다는 것입니다. 이 로드맵을 꼭 실천하여 여러분 모두 꿈을 이루는 행복한 사람이 되기를 기원합니다."

● 활동

나의 꿈 실현을 위한 진로 로드맵 (향후 20년)

_____ 중학교 ____학년 ____반 ____번   이름_____

기간	( )세 (년)	( )세 (년)	( )세 (년)	( )세 (년)
목표(지위)				
해야 할 공부				
갖추어야 할 자격증 (또는 수상 경력)				
학생 또는 직업인으로서 활동 모습을 상상하여 구체적으로 적어 보세요				
로드맵을 만들고 난 후 나의 소감				

| 활동지 예시 |

활동1 나의 꿈 실현을 위한 로드맵(향후 20년) 만들기

( )중학교 ( )학년 ( )반 ( )번 이름: ○○○
직업 목표 : (국제기구 직원)

기간	(19)세 (2014년)	(24)세 (2019년)	(28)세 (2023년)	(30)세 (2025년)
목표(지위)	서울대학교 외교학과 입학	군 복무 후 석사학위 취득	하버드대 박사 학위 취득	JPO 시험 통과
해야 할 공부	학교 공부 및 논술공부	독서와 학교 커리큘럼에 맞는 공부	영어, GRE 시험, TOEFL, 사회 경험	TEPS 시험 제2 외국어 (중국어) (있으면 좋음: 스페인어)
갖추어야 할 자격증(또는 수상 경력)	다양한 학교 자격증	있으면 좋을 것: 외교학과에서의 관련 경험	GRE, TOEFL 점수 일정 점수 이상	TEPS 시험 HSK 시험
학생 또는 직업인으로서 활동 모습을 상상하여 구체적으로 적어 보세요	나는 미래에는 (23) 서울대학교를 다니기 위해 공부에 매달린 것 같다. 그리고 UN 총회의 등에 열심히 참가할 것 같다	미래에 군에 다녀온 후 JPO 시험에서를 위해 석사 학위 취득을 위해 공부를 계속할 것 같다	하버드대에 가기 위해 GRE와 텝 시험에 대비하면서 JPO통과를 위한 마지막 과정을 헤쳐나갈 것 같다.	꿈에 대한 열정들이 JPO 시험 통과를 위해 온 다 쏟아내어 보낸 것 같다.
로드맵을 만들고 난 후 나의 소감	막막하고 막연했던 나의 꿈이 분명하고 확실해지는 것을 느꼈다. 또한 이 로드맵을 만드는 그 자체로도 꿈에 대해 더 다가갈 수 있었다			

 **talk**

글로 쓴 목표의 위력

1953년 예일대학교의 한 연구팀이 그해 졸업반 학생들을 대상으로 분명한 삶의 목표를 글로 써서 가지고 있는 학생이 얼마나 되는지 조사했다. 그들 중 단 3퍼센트의 학생들만 글로 쓴 목표를 갖고 있었다.

20년이 지난 1973년, 이들을 대상으로 한 추적 조사가 실시되었다. 글로 쓴 목표를 가지고 있었던 3퍼센트의 사람들이 소유한 부는 나머지 97퍼센트의 사람들 모두의 재산을 합친 것보다 더 많다는 사실이 확인되었다.

하버드대학교의 연구 결과도 이와 유사했다. 80퍼센트의 학생들은 특별한 목표가 없었고, 15퍼센트는 단지 생각만으로 목표를 가지고 있었으며, 나머지 5퍼센트는 글로 적은 뚜렷한 목표를 가지고 있었다. 그 5퍼센트에 속하는 학생 각자가 이룬 성과를 보았더니 그들 스스로 정한 목표를 능가했을 뿐 아니라 그들이 이룬 것을 전체적으로 보았을 때 나머지 95퍼센트를 합친 것보다 더 큰 성과를 이룬 것으로 나타났다.

《아들아 머뭇거리기에는 인생이 너무 짧다》(강헌구, 한언, 2004)

3주. 책 속에 길이 있다

● 목표
 · 자신의 직업 목표와 관련된 책을 읽음으로써 직업 정보 수준을 높인다.
 · 자신의 직업 목표와 관련된 독서와 독서록 작성을 통해 실천 의지를 북돋운다.

● 준비물
 활동지 '진로 정보 독서록' 189쪽
 미리 직업 목표 하나를 선정하고 인터넷 검색으로 관련된 책을 3권 정도 찾아 그 중 1권을 준비해 오도록 한다.

● 생각 열기

명사들의 독서 이야기

본인의 성공 비결을 '독서'라고 주저 없이 말하는 오프라 윈프리는 "독서로 인생을 바꿨다"고 늘 이야기한다. 그렇다면 오프라 윈프리의 독서 습관은 무엇일까?
남들과는 조금 다른 특별한 청소년기를 보낸 그녀는 책 읽기를 통해 아픔을 이겨 내려고 하였다. 그녀는 책을 통해 희망을 얻으면서 점차 일주일에 한 권씩 의무적으로 독서를 했고, 그 책에 대한 보고서도 작성하였다. 그 시절 그녀는 도서관 카드와 매주 늘어 가는 보고서를 가장 큰 보물이라고 여겼다고 한다. 그녀는 자신이 쇼에 한 달에 한 권씩 책을 소개하는 '북클럽'을 진행했는데, "미국이 다시 책을 읽게 만들겠다"는 것이 그녀의 목표였다고 한다. 그녀는 책이 자신에게 희망을 주었듯이 다른 이들에게 새로운 인생을 비춰 주는 등불이 되길 소망한다고 한다.
독서의 효과를 좀 더 알아보자.
"심리학의 암"인 우울증 치료에 일대 혁신을 일으킨 '인지 요법'을 기분 장애 연구 전문가인 아론 베크 박사와 공동 개발한 데이비드 번즈 박사는 "감정의 감옥으로부터 자신을 해방하는 기술은 생각이 감정을 만든다는 사실을 기억하는 것"이라고 말하면서 기분 좋은 생각을 해야 기분 좋은 감정이 든다고 주장했다. 불쾌한 생각을 하면 할수록 사람의 감정도 부정적으로 변하고 이것이 우울증의 원인이라고 진단한 것이다. 그래서 번즈 박사는 우울한 생각에서 벗어나 자신의 감정을 긍정적으로 발달시키는 방법을 제안했고 그 방법을 《우울한 현대인에게 주는 번즈 박사의 충고》라는 책으로 펴냈다.

좋은 책이 잠깐 기분을 좋게 하긴 하겠지만 정말 우울증까지 치료할 수 있을까? 실제로 우울증 환자를 두 집단으로 나누어 한 집단에게 번즈 박사의 이 책을 읽게 했는데, 책을 읽은 환자들이 읽지 않은 환자들보다 우울증 증세가 호전됐으며 심지어 우울증이 사라진 일도 있다고 번즈 박사는 〈의학저널〉을 통해 발표했다. 심지어 번즈 박사는 이 책이 우울증 치료제 두 알을 먹는 것보다 더 효과가 있다고 주장하기도 했다.

'책 속에 길이 있다'는 말은 결코 헛된 말이 아닙니다. 책을 읽는 동안 우리의 뇌 속에 저장된 문화 유전자와 책 속의 유전자가 만나 불꽃을 일으킵니다. 책을 읽으면서 우리는 "그래! 이게 바로 내가 해 보고 싶은 일이야!" "세상에 나와 같은 생각을 가지고 있는 사람이 또 있다니!" 하고 눈이 번쩍 뜨이는 순간을 만납니다. 심장이 뛰고 전율이 느껴집니다. 책은 이렇게 자신이 무엇을 좋아하는지, 무엇을 하고 싶은지 생각조차 해 보지 않아 의욕이 없는 사람에게 꿈을 열어 주는 길잡이 역할을 합니다.

진로를 정하긴 했는데 그 분야가 정말 내 길인지, 그 분야에서 성공하려면 어떤 준비가 필요한지 궁금한 사람에겐 책이 구체적인 방법과 비전을 보여 줍니다. 자신이 끌리는 그 분야에서 성공한 사람들을 직접 만나서 물어보고 체험해 보는 것이 가장 좋겠지만, 그게 어디 쉽습니까? 하지만 걱정 없습니다. 직업적으로 성공을 거둔 사람들의 성공담을 담은 책들이 무수히 많으니까요. 그 책들을 읽으면 '아, 이 분야는 이런 일들을 하는구나'라는 구체적인 방법론과 함께, '그래! 나도 할 수 있겠다!'라는 의욕이 생깁니다. 혹은 '자세히 알고 보니 막연히 생각했던 거랑은 다르네. 나에게 더 잘 맞는 진로를 좀 더 찾아봐야겠어'라고 새로운 길을 열어 주기도 합니다. 성공적인 진로를 위해 시행착오를 줄이고 가장 손쉽고 빠르게 배울 수 있는 길, 그건 바로 책을 읽는 것입니다.

《오늘 읽은 책이 바로 네 미래다》(임성미, 북하우스, 2010)

● 활동 내용

① 진로 정보 독서의 중요성을 안내한다. 직업과 관련된 책을 학생들이 준비해 오도록 미리 과제를 준다. (사전 준비는 다음과 같다. 먼저 학생들이 각자 직업 목표를 하나씩 정하게 한다. 다음, 자신이 선택한 직업과 관련된 책을 학교 도서관 사이트, 공공 도서관 사이트, 도서 판매 사이트 등의 인터넷 검색을 통해 3권 정도 고르도록 한다. 최종적으로 1권을 택하여 구입하거나 대출해 오도록 한다.)

"진로에 대한 정보를 수집하는 방법 중 하나가 독서입니다. 진로 독서는 목표 설정 이전에 자료 수집을 위해서도 필요하지만 목표 설정 이후에도 좀 더 세부적인 관련 정보를 바탕으로 자신이 앞으로 목표를 달성하기 위해 어떻게 준비해야 할지에 대한 정보 수집 차원에서 매우 중요하다고 할 수 있습니다."

② 활동지를 배부하고 책을 읽으며 독서록을 작성하도록 한다.

"자, 지금부터 여러분이 준비한 책을 읽으며 나눠 준 활동지에 내용을 간단히 정리해 보기 바랍니다. 이때 너무 정리하는 데만 치중하지 말고 일단 충분히 읽고 중요한 부분에 밑줄을 그어 놓은 후 나중에 모아서 정리하기 바랍니다."

③ 독서교육지원시스템 사이트를 안내하며 활동을 마무리한다.

"독서교육지원시스템 http://www.reading.go.kr 은 학생이 책을 읽고 독후 활동을 온라인 관리 프로그램에 남기면 담당 교사가 이를 평가해 인증하는 시스템입니다. 학교 도서관 지원 시스템과도 연결돼 있습니다. 고입과 대입에 필요한 '독서 이력'을 위한 시스템으로 활용할 예정이며, 학생이 올린 독서 이력을 입학사정관이 전형 자료로 확인해 볼 수도 있다고 하니 적극 활용하기 바랍니다. 이번 활동이 여러분의 꿈을 달성하는 준비 과정으로서 관련 정보를 축적하고 이 정보를 바탕으로 여러분의 꿈을 향해 한 걸음씩 다가가는 계기가 되었기를 바랍니다."

● 활동

진로 정보 독서록

_____ 중학교 ___학년 ___반 ___번   이름_____

날짜	20 년 월 일
직업 목표	
관련 책 제목 (저자, 연도, 출판사)	1. 2. 3.
최종 선정한 책 이름	
선택한 이유	
오늘 읽은 쪽수	
새롭게 알게 된 내용	1. 2. 3. 4.
기억하고 싶은 문장들	1. 2. 3.
소감	

| 참고 자료 |

독서교육지원시스템

독서교육지원시스템www.reading.go.kr은 학생이 책을 읽고 독후 활동을 온라인 관리 프로그램에 남기면 담당 교사가 이를 평가해 인증하는 것이다. 학교 도서관 지원 시스템과도 연결돼 있다. 고입과 대입에 필요한 '독서 이력'을 위한 시스템으로 활용할 예정이며, 입학사정관은 학생이 올린 독서 이력을 전형 자료로서 확인해 볼 수도 있다.

 tip

- 본 활동은 학교 도서관을 활용하여 진행될 수도 있습니다. 학생들이 직접 도서관에서 자신의 꿈과 관련된 책을 찾아 읽으며 독서록 작성 활동을 합니다.
- 최종 직업 목표가 아직 정해지지 않았다고 해도 현재 고려하고 있는 직업 중 하나를 선택하여 작성하도록 해 주세요.
- 독서교육지원시스템을 안내하여 독서 기록을 입학 전형 자료로 활용할 수 있도록 안내해 주세요.

 talk

진로탐색체험반 CA 활동과 도서관 활용

필자는 동아리 활동 부서로서 '진로탐색체험반'을 운영하고 있습니다. 수업 시간에 활용하기 어렵지만 진로 교육 방법의 꽃이라고 할 수 있는 것이 진로 체험이지요. 학교마다 조금 다르기는 하지만 동아리 활동은 전일제로 많이 실시되기 때문에 현장을 견학하고 직업인의 강연을 들으며 관련 체험을 할 수 있는 충분한 시간을 확보할 수 있습니다. 체험 프로그램을 미처 준비하지 못했을 경우 근처 도서관을 활용하여 진로 독서록 작성 활동을 해 볼 수 있습니다. 도서관을 잘 이용하지 않는 학생들이 의외로 많은데, 이번 기회에 진로 독서록 작성과 함께 도서관 이용법까지 알려 준다면 더욱 유익한 시간이 될 수 있습니다.

4주. 진로 포트폴리오

● 목표
  · 자신의 직업 목표와 관련된 각종 자료를 수집함으로써 직업 정보 수준을 높인다.
  · 자신의 직업 목표와 관련하여 세부 계획을 수립함으로써 실천 의지를 북돋운다.

● 준비물
  참고 자료 1 '진로 포트폴리오' 195쪽
  참고 자료 2 '창의적 체험 활동 종합 지원 시스템 에듀팟' 196쪽
  활동지 '진로 포트폴리오 만들기' 197~198쪽
  학생들에게 미리 자신의 희망 직업과 관련하여 지금까지 경험한 활동(독서, 체험, 캠프, 수상 경력 등)과 앞으로 할 수 있는 것들에 대한 정보(독서, 체험, 관련 대회나 캠프 등)를 찾아 오도록 과제를 부여한다.

● 생각 열기

그 집에서는 언제나 나무껍질을 헤집고 이제 막 흘러내리기 시작하는 생송진과도 같은 나무 냄새가 난다. 한옥으로 새로 지어졌기 때문이다. 전주의 한옥마을에 위치해 있는 길갓집이라서 여느 한옥처럼 검은 기와를 떠받치고 있는 추녀의 선은 여인네들이 살짝 걷어 올린 치마폭처럼 아슬아슬하면서도 날렵하다. 그 추녀 아래로 '목우헌木遇軒'이라는 큼직한 편액이 하나 걸려 있다. 나무를 만나는, 그것도 오다가다 우연히 나무를 만나게 되는 집이라는 뜻이다. 나무 향기는 그 이름에서도 난다.
하지만 그게 전부는 아니다. 집을 빙 돌아 그늘지는 곳마다 은행나무 오동나무 대추나무 박달나무 적송 백송 느티나무 아카시나무 살구나무 등을 켜켜이 썰거나 토막 내어 말리고 있는 낯익은 정경에도 나무만의 냄새는 짙게 배어 있지만, 정작으로 좋은 향기는 집 안쪽으로부터 따로 뿜어져 나오기 때문이다. 편액 아래 전시장 한쪽에 막아 놓은 한 칸 넓이의 작업실, 향기의 진원지는 바로 그곳이다. 밖에서 눈을 치뜨고

들여다보면 기와를 미끄러져 떨어지는 밝은 햇살 때문에 안쪽으로 등을 구부린 한 사내의 실루엣이 희미하다.

사내의 건장한 뒷모습은 고집스러운 결의에 차 있는 듯 요동이 없다. 칼질이 끝없이 이어지고, 이따금 굳은 목을 푸느라 천천히 도리질을 해 볼 뿐……. 풍경은 이쯤에서 잠시 멈춰지는 것 같다. 깊이 잠들어 꿈꾸는 이들을 느닷없이 놀라게 해 깨우고 싶은 마음은 여간해서 들지 않는 것처럼, 방문객들은 작업실로 들어서는 그 짧은 순간을 망설이느라 차마 인기척을 내지 못하는 것이다. 더구나 무엇보다도 사내가 땀에 흠씬 젖어 있는 모습은, 많은 이들이 말하듯, 아름답다는 생각이 앞서기 마련이다.

이병천, 〈그 남자의 나무 향기〉, 《참 아름다운 당신》(도종환 외, 우리교육, 2009)

● **활동 내용**

① 진로 포트폴리오의 의미와 중요성을 설명해 준다.

"진로(커리어) 포트폴리오는 '진로 목표를 위해 진전을 보여 주는 성취물(업적)로서 장기적으로 학생이 관리한 수집물'을 의미하는 말입니다. 최근 입학사정관제 전형이 도입되면서 그 중요성이 매우 커지고 있습니다. 내신이나 수능과 같은 성적은 약간 부족하더라도 자신이 희망하는 직업이 뚜렷하여 관련 경력을 충분히 쌓을 경우 대학 입학에 유리하게 작용할 수 있습니다. 오늘은 자신의 희망 직업과 관련된 지금까지의 경력과 앞으로의 경력 관리 계획에 대해 알아봅시다."

② 활동지를 배부하고, 사례를 읽은 후 진로 포트폴리오를 작성해 본다.

"진로 포트폴리오는 모든 경험을 그저 많이 쌓는다고 좋은 것이 아니라 희망 직업을 설정하고 그와 관련된 내용을 선별하여 축적해 나갈 때 입학 전형에서 효과를 발휘할 수 있습니다. 아울러 활동지에 나와 있듯이 앞으로는 창의적 체험 활동 종합 지원 시스템인 에듀팟www.edupot.go.kr을 통해 여러분의 진로 포트폴리오가 보다 체계적으로 관리된다는 점도 알아 두고 적극적으로 활용하기 바랍니다. 그럼 지금부터 여러분이 지금까지 희망 직업과 관련하여 경험한 내용과 또 앞으로 시도할 활동 계획을 활동지에 적어 볼까요? 과제로 제시한 내용을 바탕으로 작성해 보세요."

③ 진로 포트폴리오를 발표하고 활동을 마무리한다.

"자, 그럼 몇 명 발표해 보도록 할까요? (몇 명의 발표를 듣고, 장점을 찾아 적극 칭찬해 준다.) 끝으로 한 가지 알려 주고 싶은 것은 대학 진학에서 진로 포트폴리오보다 더 중요한 것은 내신과 수능과 같은 학업 성적이라는 것입니다. 원하는 학교에 진학하는 데 성적이 다소 부족한 것을 진로 포트폴리오가 보완해 줄 수는 있지만 성적을 무시한 채 포트폴리오 마련에만 집중한다면 이것은 주객이 전도된 것임을 꼭 기억하세요."

- 본 활동은 에듀팟의 창의적 체험 활동 종합 지원 시스템과 연계하여 진행하므로, 시간이 있을 경우 이 시스템을 교실에서 시연하며 작성 요령을 안내해 주세요.
- '창의적 체험 활동'과 관련된 정보를 학생, 학부모, 교사에게 효율적으로 제공하기 위해 마련된 창의·인성 교육넷(www.crezone.net)을 안내해 주는 것도 좋습니다.

한국잡월드

다양한 직업을 체험해 볼 수 있는 국내 최초의 종합직업체험관 한국잡월드가 2012년 3월에 개관할 예정입니다. 경기 성남시 분당구 정자동에 들어서는 한국잡월드는 총 1,957억 원이 투입돼 8만m^2 부지에 지하 2층 지상 4층 연면적 3만 8,000m^2 규모로 지어지며, 민간이 아닌 정부가 직접 설립하는 종합직업체험관은 일본에 이어 두 번째라고 합니다. 한국잡월드는 직무 실습이나 역할극을 통해 항공기 조종사, 과학수사요원, 사회복지사 등 124개 직업을 체험할 수 있는 청소년 체험관과 어린이 체험관을 갖추게 됩니다. 또 전시물과 4D영상을 통해 직업의 가치를 생각해 볼 수 있는 직업 세계관, 놀이형 직업 심리 검사와 진로 상담을 할 수 있는 진로 설계관도 설치돼 총 4개관으로 구성된다고 합니다.

| 참고 자료 1 |

진로 포트폴리오

진로(커리어) 포트폴리오는 '진로 목표를 위해 진전을 보여 주는 성취물(업적)로서 장기적으로 학생이 관리한 수집물' 또는 '개인의 직업 능력을 가장 잘 표현할 수 있는 문서들이나 운반이 용이한 작품들을 모아 놓은 것'이다.

진로 포트폴리오에 담는 일반적인 내용

항목	구성 내용 (예)
생애 설계	진로 심리 검사 자료, 진로 계획서, 자기소개서, 학업 계획서, 진로 에세이, 일기장 등
성적 자료	성적표(학생부, 정기 고사 성적표, 모의고사 성적표), 성적 분석 자료 등
대회 참가	참가 신청서, 대회 사진, 참가 작품, 수상 목록, 상장, 대회 준비 자료 등
특별활동	봉사 활동, 체험 활동, 자치 활동, 계발 활동, 종교 활동, 단체 활동, 공연·행사 활동(팸플릿, 리플릿, 공연 안내지), 적응 활동(간부 수련회, 상담) 등
독서 이력	독서 목록, 독서 이력 기록장, 독후감, 도서 내용 요약, 독서 계획서 등
직업 체험	직업 체험 보고서, 인턴십·아르바이트 경력 기록장 등
대학 탐방	대학 탐방 보고서, 학과 탐방 보고서, 대학 프로그램·캠프 등 참가 자료 등
자격증·인증	자격증 목록, 자격증, 인증 목록, 인증서 등
교과 세부사항	방과 후 학습 수강 목록, 공모전 참가 목록, 교과 관련 현장 학습 목록 등
취미·특기	취미 활동, 특기 활동, 체육 활동(경기 관람 목록), 여가 활동(여행 목록, 견학 목록), 문화·예술 활동(영화 감상 목록, 공연 관람 목록) 등
추천서	추천서, 예비 추천서, 자기 추천서 등
학습 결과	학습 활동 자료(책, 공책, 과제물, 보고서, 활동지), 작품 등
사진·동영상	기록 사진, 작품 사진, 기록 동영상 등
네트워크	인간관계, 조직 관계 등
자료 수집	학습 자료, 진학 자료, 진로 자료 등

| 참고 자료 2 |

창의적 체험 활동 종합 지원 시스템 에듀팟 www.edupot.go.kr

에듀팟은 학생이 언제 어디서든지 로그인하여 학교 내·외에서 교과 이외의 활동을 스스로 기록 관리하여 의미 있고 소중한 학교생활 포트폴리오를 만들어 나가는 공간이다. 학교생활기록부는 교사가 직접 학생의 교과 학습 내용 중심의 학교생활 결과를 작성하지만, 에듀팟은 학생 스스로 작성하고, 선생님이 승인·보완하는 과정으로 이루어진다.

	주요 내용
자기소개서	자기 자신에 대한 총체적 기록으로 자신의 꿈을 이루기 위해 가장 먼저 기록해야 하는 부분이 자기소개서이다. 자기소개서 작성을 통해 학생 스스로 자신에 대해 성찰할 수 있는 시간을 가질 수 있다.
자율 활동	학생들이 자발적으로 참여하는 활동으로서 다양한 의견을 서로 존중하고 자신이 속해 있는 단체에 대한 소속감을 갖고 공동체 의식을 드높여 바람직하고 창의적인 방향으로 이끌어 나가도록 도와주는 활동이다.
동아리 활동	서로 같은 취미나 특기·적성을 가진 학생들이 모여 자신의 소질과 적성을 창의적으로 계발하고 발전시킴으로써 자아실현의 기초를 형성하고, 사회성과 협동심을 기르고 다양한 자기 표현 능력을 신장시키는 집단 활동이다. 크게 학술 활동, 문화 예술 활동, 스포츠 활동, 실습 노작 활동, 청소년 단체 활동 등으로 구분된다.
봉사 활동	학교가 자체적으로 계획을 세우거나 학생들의 자발적인 의도에서 도움을 필요로 하는 특정한 기관이나 개인을 대상으로 수시 또는 정기적으로 봉사함으로써 책임과 역할을 분담하고 배려할 줄 아는 성숙된 인격을 함양하는 활동을 말한다.
진로 활동	개인이 자신의 특성, 소질과 적성, 능력 등을 이해하고 이를 바탕으로 자신의 정체성을 확립함으로써 진로를 계획하고 준비하며, 적절한 시기에 진로를 탐색·선택할 수 있도록 도와주는 모든 활동을 말한다.
방과 후 학교 활동	방과 후 학교는 수요자(학생, 학부모) 중심으로 운영하는 정규 교육과정 이외의 학교교육 활동이다.
포트폴리오 관리	학생이 기록한 각 영역별 활동 내용 중 원하는 영역의 활동을 선택하여 나만의 포트폴리오를 생성할 수 있다.
진로 심리 검사	학생은 에듀팟을 통해 커리어넷의 직업 적성 검사, 직업 흥미 검사, 직업 가치관 검사, 진로성숙도 검사와 검사 결과를 조회할 수 있다.

● 활동
진로 포트폴리오 만들기

1. 앞에서 제시한 창의적 체험 활동의 내용을 잘 읽고 현재 자신의 꿈과 관련하여 지금까지 활동한 내용을 영역별로 정리해 보세요.

직업 목표 (　　　　　　)

영역		내용
자기소개서		
자율 활동		
동아리 활동		
봉사 활동		
진로 활동	진로 상담	
	진로 체험	
방과 후 활동		
독서 활동		

2. 현재 자신의 꿈과 관련하여 앞으로 어떤 활동을 할 수 있을지 영역별로 계획을 수립해 보세요.

직업 목표 (　　　　　)

영역		내용
자기소개서		
자율 활동		
동아리 활동		
봉사 활동		
진로 활동	진로 상담	
	진로 체험	
방과 후 활동		
독서 활동		

 talk

새싹기업 육성 지원 사업에 선발되다

지난 4월 중소기업청에서 주관하는 '2011년 새싹기업 육성 지원 사업'에 학교 대표로 출전했습니다. 친구 네 명과 함께 중소 상인들을 돕는 사업 아이템으로 지원해 5월에 1차로 선발이 된 것입니다. 그 뒤로 저와 저희 팀은 창조라는 뜻을 담아 '씨투소프트C2soft'라는 이름으로 회사를 설립하기 위해 매일 야자 시간마다 모여 아이디어 회의를 하고 프로그램을 개발하기 시작했습니다.

하지만 고등학생이 회사를 설립하는 데는 많은 어려움이 있었습니다. 먼저 금전적인 어려움이 가장 컸습니다. 학교에서 교내 창업 동아리에 지원해 주는 창업 지원금 신청이 끝난 이후 팀이 구성돼 창업 지원을 받지 못했고, 그러다 보니 자금을 확보하지 못해 시제품 프로그램 개발에 필요한 장비를 구입하기 어려웠습니다. 여러 회사에 지원을 요청하기도 했으나 번번이 거절당했습니다. 그래서 대회에서 수상을 해 신뢰를 얻고자 제8회 특성화고교생 사장 되기 창업 대회 'Be The CEOs'에 출전했고, 이 대회에서 금상을 수상했습니다. 뭐 그렇지만, 그다지 상황은 달라지지 않았습니다. 그렇게 지연되고 있던 이후 저희 팀은 '2011년 새싹기업 육성 지원 사업' 대상 45개 팀에 최종 선발돼 실제로 창업 지원금 약 500만 원을 받기로 확정이 됐습니다. 그 뒤로는 창업 지원금을 바탕으로 프로그램 개발에 힘쓰고 있습니다. 또 현재 법인설립도 진행 중입니다. 아직 개발이 완료되지 않아 정확하게 밝히기는 어렵지만 중소 상인들을 위한 제품을 개발해서 앞으로 중소 상인들에게 도움을 주고 싶다는 꿈을 가지고 키워 나가고 있습니다.

행복해지고 싶습니다

저는 이런 활동을 계속하면서 공부를 하고 있는 다른 친구들을 봅니다. 그러면서 드는 생각은 '이러다 사회의 낙오자가 되는 것은 아닌지' '나중에 후회하지 않을지' 하는 불안감이 문득문득 찾아옵니다. 정말로 이런 활동만 하다가 '학벌 사회'라는 이 대한민국에서 정말 중요한 '좋은 대학'에 진학할 수 없을지도 모릅니다. 그렇지만 저는 이런 활동을 계속하고 싶습니다. 수능을 위한, 입시를 위한 공부가 아니라 진정으로 하고 싶은 공부를 하고 싶기 때문입니다.

앞으로 많은 어려움이 있을지도 모릅니다. 하지만 저는 꿈을 이루고 행복해지고 싶습니다. 입시에 연연하지 않으면서, 스스로 하고 싶은 일을 꿈과 연관시키며 또 그런 상상들을 하면서 행복해지고 싶습니다. 그리고 앞으로 '내가 하고 싶은 것을 하면서도 행복할 수 있다는 것'을 모두에게 보여 주고 싶습니다.

계간 〈우리교육〉 2011년 가을호에서 발췌

11월

진로 장애물 뛰어넘기

11월	주제	목표	활동 형태
1주	진로 장애물, 누구에게나 있다	성공으로 가는 길에는 누구나 장애물이 있다. 장애물 극복 사례들을 알아본다.	개인
2주	역할극 해 보기	조를 편성하고 진로 장애물에 대한 각자의 얘기를 나눈다. 그중 하나를 선택하여 장애물 종류와 극복 방법을 내용으로 역할극 대본을 쓰고(1차시), 다음 시간에 역할극을 조별로 시연한다(2차시).	조별
3주			
4주	나의 진로 장애물 극복하기	자신의 현재 진로 장애물, 앞으로 예상되는 장애물 및 극복 방법에 대해 적어 보고 발표한다.	개인

청소년들이 갖고 있는 진로에 대한 잘못된 행동 중의 하나가 "난 공부를 못해서 잘되기는 틀렸어.", "우리 집은 가난하기 때문에 성공하기 어려워.", "우리 부모님께서 내 꿈을 반대하시는데 어떡하지?", "나는 잘하는 게 도무지 없어." 등의 핑계와 변명을 내세워 자신의 꿈을 너무나 쉽게 포기하고 좌절하는 것입니다.

하지만 성공한 사람 누구도 아무 장애물 없이 탄탄대로를 달려 자신의 꿈을 이룬 사람은 없습니다. 아무리 경제적 어려움, 부모님의 반대, 능력의 부족, 낮은 성적 등 그 어떤 것이 자신의 꿈을 가로막아도 스스로 포기하고 좌절하지 않는 이상 자신의 꿈을 이루기 위해 넘지 못할 장애물은 없지요. 어쩌면 진짜 장애물은 가난, 성적 부진, 부모님의 반대, 능력 부족 등이 아니라 그러한 장애물을 핑계로 주저앉아 버리는 자신의 나약한 마음이 아닐까요?

이번 달에는 진로 장애물 뛰어넘기를 주제로 첫 시간에는 유명인의 사례를 중심으로 성공한 사람에게도 모두 장애물이 있었다는 것을 일깨우고, 두 번째, 세 번째 시간을 통해서는 우리 청소년들이 가지고 있는 진로 장애물을 역할극으로 꾸며 볼 것이며, 마지막 시간에는 자신의 현재 진로 장애물, 앞으로 예상되는 장애물 및 극복 방법에 대해 알아보고자 합니다.

1주. 진로 장애물, 누구에게나 있다

● 목표
  · 유명인들의 진로 장애물 극복 사례를 통해 진로 장애물의 종류와 극복 방법을 알아본다.
  · 진로 장애물에 대한 극복 의지를 다진다.

● 준비물
  활동지 1 '장애물, 성공을 위한 디딤돌' 206쪽
  활동지 2 '누구에게나 진로 장애물은 있다' 207쪽
  동영상 MBC 〈황금어장〉 "신지애 편"(2009. 4. 8), 동영상 시청이 가능한 컴퓨터, 유명인의 장애물 극복 사례를 조사해 오도록 미리 과제를 제시한다.

● 생각 열기

글로벌 리더들의 성공 비결

한 방송사에서 대한민국을 넘어서 세계를 무대로 뛰어난 성과를 거둔 사람들의 성공 비결을 다룬 프로그램을 '글로벌 리더들의 성공 노트'라는 이름으로 방영했다.

〈도전은 청춘의 특권이다〉
내로라하는 세계의 경쟁자들 사이에서 성공을 위해 자신을 채찍질해야 하는 이들에게 청춘은 아마도 고통이 아니었을까. 그러나 대한민국 글로벌 리더들은 고통 대신 즐거움이라는 단어를 선택했다. 간절한 꿈이 있고, 도전한다면 실패해도 아름다운 것이 젊음일 것이다. 꿈을 향한 열정 하나로 실패도 과감히 받아들이며 도전을 멈추지 않았던 그들은 이렇게 말한다.

"즐기면서 하자는 생각을 많이 하는 거 같아요. 훈련할 때는 열심히 최선을 다하되 시합에서는 즐기면서 하자라는 생각을 많이 해요"

_ 박태환(마린보이 박태환의 위대한 도전)

〈가지 않은 길에서 답을 얻다〉
새로운 길을 개척해 낸 그들이 얻을 수 있는 성공의 지혜는 용기였다. 글로벌 리더들의 성공 노트에서 최초 공개된 이들의 비하인드 스토리와 긴박한 민간 외교 현장의 정보들은 국제사회로의 진출을 꿈꾸는 한국인들에게 전해지길 바라는 글로벌 멘토들의 희망이기도 했다. 낯선 땅 오지에서 한국인 특유의 강인함과 의지로 이뤄 낸 글로벌 리더들의 성공담은 이렇다.

"어렸을 때부터 호기심과 모험심이 많았습니다. 그래서 도전을 생각하면 호기심과 모험심이 앞섰어요."

_ 최영진(한국인 최초 UN 대표)

"하나를 열심히 하다 보면 또 다른 것이 저절로 따라올 수도 있고 다른 걸 할 수 있는 여력도 생기고, 한 가지 일에 열심히 매진했기 때문에 오늘날 (성공)하지 않았나, 이런 생각이 듭니다."

_ 승은호(밀림의 개척자 코린도 회장)

〈시련은 성공의 자산이다〉
마지막으로 글로벌 리더들의 성공 노트는 한 가지 일에서 대성한 사람들에게서만 만날 수 있는 시련이라는 성공 자산이다. 인생에서 결코 예측할 수 없는 불의의 사고와 바꿀 수 없는 운명마저 극복한 한국인이라는 DNA. 한국인이었기에 모든 것이 가능했다는 글로벌 리더들의 성공 노트들은 아래와 같다.

"모든 삶에서 포기하지 마라. 자기가 좀 안 된다고 포기하고, 자기가 좀 어렵다고 포기하고 이래서는 절대 자기가 원하는 목표로 가지 못합니다. 이겨 내야지만 막바지에 가서 목표를 달성할 수 있습니다."

_ 최경주(필드의 개척자)

● 활동 내용

① 꿈의 실현과 진로 장애물의 의미와 종류에 대해 설명해 준다.

"지금까지 자신의 적성과 흥미를 바탕으로 한 자신의 특성을 이해하고, 관심 있는 직업 정보를 찾아보는 방법을 배웠으며, 그 두 가지를 바탕으로 합리적인 의사 결정을 하는 방법을 배웠습니다. 이번 시간에는 진로 장애물에 대해 살펴보는 시간을 갖고자 합니다. 진로 장애물이란 말 그대로 '자신의 꿈을 실현하는 데 방해가 되는 것'을 의미합니다. 그럼 진로 장애물에는 무엇이 있을까요? (학생들이 돈이요, 얼굴이요, 공부요." 등이라고 답한다.) 맞습니다. 경제적인 어려움, 부진한 성적, 부모님의 반대, 적성의 부족, 신체적인 약점 등이 있지요. 그렇다면 성공한 사람들에게는 그러한 진로 장애물이 없었기 때문에 성공의 길을 걸을 수 있었던 것일까요? 그렇지 않습니다. 그래서 이번 시간에는 유명인들의 진로 장애물 극복 사례에 대해 살펴보도록 하겠습니다."

② 활동지를 배부하고 관련 동영상(〈황금어장〉 "신지애 편")을 시청한 후 소감을 적어 본다.

"자, 그럼 지금부터 동영상을 하나 보도록 할게요. 올해 우리나라 최초로 골프 세계 1위에 오른 선수, 2009년 기준 상금 50억 등 21살의 나이에 당당히 골프 퀸의 자리에 오른 신지애 선수가 오늘의 주인공입니다. 함께 볼까요?"

③ 몇 명에게 소감을 발표하도록 하고, 신지애 선수에게 '가난'과 '돌아가신 어머니'가 어떤 의미였을지 생각해 본다.

"자, 신지애 선수에게 진로 장애물 두 가지는 무엇이었나요? 경제적 어려움과 갑자기 교통사고로 돌아가신 어머니셨지요? 그럼 이번에는 여러분의 소감을 함께 나누어 볼까요? (한두 명의 발표를 듣는다.) 신지애 선수에게 경제적 어려움은 그저 진로 장애물에 불과했나요? 그렇지 않습니다. 여러분은 동영상에서 신지애 선수가 "어머니가 돌아가시기 전에 잘못 쳤을 때는 '다음에 잘하면 되지 뭐'였지만 그 이후에는 '한 번의 실수 때문에 평생을 후회할 수도 있다'는 절박한 마음으로 쳤다"는 장면이 기억날 것입니다. 또한 오초아 선수가 신지애 선수의 나이답지 않은 대범함은 바로 일찍 어머니를 여읜 어려움을 잘 극복

했기 때문이라고 말하는 장면도 있었죠? 맞습니다. 신지애 선수에게 가난과 돌아가신 어머니는 진로 장애물이 아니었습니다. 오히려 일찍 어머니를 여의고, 극도로 가난했기 때문에 더욱더 골프에 매진할 수 있었고 그것이 오늘날의 골프 퀸 신지애 선수를 만들었다고도 볼 수 있습니다."

> 신지애는 불의의 교통사고로 어머니를 잃은 사연을 털어놨다. 그로 인해 큰 부상을 입은 동생들은 병원 신세를 지게 됐고, 신지애 역시 자연스럽게 병원 생활을 하게 된 것. 신지애는 명예와 돈 사이에서 고민을 많이 했다며 입을 열었다. 한마디로 가족 형편 때문에 프로로 전향했다는 것이었다. 그녀는 "그해 우리 집에 1700만 원이 있었다"며 병원비를 비롯한 생활비를 지출한 뒤 600만 원이 남았다고 당시 경제난을 설명했다. 동계 훈련을 위해 해외로 가야 하는 차에 큰 위기에 봉착한 것이다. 결국 비용이 싼 필리핀을 찾았다. 신지애는 "두 달 가까이 있었는데, 나는 그 사이에 아시아 투어에 나가 절박한 마음으로 경기에 집중하여 우승을 하게 됐다"고 말했다. 당시 상금은 1600만 원. 신지애 선수는 한 번의 실수 때문에 평생을 후회할 수도 있다는 절박한 마음으로 쳤다고 한다.

④ 유명인의 장애물과 극복 사례를 발표한다.

"(몇 명의 발표를 듣는다.) 여러분은 친구들의 발표를 통해 유명인의 성공이 하루아침에 별 노력 없이 저절로 주어진 것이 아님을 알 수 있었을 거예요. 누구나 실패는 하지요. 성공하는 사람들이 다른 것은 그 실패를 딛고 오히려 더 힘을 내어 자신의 능력을 개발하고 의지를 굳게 다진다는 점이지요. 이 점을 여러분도 꼭 기억하고 자신에게 적용해 보세요."

⑤ 활동지 '누구에게나 진로 장애물은 있다'를 배부하고 진로 장애물 극복 의지를 다진다.

"지금 받은 활동지에는 유명인들의 진로 장애물 종류와 극복 방법에 대한 사례가 담겨 있습니다. 다 같이 읽어 볼까요? (잠시 후) 여러분이 갖고 있는 진로에 대한 잘못된 행동 중의 하나가 자신이 처한 상황에 대하여 여러 가지 핑계와 변명을 내세우며 자신의 꿈을 너무나 쉽게 포기하고 좌절한다는 것입니다. 하지만 어떤 성공한 사람도 아무 장애물 없이 탄탄대로를 달려 자신의 꿈을 이룬 사람은 없습니다. 아무리 경제적 어려움, 부모님의 반대, 능력 부족, 낮은 성적 등 그 어떤 것이 자신의 꿈을 가로막아도 스스로 포기하고 좌절하지 않는 이상 자신의 꿈을 이루기 위해 넘지 못할 장애물은 없지요. 어쩌면 진짜 장애물은 가난, 성적 부진, 부모님의 반대, 능력 부족 등이 아니라 그러한 장애물을 핑계로 주저앉아 버리는 자신의 나약한 마음이 아닐까요?"

● 활동 1
장애물, 성공을 위한 디딤돌

1. 신지애에 관한 동영상을 보고

주인공의 걸림돌	주인공의 디딤돌

2. 자신이 알고 있는 사람들의 장애물과 극복 사례를 적어 보세요. (과제물 참고)

● 활동 2

누구에게나 진로 장애물은 있다

1. 신체적 약점_수영 선수 박태환

박태환 선수는 키가 183cm로서 일반인에 비해서는 작지 않지만 수영 선수로서 세계적인 수영 선수인 마이클 펠프스나 이안 헤켓이 2m에 육박하는 것에 비해서는 단신이다. 박태환 선수는 자신의 신체적 약점을 빠른 스타트와 발차기 속도와 관계없이 팔의 스트로크 횟수를 마음대로 조절할 수 있는 능력을 치열한 노력 끝에 개발하여 극복할 수 있었다. 이 기술의 구사는 매우 어렵기 때문에 할 수 있는 선수가 세계에서 몇 안 되며, 2008년 호주 세계 선수권 대회 결승전에서 50m를 남겨 두고 대역전이 가능했던 것도 이 기술 덕분이라고 한다.

2. 부모님과의 갈등_가수 타블로

그룹 에픽하이의 리드싱어 타블로가 스탠포드대학 유학 시절 어느 날 갑자기 부모님께 가수가 되겠다고 선언하자 어려운 형편에서 유학을 시키고 있던 부모님은 일시적인 충동이나 비현실적인 목표라고 강하게 반대했다. 타블로는 부모님을 설득하기 위해 먼저 부모님이 원하는 것, 즉 모든 과목에서 A학점을 받기를 달성한 후 다시 가수의 길을 부모님께 간청했다. 그 열정에 감동한 부모님께서는 결국 가수의 길을 허락하셨고, 타블로는 가수로 데뷔하여 인기 가수로 성공하였다.

3. 재능 부족_가수 윤도현

YB의 리드싱어 윤도현은 고등학교 때 가수가 되기 위해 기타를 잘 치는 것이 필요하다고 판단하고 기타를 배우기 시작했다. 남들보다 늦게 기타를 배웠지만 윤도현은 누구보다 기타를 빨리 잘 치고 싶었다. 그래서 한겨울에 아랫목에 꼼짝하지 않고 앉아서 기타 연습을 했다. 그 당시의 난방 방식은 온돌로서 방 안 공기 전체가 데워지는 것이 아니라 아랫목만 바닥이 탈 정도로 뜨거워지는 식이었다. 결국 윤도현은 바닥이 뜨거운 줄도 모르고 기타 연습에 몰입한 나머지 엉덩이에 화상을 입었고 그 흉터가 지금까지 남아 있다고 한다. 지금도 윤도현은 수천 명이 있는 공연장에서 노래를 부르는 것은 떨리지 않지만 노래 연습을 소홀히 한 경우는 단 몇 명의 청중만 있어도 한없이 두렵다고 한다.

2·3주. 역할극 해 보기

● 목표
- 진로에 대한 고민을 나눔으로써 진로 고민은 누구에게나 있음을 나눈다.
- 진로 고민을 소재로 한 역할극 시연을 통해 진로 장애물 극복 의지를 다진다.

● 준비물
활동지 '진로 고민, 이렇게 풀 수 있다' 211쪽
역할극 대본을 위한 A4 용지(조별로 5장 정도)

● 생각 열기

그녀가 내놓는 건, 떡볶이든 순대든 오뎅이든 맛있지 않은 것이 없다. 언젠가 내가 오뎅 국물 속에 들어 있는 꽃게 몇 마리를 가리키며 아줌마는 오뎅 국물에 저런 것도 다 넣는 거냐고 묻자 그녀는 그랬다. 음식 맛이라는 게 대단한 비법에서 나오는 게 아니라고. 손님이 먹어 보고 맛있으려면 내 자식 먹는 음식 만든다, 생각하면 되는 거라고. 그러면 뭐 몸에 좋은 거 더 없을까, 맛있는 거 뭐 더 없을까, 자연히 궁리하게 되는 거라고.

"이 순대라는 게 그렇다네. 옛날엔 먹을 게 귀했잖아. 음식이 귀한 시절에는 버려지는 돼지 창자도 아까웠던 거야. 그래서 버려지는 돼지 창자를 어떻게 먹을 수 없을까 해서 만들어진 음식이 이 순대라잖아."

그녀의 말을 들으며 나는 그녀야말로 순대 같은 사람이라고 생각했다. 남들이 보기에는 버려진 돼지 창자처럼 보잘것없어 보이는 그녀의 삶. 그러나 그녀는 그 보잘것없는 돼지 창자 속에 기쁨과 희망과 온기를 집어넣어 그녀의 삶뿐만 아니라 타인의 삶도 풍성하게 해 주고 있다.

영업을 끝내고 돌아가는 그녀의 뒷모습을 바라보며 나는 들고 있는 비닐봉지를 더 꼭 쥐어 본다. 그녀가 내게 건네주고 간 이 일주일 치 행복이 시들시들해질 때면 그녀는 다시 또 우리에게로 돌아오리라. 말랑말랑한 떡볶이, 쫄깃쫄깃한 찹쌀 순대, 뜨끈뜨끈한 오뎅을 가득 담아 가지고 와서 또 한 잔 종이컵 그득 행복을 따라 주리라.

이명랑, 〈모두가 기다리는 사람, 우리 동네 떡볶이 아줌마〉, 《참 아름다운 당신》(도종환 외, 우리교육, 2009)

● **활동 내용**

1차시

① 활동지 배부 후 6명이 한 조를 편성하여 진로와 관련된 고민 및 해결 방법을 나누고 그 내용을 활동지에 정리한다.

"오늘은 여러분의 진로 고민을 역할 글을 통해 나눠 보도록 합시다. 먼저 6명이 한 조를 편성하고 진로에 대한 고민, 즉 직업, 학교, 학과 선택과 준비에 대한 갈등, 또는 부모님과의 의견 차이 등을 친구들과 함께 나눠 보세요. 그리고 그중에서 역할극을 할 수 있는 사례 하나를 정하고 그 문제에 대한 해결 방법을 친구들과 함께 생각해 본 뒤 고민과 해결 방법을 역할극 대본으로 정리해 보세요. 시간은 10분 정도로 꾸며 보세요."

② (30분 뒤) 다음 시간의 역할극 시연을 알리며 활동을 마무리한다.

"다음 시간에는 이번 시간에 여러분이 꾸민 역할극을 직접 친구들 앞에서 시연해 볼 것입니다. 혹시 이번 시간에 대본이 다 완성되지 않았다면 과제로 마무리해 주세요. 역할극의 성공 여부는 대본의 완벽한 암기, 필요한 소품 준비, 10분이라는 시간의 적절한 활용에 있으므로 집에서 리허설을 통해 충분히 연습해 오기 바랍니다. 상품도 준비되어 있으니 더욱 분발하세요."

2차시

① 역할극을 시연한다. (한 조에 10분 정도 공연을 하고, 시간이 부족하다면 다음 시간으로 연장하여 공연할 수 있다.)

"자, 오늘은 예고한 대로 여러분이 준비한 진로 고민과 해결 방법에 대한 역할극을 시연하는 날입니다. 그동안 숨겨 왔던 여러분의 끼를 마음껏 발휘해 보기 바랍니다. 한 조에 주어진 시간은 10분입니다. 아울러 여러분은 공연하지 않을 때는 관객이므로 다른 조의 공연을 조용한 가운데 관람해 주기 바랍니다."

② 역할극에 대해 교사와 학생들이 소감을 나누며 활동을 마무리한다.

"지금까지 여러분의 역할극을 보면서 아, 여러분이 진로에 대해 많이 고민하고 있구나, 또 여러분이 나름대로 자신의 고민에 대한 현명한 해결 방법을 알고 있구나 하는 생각에 선생님 마음이 참 흡족했습니다. 다만 직업이나 학과 선택을 하는 데 심리 검사가 모든 것을 해결해 준다거나, 전문가가 나의 진로 선택의 정답을 알고 있다거나 하는 것은 아니라는 점을 꼭 기억하기 바랍니다. 즉, 진로 선택에는 심리 검사와 함께 자신의 경험, 주변 사람들의 조언, 정확한 정보 탐색 등이 함께 고려되어야 하며, 전문가의 의견도 염두에 두되 최종 결정은 본인이 해야 함을 명심하세요. 그럼 여러분의 소감을 함께 나눠 볼까요? (몇 명의 소감을 듣는다.) 여러분이 오늘 시연한 역할극 내용을 그냥 흘려보내지 말고 실제 여러분의 진로 고민 해결에 적극 활용하기를 바라며, 이번 수업을 마치겠습니다."

 talk 1

청소년들에게 꿈을 이루기 위해서는 롤 모델이 필요합니다. 막연히 성공한 사람의 이야기보다는 자신의 목표와 일치한 직업을 가진 사람의 성공 스토리는 그만큼 더 영향력이 클 수 있지요. 다음 책들은 연예인, 외교관, 동시통역사 등의 롤 모델이 되어 줄 수 있는 유명인의 사례를 담고 있습니다. 한결같이 꿈을 향한 치열한 도전과 노력의 흔적들이므로 청소년들의 목표 달성을 위한 의지를 다지는 데 큰 역할을 할 수 있습니다.

· 《세상에 너를 소리쳐 – 꿈으로의 질주, 빅뱅 13,140일의 도전》(빅뱅, 김세아(정리), 쌤앤파커스, 2009)
· 《바보처럼 공부하고 천재처럼 꿈꿔라 – 반기문 유엔 사무총장이 세계의 청소년에게 전하는 꿈과 희망의 메시지》(신웅진, 명진출판사, 2007)
· 《14살 그때 꿈이 나를 움직였다 – 청소년을 위한 최정화 교수의 파워 멘토링》(최정화, 다산에듀, 2008)

● 활동

진로 고민, 이렇게 풀 수 있다

어떤 직업을 가질까? 어떤 학과를 전공할까? 어떤 학교에 진학할까? 나는 어떤 적성을 가졌을까? 등 자신의 진로에 대한 고민은 누구에게나 있습니다. 이러한 고민을 어떻게 해결할 수 있을지 친구들과 토론을 하여 역할극을 해 봅시다.

1. 우리 조의 구성원

2. 진로에 대한 고민을 자유롭게 각자 말해 볼까요?

3. 토론을 하여 역할극에 적합한 한 사람의 사례를 선정하세요.

   (1) 선정 이유

   (2) 자세한 내용

4. 위 사례에 대하여 각자 합리적 해결 방안을 말해 봅시다.

   (1)
   (2)
   (3)

5. 고민의 내용과 해결책을 역할극 대본으로 꾸며 봅시다.

   (1) 나오는 사람들 :

   (2) 준비물 :

   (3) 대본은 별지에 작성

| 참고 자료 |

역할극 대본 학생 작품

혜린이의 선택(3학년 2반 5조)

등장인물	혜린	지현	수진	엄마(혜린)	선생님	컴퓨터
배역	김혜린	서지현	이수진	김선애	김요한	한상화

(혜린, 지현, 수진이 이야기를 하고 있다.)

혜린 (웃으며 이야기하다가 멈추며) 그런데 너희 시험 잘 봤어?

지현 (갑자기 웃다 멈추며) 아니, 완전 망했어.

혜린 (수진이를 보며) 수진아, 너는 어때? 너는 공부 잘하니까, 잘 봤겠네?

수진 그럭저럭. 3학년이고 해서 좋은 고등학교 가려고 공부 좀 했어.

혜린, 지현 어디 학교 갈 건데?

수진 응, 외고에 가려고.

지현 아~ 정말? 공부를 아주 잘해야 가는 고등학교잖아. 그래서 수진이 네가 열심히 공부했구나.

수진 (수줍어하며) 응. 근데 지현아, 너는 어느 고등학교 갈 거야?

지현 나는 음악 쪽 전공하고 싶어서 예술 고등학교에 가려고. 엄마도 그쪽으로는 괜찮을 거라고 하셨어. 아참, 혜린아! 너는 어디 갈 거야?

혜린 (당황하며) 어? 나? 난……, 음……, 아직 못 정했는데…….

수진 (놀란 표정으로) 정말? 이제는 그런 것도 정해야 되지 않아?

혜린 그, 그런가?

지현 그래도 이젠 3학년인데, 한 번쯤 생각은 해 봐야지.

혜린 (고개를 끄덕인다.)

수진 아, 맞다, 혜린아. 오늘 나랑 지현이랑 학원에 일찍 가야 돼서 먼저 갈게. (둘이 손을 흔들며 밖으로 나간다.)

혜린 응, 잘 가~ (한숨을 쉬며) 휴우. 나도 집에 빨리 가야겠다. (다른 쪽으로 나간다.)

(장소가 혜린이네로 바뀐다.)

혜린 (문을 닫으며, 피곤한 표정으로) 엄마, 다녀왔습니다.
엄마 혜린아. 잘 갔다 왔니?
혜린 네.
엄마 오늘 무슨 공부했어?
혜린 (귀찮다는 듯이) 그냥, 영어랑, 수학이랑 국어 공부했어요.
엄마 그래그래. (걱정스러운 표정으로) 근데 표정이 왜 그래?
혜린 아, 그냥 피곤해서요. (갑자기) 근데 엄마는 무슨 고등학교 나왔어요?
엄마 그냥 인문계 고등학교 나왔지. 근데 왜?
혜린 친구들은 다 자기가 어떤 고등학교 갈 것인지 정해 놨더라고요.
엄마 너는 어떤 고등학교 가고 싶은데?
혜린 (망설이며) 그게……. 아직 안 정해서 잘 모르겠어요.
엄마 엄마는 네가 가고 싶은 고등학교면 다 찬성이야.
혜린 …….
엄마 혜린이는 피아노 치는 걸 좋아하잖아. 그쪽으로도 생각해 보면 어떠니?
혜린 (고개를 저으며) 좋아하긴 해도 그렇게 잘하는 편은 아니잖아요.
엄마 그러면 영어는 잘하니까, 그쪽은 어떠니?
혜린 (고개를 저으며) 그거는 별로 흥미가 없어요.
엄마 잘 생각해 봐. 네가 잘할 수 있고 흥미도 있고, 성격에도 맞는 것이 뭐가 있는지.
혜린 …….
엄마 그러면 선생님이나 친구들한테 물어봐. 인터넷도 좋고.
혜린 네. 내일 학교 가서 물어볼게요.

(다음 날. 장소가 학교 상담실로 바뀐다.)

혜린 (상담실 문을 두드린 후 들어간다.)
선생님 (혜린이를 보며) 혜린이구나? 그래, 무슨 일이니?
혜린 (한숨을 쉬며) 제가 어느 고등학교를 가야 할지 모르겠어요.
선생님 그건 당연히 네가 하고 싶고 잘하는 것에 맞춰 가야지.
혜린 피아노는 좋아하는데 잘 못하고 영어는 잘하는데 좋아하질 않아요. 어떡하죠?

선생님 (곰곰이 생각하며) 그래. 그럼 우리 같이 인터넷을 통해 알아볼까? (선생님이 컴퓨터 자판을 친다.)

컴퓨터 (스케치북을 든다.) 인터넷 진로 상담입니다.

선생님 (스케치북을 가리키며) 자 여기 진로 탐색 검사가 있으니까 한번 해 보렴.

혜린 (컴퓨터 쪽으로 다가간다.) 네.

혜린 (얼마 후, 선생님을 바라보며) 다 했어요.

컴퓨터 (스케치북에 쓰여 있는 것을 읽는다.) 컴퓨터, 상업 계열에 재능이 많음.

선생님 (스케치북을 보며 놀라며) 음, 혜린이는 컴퓨터 쪽에 재능이 많구나?

혜린 (놀란 표정으로 기뻐하며) 예! 컴퓨터를 좋아하지만 제게 그런 능력이 있는지는 몰랐어요.

선생님 (환하게 웃으며) 그래, 그럼 적성도 맞고 흥미도 있으니 넌 정보산업고등학교에 가면 어떻겠니?

혜린 (기뻐하며) 좋아요, 제 목표가 생겨서 정말 기뻐요. 감사합니다.

(선생님과 혜린이가 함께 웃으며 끝난다.)

 tip

역할극을 할 때 특히 좋은 아이디어가 나왔거나(진로에 대한 고민이 있을 때 상담실을 찾거나 사이버 상담을 한다 등), 연기가 아주 그럴듯할 때(특히 학생들은 공부 못하는 자녀에게 야단치는 엄마 역할을 정말 리얼하게 연기합니다) 적극 칭찬해 줍니다. 그리고 혹시 역할극 내용에서 수정해 주어야 할 내용이 있다면 바로잡아 주는 것이 필요합니다. 예를 들어 직업 선택으로 고민할 때 상담 전문가는 점쟁이처럼 하나의 직업을 콕 찍어 주는 것이 아니라 여러 개의 직업을 추천해 주는데 최종 결정은 반드시 당사자 자신이 해야 한다는 점을 강조해야 합니다. 또한 중학생의 경우라면 지금 당장 딱 하나의 직업 목표를 정하는 것보다 다양한 직업에 대한 관심을 가지고 그 직업들에 대한 정확한 정보를 찾으며 자신에게 얼마나 적합한지를 평가해 보는 것이 더 중요하다는 점을 인식시켜 주세요.

지난해 이 진로 수업에서 통해 기억에 남는 한 조가 있습니다. 조원의 진로 고민 해결 사례를 극화한 역할극의 내용은 이랬습니다. 한 학생이 성악에 뜻을 두었지만 가정 형편상 레슨비를 감당하기 어려웠습니다. 그렇지만 이 학생은 자신의 꿈을 포기하지 않고 교회 성가대에서 누구보다 열심히 활동을 한 결과 목사님의 눈에 띄었고 사연을 알게 된 목사님이 같은 교회에 다니는 한 음악과 교수님께 부탁을 드려 무료로 레슨을 받게 되었습니다. 연극의 말미에 이 학생은 멋들어지게 가스펠 한 곡을 학생들에게 선사했습니다. 수업 시간에 거의 시선을 모으지 않는 아이였고 당연히 이러한 재능이 있는지 반 학생들 누구도 몰랐습니다. 이 학생의 데뷔 무대는 학급 친구들의 우레와 같은 박수로 막을 내렸고 그 후 부터 학급 친구들에게나 교사인 나에게 그 학생은 어제의 무채색이 아니었습니다. 물론 그날의 성공적인 무대가 학생 자신에게도 두고두고 정말 뜻깊고 행복한 기억으로 남을 것입니다.

이 수업 역시 형편이 허락할 경우 상품을 준비하여 시상하면 더욱 멋진 마무리를 할 수 있습니다.

 talk 2

- 진로 장애물이란, 진로와 관련된 여러 경험들, 예를 들면 취업, 진학, 승진, 직업의 지속, 가사와 직장 생활의 병행, 직무 행동 등을 수행해 나가는 과정에서 개인의 진로 선택, 목표, 포부, 동기 등에 영향을 미치거나, 역할 행동을 방해하는 여러 부정적 요인이나 상황을 의미합니다.

- 진로 장애물에 대해서는 객관적인 상태보다 주관적 인식이 더 중요하다고 합니다. 진로 장애물의 객관적인 조건이나 상태도 중요하지만 그보다 개인의 인식이 중요한 문제라는 것입니다. 즉, 진로 장애물의 객관적인 심각성보다는 개인이 얼마나 심각하게 지각하느냐가 더 중요한 문제가 됩니다. 아무리 심각한 진로 장애물이라 하더라도 개인이 그렇게 생각하지 않는다면 당장의 진로 선택이나 진로 행동에 큰 영향을 미치지 못한다고 합니다.

4주. 나의 진로 장애물 극복하기

● **목표**
　· 자신의 현재 진로 장애물 및 미래에 예측되는 장애물과 극복 방법을 찾아본다.
　· 진로 장애물에 대한 극복 의지를 다진다.

● **준비물**
　활동지 1 '진로 장애물 뛰어넘기' 220쪽
　활동지 2 '장애물에 대처하는 자신에게 편지글 쓰기' 221쪽

● **생각 열기**

꿈이 있는 거북이, 개그맨 김병만

우정의 달인 홀로 김병만 선생, 방귀의 달인 보옹 김병만 선생, 발음의 달인 버벅 김병만 선생, 최면술의 달인 잠결 김병만 선생, 기억의 달인 아차 김병만 선생, 격파의 달인 골병 김병만 선생, 끝말잇기의 달인 꿍스 김병만 선생, 솔직함의 달인 뽀록 김병만 선생, 후각의 달인 축농 김병만 선생, 장수의 달인 지병 김병만 선생······.

위 내용은 한 코미디 프로그램에서 3년 11개월 동안 김병만이 연기한 260명의 달인 중 일부이다. 그는 방송에서 매주 새로운 분야의 달인으로 등장했다. 차력에 도전하는 것은 물론, 생마늘과 매운 고추를 단숨에 씹어 삼키거나 물속에서 라면을 먹는 등 몸을 사리지 않는 개그로 큰 웃음을 선사했다. 그의 피나는 노력에 시청자들은 때로는 웃음뿐 아니라 가슴 찡한 감동을 느끼기도 한다.

소수점 아래까지 소중한 158.7센티미터의 작은 키지만, 김병만은 개그를 위해서라면 보는 사람이 안쓰러울 정도로 몸을 아끼지 않는다. 그의 개그는 타고난 것이 아니라 끝없는 연습과 도전으로 탄생했다. 장면을 바꿔 가면서, 장소를 바꿔 가면서, 무대에서 체조 연습실로, 사무실에서도 연습 또 연습······. 김병만은 '달인'으로 인생 역전

을 한 지금까지도 엄청난 연습 벌레라고 한다.

지독히 어려운 집안 형편 속에서 자랐고, 개그맨이 되기까지 수많은 공채 시험에 떨어졌음에도 불구하고 그는 자신이 끝까지 한 길을 고집한 이유에 대해서 이렇게 말한다.

"형편이 어려웠지만 가진 것은 '꿈' 밖에 없었습니다. 개그맨의 꿈을 이루기 위해 무작정 서울로 상경했는데, 변변한 사글셋방 하나 얻을 처지가 안 됐습니다. 꼴에 자존심은 워낙 세서 주위 사람들에게 도와 달라는 말도 못했죠. 연기를 배워야겠다는 생각에 3개월의 단기 과정을 공부하고, 극단에 들어갔습니다. 몇 번의 개그맨 공채 시험에 낙방하고 너무 힘들어 꿈을 버릴까 생각했지만, 그럴 때마다 더 강하게 나를 이끄는 것은 '꿈' 이었습니다. 그것마저 내려놓는다면 정말 나에게는 아무것도 없을 것 같았으니까요."

또한 최근 한 방송사의 〈키스앤크라이〉 프로그램에서 많은 사람들을 울리고 감동을 줬는데, 발목 부상에도 불구하고 끝까지 해야겠다는 집념의 원천에 대해서는 이렇게 들려준다.

"시청자들은 김병만에게 기대하는 것이 있어요. 바로 땀 흘려 노력하는 모습이에요. 그런 나의 모습을 보면서 진심 어린 박수를 쳐 주는 것 같아요. 나는 지금 양쪽 발목이 다 부러진 상황이에요. 발목에 붕대를 감고 공중돌기나 발차기를 강행한 지 3년이 지났지만 수술은 꿈도 못 꾸는 상황이에요. 수술을 하려면 최소 3개월의 시간이 걸리는데, 그동안 무대에 서지 못하면 사람들에게 영원히 잊힐 것 같기도 하고. 미련하다고 할지도 모르겠어요. 그래도 무대에 설 수 있을 때 까지는 끊임없이 노력하는 모습 보여 드릴 거예요."

한 분야에서 누구에게도 뒤지지 않는 뛰어난 능력을 갖추고 있는 사람들을 우리는 '달인' 이라 부른다. 달인이 천재와 다른 점은 재능을 타고난 것이 아니라, 아주 오랫동안 열정을 가지고 꾸준히 노력했다는 점이다. 그래서인지 김병만의 땀이 묻은 진솔한 이야기는 그 어떤 명언이나 자기 계발서보다도 마음을 울린다. 어쩌면 김병만에게 가장 어울리는 수식어는 '연습의 달인' 일지도 모르겠다.

꿈이 있다면, 조금 힘들다고 피하지 말고 꾸준히 연습하라. 우리에게 불가능이란 없다. 지금 겪고 있는 작은 일 하나라도 소중히 여기고 포기하지 않는다면 언젠가는 행복한 달인이 되어 있을 테니까.

"주어진 패 자체보다 그 패를 어떻게 쓰느냐가 중요하죠"

유수연(35·YBM시사영어사) 씨는 국내 최다 수강생을 자랑하는 스타 영어 강사다. 한 달에 1500여 명이 그의 토익 강의를 듣는다. 온·오프 강의와 출판 등으로 연간 벌어 들이는 돈이 10억 원 정도. 조만간 공중파 라디오와 TV로도 진출한다니 수입은 계속 불어날 것으로 보인다. 유 씨의 최종 학력은 영국 애스톤대Aston University MBA. 2001년 귀국해 학원 강의를 시작하기 전 미국 하얏트 호텔에 근무한 경력도 있다.

그러나 지금의 그를 만든 건 외국의 명문대나 특급 호텔이 아니다. 스물세 살까지만 해도 자신이 인생의 낙오자라고 생각했고, 도망치듯 외국으로 떠나 살아남기 위해 영어를 익혔다. 1990년 대입에 실패하고 재수 끝에 경기도에 있는 강남대 경영학과에 입학했다. 데모도 하고 신문사 학생 기자도 하며 무난한 대학 시절을 보냈지만, 사회로 나가는 출구에 바짝 다가선 4학년이 되자 냉혹한 현실에 괴로워했다. 10대에 공부를 소홀히 한 대가는 '작은 무역 회사에 취직해 커피를 타고 복사나 하다 시집가는' 것으로 확실시되는 듯했다. 초라한 프로필을 대체할 방법은 외국에서 뭔가 이뤄 오는 것밖에 없다고 생각했다. 그렇게 작심한 지 꼭 한 달 만에 호주행 비행기에 올랐다. 호주를 선택한 특별한 이유가 있는 건 아니다. 그저 빨리 떠날 수 있는 곳이었다. 대학교 휴학 처리도 남은 가족이 했다.

"미련한 편이에요. 뭘 하나 해야겠다고 결심하면 그냥 밀어붙여요. 많은 정보를 모으거나, 결과가 어떻게 나올지 따져 보느라고 머뭇거리지 않아요. 이것저것 재고 따지는 사이에 용기는 사라지고, 떠나지 못할 이유만 많아지니까요."

그는 월화수목금토일조차 영어로 말할 줄 모르는 상태로 호주에 내려, 3개월 만에 영어 연수를 마치고 호주 대학에 편입했다. 어떻게 그게 가능했을까. 그는 자신의 영어를 '비디오와 수다로 배운 영어'라고 표현한다. 한국인을 포함한 아시아인이 대부분인 어학 연수 프로그램은 영어 실력을 늘리는 데 별 도움이 안 된다는 생각에 호주 대학생 여러 명을 랭귀지 파트너로 정해 매일 두 명씩 정기적으로 만났다. 외국인과 단 둘이 대화할 정도의 영어 실력이 안 되니 처음엔 한국 친구들과 동행해 통역을 시키기도 하고, 손짓 발짓을 동원하는 건 당연했다. 그는 사람 만나는 걸 즐기기보다 부담스러워하는 편이라 긴장을 많이 한다. 하지만 목마른 사람이 우물을 파야 한다고, 영어를 잘하기 위해 성격을 바꾼 것이다. 일부러 약속을 잡고 의무적으로 만났다. 적극성을 갖고 수다스러워지는 게 영어 실력을 키우는 데 효과적이라면, 그렇게 해야 했다.

〈신동아〉(2007. 11. 01. 통권 578호)

● 활동 내용

① 활동지 1을 배부하고 사례를 읽은 후 자신의 진로 장애물을 적어 보게 하고 몇 명의 발표를 듣는다.

"오늘은 자신의 진로 장애물과 그 극복 방법에 대한 보다 세부적인 고찰을 해 보도록 합시다. 제시된 사례는 가정 형편이 어려워 꿈을 포기해야 하는 기로에 선 친구의 고민 내용입니다. 이에 대해 학자금 융자 정보와 '재직자 특별 전형' 등 진로 장애물을 극복할 수 있는 방법을 안내합니다. 그렇다면 여러분 자신은 지금까지 어떤 장애물 극복 사례를 가지고 있나요? 아주 사소한 것이라도 좋습니다. 또한 현재는 어떤 장애물을 가지고 있으며, 또 앞으로 예상되는 장애물과 대처 방법에는 무엇이 있을까요?" (몇 명 발표 후 장점을 찾아 적극적으로 칭찬해 준다.)

② 활동지 2를 배부하고 장애물 극복과 관련하여 자신에게 보내는 편지를 적게 한 후 몇 명의 발표를 듣는다.

"자, 그럼 이번에는 장애물 극복과 관련하여 자신의 의지를 다지는 편지를 써 보도록 할까요? 이 글을 통해 현재 겪고 있는 장애물 극복에 대한 의지를 다질 수 있고 또 앞으로 장애물을 만나 마음이 약해질 때 그 글을 통해 힘을 얻을 수 있도록 글을 통해 자신에게 장애물 대처에 대한 자신감을 불어넣어 보세요."

③ 장애물에 대처하는 마음을 강조하며 활동을 마무리한다.

"지금까지 4시간 동안 진로와 관련된 장애물과 그 대처 방법에 대해 살펴보았습니다. 내용을 요약하면 누구에게나 장애물은 있다. 장애물은 생각하기에 따라서 오히려 자신을 더 강하게 만들고 더 적극적으로 능력을 개발할 수 있는 계기가 될 수도 있다. 어떤 장애물도 자신이 포기하지 않는 한 극복하지 못할 장애물은 없다고 할 수 있겠지요. 이번 달의 수업이 여러분이 현재의 진로 장애물을 당당히 뛰어넘고 또 앞으로 닥칠 장애물도 멋지게 극복하는 데 많은 도움이 되기를 바라며, 여러분 모두의 꿈이 꼭 이루어지기를 기원합니다."

● 활동 1

진로 장애물 뛰어넘기

"대학을 가서 꼭 이루고 싶은 일이 있는데 집안 사정이 좋지 않아 포기해야 할 것 같아요. 제 꿈을 이대로 포기해야 할까요?"

어려운 가정 형편임에도 불구하고 부모님께 비싸고 좋은 물건 사 달라고 조르는 친구들도 있는데, 집안 형편을 고려하여 꿈을 수정하려는 친구가 대견하네요. 쉽지 않겠지만 이 상황을 잘 받아들이고 지혜롭게 극복한다면 더 큰 사람이 될 수 있을 거예요.

우선 현실적으로는 자신이 할 수 있는 일을 찾아 대학 등록금을 마련하고 학교에 다니면서 아르바이트를 하거나 학자금 융자를 받아 학교를 마친 후 직업을 가진 후에 갚는 방법도 있어요. 이공계국가장학금 scholarship.kosef.re.kr, 정부보증학자금대출 www.student-loan.go.kr, 농촌출신대학생학자금융자지원 www.krf.or.kr 등을 활용하세요.

다음으로 이 고민을 부모님과 의논해 보세요. 부모님께서 도와주기 힘들다면 어쩔 수 없지만 일단 반드시 부모님과 상의하도록 하세요.

부모님의 도움을 받지 못하는 상황이라면 꿈을 포기하는 것이 아니라 조금 뒤로 미루는 방법도 있습니다. 대학 진학 방법 중 일단 취업을 하고 그 경력을 살려 대학에 갈 수 있는 '재직자 특별 전형'도 있습니다. 지금 당장 해야만 꿈이 이루어지는 것은 아닙니다. 정말 하고 싶은 일이 있다면 어떤 어려움도 견디고 노력해서 이루어야죠. 절대로 포기하지 마세요.

《선생님 진로 상담이 필요해요》(한국고용정보원, 2011) 자료 발췌 후 재구성

자신의 직업 목표를 적고 그것을 달성하는 데 현재 겪고 있거나 앞으로 겪을 수 있는 장애물(걸림돌)과 대처 전략(디딤돌)을 적어 보세요.

	자신의 직업 목표 ( )	
	장애물(걸림돌)	대처 전략(디딤돌)
과거의 경험		
현재의 장애물		
미래에 예상되는 장애물		

● 활동 2

장애물에 대처하는 자신에게 편지글 쓰기

장애물에 대처하는 마음과 장애물에 극복하기 위한 의지를 다지기 위해 자신에게 보내는 글을 편지글 형태로 적어 보자.

진로 장애물과 진로 성숙도의 관계

진로 장벽 지각은 진로 성숙도와 관련하여 방해 또는 촉진 두 가지 설이 공존합니다. Swanson과 Tokar(1991)는 "어떤 사람에게는 장벽의 지각이 진로 의사 결정 과정을 방해하지만 다른 사람에게는 보다 효과적으로 진로를 탐색하고 진로 의사 결정을 할 수 있는 촉매제로 기능할 가능성도 있으므로 진로 장벽 지각과 진로 결정이 단선적으로 관련되기보다는 그 사이를 매개하는 여러 변인들이 존재할 가능성이 있다"(손은령, 2001)고 합니다.

이 이야기를 학생들에게 적용하면 이러한 해석도 가능합니다. 진로 성숙도가 어느 정도 높은 학생의 경우는 진로 장애물을 지각하는 것이 진로 성숙도에 방해가 되므로 장애물에 대한 지각 정도를 낮춰 주는 것이 필요하지만 성숙도가 낮은 학생의 경우(예를 들어 공부도 부진하고 별다른 적성도 없어 보이는 학생에게 장래 계획을 물어보면 너무나 자신 있게 "저 나중에 사업해서 재벌될 거예요"라고 큰소리를 칩니다. 이것을 요즘 은어로 '근자감(근거 없는 자신감)'이라고도 하지요.)는 오히려 진로 장애물을 지각하게 해 주는 것이 진로 성숙을 도와주는 것일 수도 있다는 것이지요. 따라서 개인 상담을 하실 때에는 학생의 진로 성숙 정도에 따라 진로 장벽에 대한 지각을 낮춰 주어야 할지 높여 주어야 할지에 대한 전략이 달라짐을 기억하세요.

사이버 상담 자료에서 진로 고민 해결 방법 찾기

커리어넷 www.careernet.re.kr 사이트 진로 상담 코너의 상담 사례 메뉴에는 학생들의 다양한 진로 고민에 대한 모범적인 답변 사례를 찾을 수 있습니다. 초등, 중등, 고등, 대학생 등 대상별, 직업 정보, 학습, 부모-자녀 관계 등 주제별 검색이 가능하며, 키워드 검색도 가능합니다. 아래 사례는 가수가 되고 싶지만 부모님이 반대하는 고민에 대한 질문과 답변 사례입니다. 학생들의 진로 고민 상담 시 적극 활용해 보세요.

Q "안녕하세요. 제가 이제 중학교 2학년이 끝나 가고 3학년으로 올라가게 되는데요, 원래 꿈이 피아노 관련 직업이었어요. 그런데 예고 입시 준비 중에 아빠가 좀 많이 반대해서 피아노를 안 하고 있구요, 만약에 다시 한다 해도 지금은 너무 많이 늦었구요.
제가 좀 무대를 좋아하고 피아노 무대 설 때나 학교에서 무대 설 때나 주위 사람들이 저보고 많이 무대 체질이라고 하기도 하고 제가 무대에 올라서 재능을 뽐내는 것도 좋아해서 학교에서 무대란 무대는 하나도 안 빼먹고 다 했어요. 그리고 제가 춤도 좋아하고 노래 부르는 것도 좋아하고 가수가 되고 싶은데 요즘 TV에 나오는 가수들을 보고 나도 저렇게 되고 싶다는 생각만으로 이 직업을 결정한 게 아니에요. 제 주위에 연습생도 있구 그게 얼마나 힘든지 알면서도 정말 가수가 되고 싶어요."

A "가수가 되고 싶지만 고등학교 진학을 앞두고 구체적인 준비가 걱정이 되어 이렇게 상담을 청했군요. 그저 막연히 환상에 젖어 가수를 꿈꾸는 것이 아니라 학원도 알아보고, 주변의 연습생을 통해 정보도 수집하는 등 매우 신중한 자세가 돋보이네요. 특히 직업에 성공만을 생각하는 것이 아니라 자신의 적성을 무엇보다 중요하게 생각하는 자세는 정말 바람직합니다.

그런데 ○○님이 가수의 길을 준비하기 위해서는 부모님의 허락이 필요할 것 같습니다. 왜냐하면 가수 준비를 위한 시간 활용이나 비용에서 부모님의 절대적인 후원이 있어야 하기 때문이지요.

따라서 ○○님과 부모님의 생각 차이를 좁힐 수 있는 방법은 다음과 같습니다.

먼저 님이 생각하는 직업에 대한 정보를 최대한 수집하고(막연히 원하는 것이 아니라는 것을 알려 드리기 위해서지요. 이때 커리어넷의 학과 정보, 학교 정보, 직업사전을 최대한 활용하세요.) 그것을 자신에게 적용하여 신중한 판단을 한 후 그 결과에 대하여 부모님과 함께 대화를 나누어 보세요. 여기서 무조건 자신의 의견을 고집하는 것이 아니라 부모님의 의견을 충분히 수용하는 자세로 들어 드리는 것이 중요합니다.

다음으로 부모님의 의견을 최대한 긍정적으로 귀 기울여 보세요. 부모님은 세상에서 가장 사심 없이 ○○님을 사랑하시고 아끼시는 분들이랍니다. 또한 그분들은 님보다 세상을 좀 더 오래 사신 선배로서 현명한 조언을 해 주실 수 있는 경험과 지식이 있는 분들이랍니다. 여기서 부모님이 가수를 반대하신다면 왜 반대하시는지를 이해하려고 노력해 보기 바랍니다.

마지막으로 님이 이 과정에서 좀 더 학업에 전념하고 성실한 생활 태도를 보인다면 부모님은 좀 더 믿음을 가지고 ○○님의 의견을 고려하실 거예요. 님의 태도가 무조건적인 반항이나 치기 어린 행동이 아니라 보다 성숙하고 의젓한 태도로 보여질 테니까요.

참고로 에픽하이의 리드싱어 타블로의 경우 스탠포드 재학 시절 가수가 되겠다고 했을 때 부모님의 극심한 반대에 부딪혔고 이때 타블로는 자신의 뜻만 고집하기보다 먼저 부모님이 원하시는 전 과목 A+를 받은 후 허락을 받아 가수에 데뷔했다고 합니다.

그리고 중학교 시기는 자신에게 적합한 직업을 적극적이면서도 현실적으로 탐색해 나가야 하는 시기임에는 분명하지만 미래의 희망 직업을 단 하나의 직업으로 확정지어야 하는 시기는 아닙니다. 너무 조바심을 갖지 마세요. 앞으로 님의 직업에서 중요하게 여기는 가치관은 달라질 수 있고 그것에 따라 원하는 직업이 바뀔 수도 있습니다. 지금 관심을 갖고 있는 직업을 마음에 담아 두되 다른 직업에 대해서도 끊임없이 정보를 찾아보고 자신에게 적용해 보세요. 아울러 학업 성적이 우수할 때 자신이 선택할 수 있는 직업의 폭은 넓어지고 성적이라는 결과보다 자신에게 주어진 역할과 임무(학생으로서 공부해야 하는 것)를 성실히 수행하는 자세는 무엇보다 중요한 직업인으로서 갖춰야 할 기본이라는 점 잊지 마세요. 또한 만약 현재는 가수를 희망하지만 나중에 다른 직업으로 희망이 바뀔 수 있는데, 그때 성적이 부족해서 꿈을 포기해야 한다면 정말 안타까운 일일 테니까요. 그럼 답변이 도움이 되었기를 바라며, 현명한 판단과 꾸준한 실천을 기원합니다."

12월
진로에 날개를 달자! 학습 기술

12월	주제	목표	활동 형태
1주	시간 관리	효율적인 시간 관리를 위한 우선순위를 알아본다.	개인
2주	집중력 팍팍!	집중력 점검 및 집중력을 키울 수 있는 방법에 대해 알아본다.	개인
3주	핵심을 잡아라	핵심 파악 기술(CSQR3)에 대해 배운다.	개인
4주	나는 암기왕	암기법(chunk, chain 등)에 대해 배운다.	개인

진로 교육의 목적은 진로 발달을 촉진시키는 것이지만, 학생을 대상으로 한 학교 진로 교육의 궁극적인 목적은 진로 교육을 통해 진로 목표를 수립하고 공부의 필요성 또는 공부와 진로 선택의 밀접한 관계를 깨닫게 하여 학습 동기를 유발하는 것이며, 나아가 학교생활에 대한 적응력을 높이는 것이 될 것입니다.

진로 교육을 통해 학생들이 학습 동기를 가지게 되면, 다음에는 이런 도움을 청하곤 합니다. "진로 목표를 세우고 나니 공부를 잘하고 싶어요. 그런데 어떻게 하면 공부를 잘할 수 있어요?" 이에 따라 저는 학습 기술을 가르치는 것이 학교 진로 교육의 중요한 역할이라는 생각을 하게 되었고, 학습 기술(효율적인 학습 방법)을 전하게 되었습니다.

여기서는 학습 기술 중 핵심 내용이라고 할, 시간을 효율적으로 관리하는 방법, 집중력을 키우는 법, 핵심을 파악하는 법, 효과적으로 암기하는 법에 대해 알아보도록 하겠습니다.

1주. 시간 관리

● **목표**
- 우선순위에 따라 시간을 효율적으로 관리하는 법을 안다.
- 실제 생활에서 우선순위에 따라 시간을 효율적으로 활용할 수 있다.

● **준비물**
활동지 1 '바쁘다 바빠!' 228~229쪽
활동지 2 '중요하고 급한 것부터' '우선순위 그것이 중요하다' 230~232쪽

● **생각 열기**

- 승자는 시간을 관리하며 살고, 패자는 시간에 끌려 산다._J 하비스
- 그대의 하루하루를 그대의 마지막 날이라고 생각하라._호라티우스
- 시간과 정성을 들이지 않고 얻을 수 있는 결실은 없다._그라시안
- 오늘이라는 날은 두 번 다시 오지 않는다는 것을 잊지 말라._단테
- 시간을 최악으로 사용하는 사람들은 시간이 부족하다고 늘 불평하는데 일인자이다._라 브뤼메르
- 변명 중에서도 가장 어리석고 못난 변명은 "시간이 없어서"라는 변명이다._에디슨
- 사람은 금전을 시간보다 중히 여기지만, 그로 인해 잃어버린 시간은 금전으론 살 수 없다._유태 격언
- 오늘의 식사는 내일로 미루지 않으면서 오늘 할 일은 내일로 미루는 사람이 많다._C 힐티
- 내가 헛되이 보낸 오늘 하루는 어제 죽어 간 이들이 그토록 바라던 하루이다._소포클레스
- 세월은 누구에게나 공평하게 주어진 자본금이다. 이 자본을 잘 이용한 사람에겐 승리가 있다._아뷰난드

· 시간을 지배할 줄 아는 사람은 인생을 지배할 줄 아는 사람이다. _에센바흐

SK STORY 행복을 이야기합니다 http://blog.sk.com/67

● 활동 내용

① 활동지 1을 배부하고 아름이의 스케줄을 짜 보도록 한다.

"이번 시간에는 시간 관리 요령에 대해 배워 보겠습니다. 먼저 활동지에 나와 있는 아름이의 내일 예상되는 일과를 읽고 여러분이 아름이의 매니저가 되었다고 생각하고 아름이의 스케줄을 짜 볼까요? 먼저 왼쪽 표에 아름이가 내일 하고 싶거나 해야 할 일을 모두 적은 후 오른쪽 표에 시간표를 짜 보세요."

② 활동지 2를 배부하고 시간 관리 요령에 대해 설명한다.

"자, 여러분 아름이 시간표 짜는 것이 쉽지 않았죠? 아마 하고 싶거나 해야 할 일은 많은데 시간이 충분하지 않았을 거예요. 이럴 때에는 급한 정도와 중요한 정도에 따라 우선순위를 따져서 시간을 활용하는 것이 좋습니다." (활동지 내용에 따라 시간 활용법을 설명한다.)

③ 시간 활용 요령에 따라 아름이의 시간표를 다시 짜 보게 한다.

"그럼 지금까지 배운 시간 활용 요령에 따라 아름이의 시간표를 다시 한 번 짜 보세요."

④ 답을 확인하고 시간 활용법을 실천할 것을 강조하며 활동을 마무리한다.

"자, 그럼 정답을 맞춰 볼까요? (참고 자료에 따라 정답을 확인한다.) 지금까지 효율적인 시간 활용법에 대해 배워 보았습니다. 인간은 누구에게나 24시간이 주어지지만 활용하기에 따라 10시간이 될 수도 있고, 48시간이 될 수도 있습니다. 오늘 배운 것을 잘 기억하여 이제는 여러분 모두가 보다 효율적으로 시간을 활용하기 바랍니다."

● 활동 1

바쁘다 바빠!

다음 이야기를 읽고 자신이 아름이의 매니저라고 생각하고 너무나 바쁜 아름이의 내일 스케줄을 짜 봅시다.

> 아름이 이야기
>
> ## 결정의 순간
>
> 난 요즘 할 일이 너무 많아서 도대체 뭘 먼저 해야 할지 몰라 머리가 뒤죽박죽 되어 버리는 것 같다. 중학생이 되니 초등학교 때보다 학교 수업이 늘어난 데다 그 밖에 해야 할 일까지 정말 한두 가지가 아니다.
>
> 난 내일 수업이 끝난 후(오후 3시 30분) 난 곧바로 영어 회화 방과 후 활동(60분) 수업에 가야 한다. 아니 그러고 보니 영어 단어 외우기 숙제가 있었네? 지난번에도 숙제를 안 해서 혼났는데 내일 또 숙제를 안 하면 난 완전히 찍혀 버리겠지?
>
> 방과 후 활동이 끝나면 학원(1시간 30분)에 갈 시간이 5분도 남지 않는다. 시간이 없지만 그래도 학원에 같이 가는 친구가 있어 심심하진 않다. 사실 요즘엔 학원 가는 길에 수빈이와 군것질(30분)을 하는 버릇이 생겼다. 분식집에서 떡볶이와 오뎅을 사 먹기 시작했는데 요즘엔 거의 매일 먹는다. 학원에 조금 늦지만 방과 후 활동이 늦게 끝났다고 말씀드리면 학원 선생님도 그냥 넘어간다.
>
> 학원이 끝나면 집에 와서 게임을 죽어라 한다(1시간 30분). 엄마가 들어오시는 시간까지가 나의 유일한 자유 시간. 난 이 시간이 정말 꿀같이 달콤하다. 엄마가 오시면 저녁을 차려 주셔서 동생과 저녁을 먹고 인터넷으로 만화를 본다(1시간). 참, 내일은 내가 제일 좋아하는 드라마 최종회(9시부터 1시간)를 하는 날이다.
>
> 아니 그러고 보니 숙제가 한두 가지 아니다. 매일 영어 테이프도 들어야 하고(30분), 모레는 미술 수행평가를 보는 날이라 작품도 완성해야 하고(2시간), 아니 그러고 보니 내일은 8시에 수학 과외 선생님이 오시는 날이네?(1시간) 아이쿠! 머리가 정말 터져 버릴 것 같다. 늦게 자면 지각해서 운동장 쓰레기 줍기 벌 청소해야 하는데……
>
> 《집단상담 프로그램》(한숙경·오인수, 교육과학사, 2002) 일부 재구성

1. '결정의 순간'을 읽으면서 아름이가 내일 해야 할 일들을 찾아본다.
2. '해야 할 일'의 목록을 적고 하루 계획표에 넣어 본다.
3. '시간 활용을 10배 늘리려면'을 함께 읽으며 정리한다.(활동지 2)
4. 지금까지 자신의 시간 활용 상황을 점검해 보고, 잘했던 점과 고쳐야 할 점을 적어 본다.

아름이의 할 일

시각	할 일
	수업 끝
3:30	
4:00	
5:00	
6:00	
7:00	
8:00	
9:00	
10:00	
11:00	
12:00	

● 활동 2

중요하고 급한 것부터

중요한 정도와 급한 정도에 따라 일들을 분류해 보자. 표의 중심에 있는 숫자 순서대로 우선순위가 주어진다.

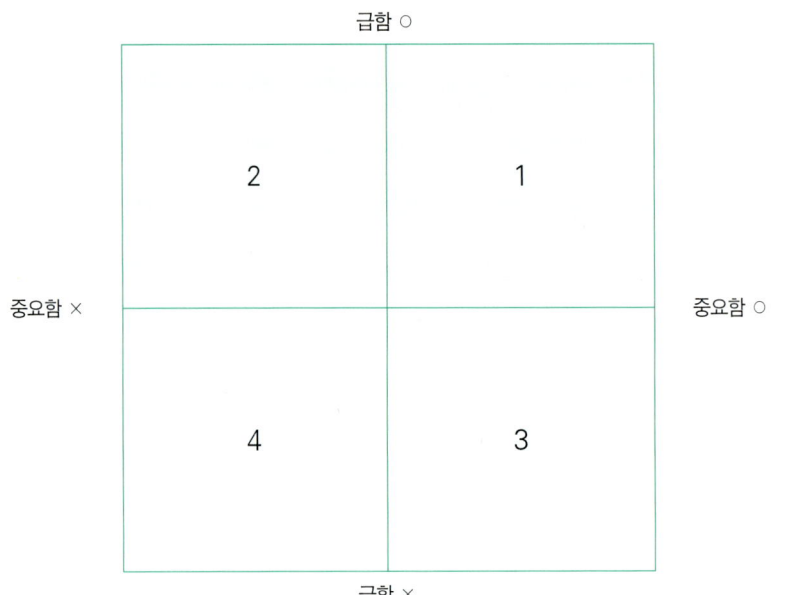

* 시간 활용을 10배 늘리려면
1. 오늘 할 일과 하고 싶은 일 찾기
2. 찾은 일들의 우선순위 정하기
3. 우선순위를 생각하며 계획표 짜기
4. 자투리 시간 활용(등하교 시 교통수단 이용 시간, 학교에서 아침 자습, 쉬는 시간, 점심시간)
5. 아주 급한 경우 자는 시간, 식사 시간도 줄일 수 있다.

우선순위! 그것이 중요하다

1. 아름이가 내일 하고 싶거나 해야 할 일을 우선순위에 따라 분류해 보자.

	급함 ○	
중요함 ×	2	1
	4	3
	급함 ×	중요함 ○

2. 우선순위에 따라 아름이의 스케줄을 다시 한 번 짜 보자.

아름이의 할 일

시각	할 일
	수업 끝
3:30	
4:00	
5:00	
6:00	
7:00	
8:00	
9:00	
10:00	
11:00	
12:00	

 **tip**

- 아름이 매니저 활동을 할 때 학생들로부터 "선생님 시간이 모자라요. 시간을 줄이거나 어떤 것은 빼도 되나요?" 하는 질문이 나올 수 있습니다. 하고 싶은 일, 해야 할 일을 모두 하면 시간이 부족한 것이 당연합니다. 그때 이렇게 대답해 주세요. "매니저 마음대로." 이런 과정을 통해 학생들은 시간 관리에서 우선순위의 필요성을 깨닫게 됩니다.
- 우선순위의 기준은 사람마다 달라질 수 있습니다. 따라서 개인의 가치관에 따라 우선순위 결정이 다소 달라질 수 있으므로 시간 계획도 바뀔 수 있다는 점을 안내해 주세요.

활동지 2 정답 예시

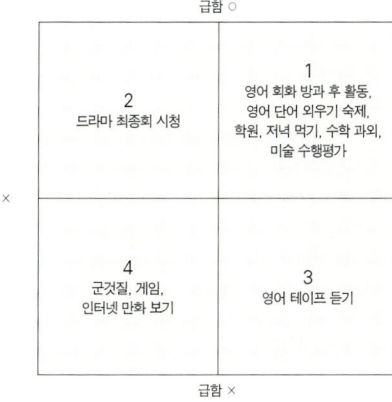

시각	할 일
	수업 끝 단어 외우기 숙제는 쉬는 시간 이용
3:30	영어 회화 방과 후 활동
4:00	
5:00	학원 수강
6:00	게임으로 휴식
	저녁 식사
7:00	미술 수행 평가
8:00	수학 과외
9:00	드라마 시청
10:00	미술 수행평가
11:00	꿈나라
12:00	

아름이의 할 일
영어 회화 방과 후 활동
영어 단어 외우기 숙제
군것질
학원 수강
게임
저녁 식사
인터넷으로 만화 보기
드라마 최종회 시청
영어 테이프 듣기
미술 수행평가
수학 과외

참고 사항
1. 급한 정도의 기준은 지금 당장 하지 않으면 안 되는 또는 시간을 놓치면 안 되는 일에 해당하고, 중요함의 기준은 하지 않았을 때 피해가 나에게 돌아오느냐 아니냐에 달려 있다.
2. 영어 테이프 듣기는 안하면 영어 실력 향상에 문제가 생기기 때문에 중요하지만, 매일 하는 것이기 때문에(하루 정도는 빠질 수도 있는) 급한 것이 아니라서 3영역에 들어간다.
3. 드라마 최종회의 경우 안 볼 경우 손해를 보는 것은 아니기에 중요하지는 않지만, 언제든지 볼 수 있는 것은 아니라서 급하다고 볼 수 있기 때문에 2영역에 해당한다. 하지만 이러한 상황에서 급한 정도는 사람마다 판단이 달라질 수 있기 때문에 덜 급하다고 생각하는 사람은 다음 날 방송사의 다시 보기 서비스를 이용하는 방법도 있다.

2주. 집중력 팍팍!

● **목표**
  · 효율적인 공부 방법에서 집중력의 중요성을 인식한다.
  · 집중력을 키우는 방법을 알고 이를 실천할 수 있다.

● **준비물**
  활동지 1 '나의 주의 집중력 점검해 보기' 237쪽
  활동지 2 '숫자를 찾아라' 238쪽
  활동지 3 '집중력에 관한 오해와 진실 ○, ×' 239쪽
  참고 자료 '집중력에 관한 오해와 진실 ○, × 해설' 240쪽
  초시계

● **생각 열기**

꼴찌가 1년 만에 전교 1등 됐어요!

영어 알파벳도 제대로 몰랐던 학생이 1년 뒤 전교 1등을 할 수 있을까? 영화 속에서나 있을 법한 일을 실제로 이룬 전북 부안고등학교 3학년 백승훈(19) 군. 지금은 전교 학생회장이며 전북대 수의예과에도 당당히 수시 합격한 우등생이지만, 백 군은 중학교 3학년까지도 전체 100명 중 90등인 '꼴찌'였다.

초등학교 3학년 때 축구를 시작한 백 군은 중학교 1학년 때 건강과 경제적 문제로 축구 국가 대표의 꿈을 접어야만 했다. 백 군은 중1 겨울 아버지가 돌아가시고 어렸을 때부터 앓던 천식이 심해져 더 이상 운동을 할 수 없었다.

축구를 그만둔 백 군에게 닥친 시련은 다름 아닌 '공부'였다. 그동안 운동을 핑계로 공부를 등한시한 백 군에게 수업은 그야말로 고통이었다. 백 군은 "아는 게 있어야 공부도 재밌지, 알파벳도 제대로 몰랐으니 할 말 다 한 거죠?"라고 했다. 백 군은 "공

부는 아무래도 안 될 것 같아 중3 때까지 축구로 재기해야겠다는 생각만 했다"고 말했다.

공부를 시작한 것은 고등학교 입학을 앞둔 겨울방학 때였다. '이제 내가 할 수 있는 것은 공부밖에 없다'고 결심한 백 군은 3개월의 방학 기간을 이용해 학원을 다니며 보충수업을 받았고, 새벽 2시까지 꼭 복습을 한 뒤 잠을 자는 강행군을 했다. 그런 노력 끝에 백 군은 고등학교 1학기 때 전교 3등을 했고, 다음 학기에는 1등까지 했다. 백 군은 "운동에서는 실패했기 때문에 공부는 꼭 남들보다 잘하고 싶다는 생각을 했다"고 말했다.

자기만의 공부 비결이 있냐고 물어보니 백 군은 "쉽지 않지만 강한 의지와 집중력과 노력, 세 가지만 있으면 된다"고 했다. 이어 백 군은 "그날 해야 할 공부량과 시간을 학습 일지에 계속 기록했다"며 "형식적인 계획보다 하루에 할 공부 계획을 꼼꼼하게 세우는 것이 훨씬 효율적"이라고 말했다.

《꼴찌에서 1등까지》(백승훈, 황매, 2008)

● **활동 내용**

① 활동지 1을 배부하고 집중력 정도를 점검해 본다.

"오늘은 효율적인 공부 방법에서 무엇보다 중요하다고 할 수 있는 집중력에 대해 알아보겠습니다. 먼저 여러분의 집중력 정도를 간단한 검사를 통해 알아볼까요? 이러한 검사가 정확한 결과를 보여 주려면 성실하고 솔직한 자세로 임해야 합니다. 자, 그럼 시작해 볼까요? 검사 결과 해석하는 법까지 아래에 제시되어 있으니 스스로 평가해 보세요."

② 활동지 2를 배부하고 숫자 찾기 게임을 한 후 집중력 발휘의 조건에 대해 설명해 준다.

"이번에는 숫자 찾기 게임을 해 볼까요? (5분 뒤) 지금부터 7분을 줄 테니 1부터 70까지 순서대로 찾으며 표시해 보세요. (7분 후) 그만하세요. 누가 가장 많이 찾았나요? (가장 많이 찾은 학생을 찾아 칭찬해 준다.) 여러분 모두가 매우 집중했다는 것을 느꼈을 거예요. 왜 그랬을까요? 그것은 시간을 정해 놓고 다른 친구와 경쟁적으로 찾았기 때문입니다. 앞으로 공부할 때도 이 방법을 적용해서 시간과 분량을 정해 놓고 계획적으로 한다면, 그리고 친구와 경쟁을 하며 한다면 훨씬 집중력을 발휘할 수 있을 거예요."

③ 활동지 3을 배부하고, 집중력에 대한 오해와 진실 ○, × 문제를 풀어 본다.

"지금부터는 집중력에 대한 오해와 진실 문제를 풀어 보도록 합시다." (활동지 정답을 활용하여 문제를 풀고 설명해 준다.)

④ 집중력의 중요성을 강조하며 활동을 마무리한다.

"여러분이 단 30분을 공부했는데도 매우 뿌듯했던 적도 있고, 몇 시간을 책상 앞에 앉아 책을 마주했지만 아무 소득이 없었던 적도 있었을 거예요. 그것은 바로 집중력의 차이입니다. 집중력은 그만큼 공부하는 데 정말 중요한 요소라고 할 수 있지요. 그런데 집중력은 타고나는 것이 아니라 자신의 노력으로 얼마든지 좋아질 수 있습니다. 오늘 배웠던 집중력 요령을 잘 익혀 앞으로 보다 효율적인 공부를 하기 바랍니다."

● 활동 1

나의 주의 집중력 점검해 보기

다음 질문지는 여러분의 공부에 관련된 주의 집중력을 점검하는 표입니다. 문항을 잘 읽고 여러분의 생각이나 느낌이 일치하는 곳에 ○표를 하세요.

문항	전혀 그렇지 않다	그렇지 않다	보통 이다	그렇다	항상 그렇다
1. 집중이 요구되는 일을 할 때 집중하기가 쉽다.	1	2	3	4	5
2. 공부가 잘 되는 시간을 알고 있다.	1	2	3	4	5
3. 해야 할 일들을 체계적으로 하는 편이다.	1	2	3	4	5
4. 시간을 정해 놓고 공부하는 습관이 있다.	1	2	3	4	5
5. 집중 시간이 긴 편이다.	1	2	3	4	5
6. 공부에 집중이 잘 되는 나만의 장소가 있다.	1	2	3	4	5
7. 공부에 집중할 때는 다른 소리가 들리지 않는다.	1	2	3	4	5
8. 집에서 공부할 때도 한자리에 꾸준히 앉아 공부한다.	1	2	3	4	5
9. 집중이 되지 않을 때에는 잠시 쉬는 편이 좋다고 생각한다.	1	2	3	4	5
10. 나의 공부 장소는 깨끗한 편이다.	1	2	3	4	5
11. 공부에 집중할 때에는 전화가 울려도 잘 받지 않는다.	1	2	3	4	5
12. 나는 공부할 때 최대한 열심히 한다.	1	2	3	4	5
13. 나는 학습 과제가 주어지면 정해진 시간 내에 완성한다.	1	2	3	4	5
14. 모르는 것이 생기면 여러 자료를 찾아본다.	1	2	3	4	5
15. 나는 공부 시간을 잘 활용하고 있다.	1	2	3	4	5

· 총점이 60점 이상으로 높으면 주의 집중력이 좋은 것이고 점수가 30점 이하로 낮으면 주의 집중력이 부족한 경우입니다.
· 본 질문지는 집중에 대한 자기 평가를 돕기 위한 것이며, 주의 집중력을 객관적으로 평가하는 도구가 아닙니다.

《공부는 전략이다》 (송인섭, 다산에듀, 2007) 참고

● 활동 2

숫자를 찾아라

1부터 70까지의 숫자를 7분 동안 순서대로 찾아 봅시다. 찾는 숫자에 ○ 표시를 하면서 찾으세요.

```
                         22
            1                      33              4
                 32           51        62    45
      50                69
                 20           2    34         21
                         40   10        44           25
                 26  52            23   63
                         61                   60
                                        35         15
       5                 70                              39
                      31      11    3
                         57              46
                                    53                   66
      65                           29
      49                                67   9
                      16  19
                              64
                                  43
                  27      41       24             38
        6             54  12    8  47
                      58                    17
                  14                36              37
                              55
                              42    30                68
                  28  59
                              13
                              7          48   18
```

● 활동 3

집중력에 관한 오해와 진실 O, X

1. 사람들은 누구나 마음만 먹으면 2시간 정도는 집중할 수 있다.(   )

2. 집중을 못하는 사람도 있다.(   )

3. 하루 중 체온이 가장 높은 낮 시간에 두뇌의 활동이 활발하므로 집중도 가장 잘 된다.
(   )

4. 공부할 때 짧은 시간 단위로 공부 계획을 세우는 것보다는 긴 시간 단위로 계획을 세우는 것이 집중력 향상에 도움이 된다. (   )

5. 집중을 방해하는 생각들이 자꾸 떠오를 때, 그런 생각들을 일단 종이에 적어 놓고 나면 홀가분하게 공부에 집중하게 되는 경우가 있다. (   )

6. 집중력이 필요한 어려운 공부를 할 때는 가요나 팝송 등의 음악을 듣는 것이 공부에 도움이 된다. (   )

7. 집중은 공부하는 내용이 쉽고 어려운 것과는 관련이 없다. (   )

| 참고 자료 |

집중력에 관한 오해와 진실 ○, × 해설

1. 사람들은 누구나 마음만 먹으면 2시간 정도는 집중할 수 있다. (×)

    평균적으로 청소년의 주의 집중 지속 시간은 20분 내지 40분 정도이다. 오랫동안 책상에 앉아 있는다고 해서 내내 집중하는 것은 아니다.

2. 집중을 못하는 사람도 있다. (×)

    많은 원인으로 인해 집중력에서 개인차가 있기는 하지만 집중을 못하는 사람은 없다.

3. 하루 중 체온이 가장 높은 낮 시간에 두뇌의 활동이 활발하므로 집중도 가장 잘 된다. (○)

    조용한 새벽이나 밤에 가장 두뇌 활동이 높을 것으로 생각하지만 사실 낮 시간에 체온이 높아지고 두뇌 활동에 필요한 혈액 공급이 원활하기에 두뇌 활동이 가장 활발하다.

4. 공부할 때 짧은 시간 단위로 공부 계획을 세우는 것보다는 긴 시간 단위로 계획을 세우는 것이 집중력 향상에 도움이 된다. (×)

    기본적 집중력 시간이 20분에서 40분 정도이기에 애매모호하고 긴 계획보다는 구체적이고 짧은 시간 단위로 계획을 세우는 것이 좋다.

5. 집중을 방해하는 생각들이 자꾸 떠오를 때, 그런 생각들을 일단 종이에 적어 놓고 나면 홀가분하게 공부에 집중하게 되는 경우가 있다. (○)

    많은 생각들은 그냥 왔다가 사라지는 것이 아니다. 오히려 생각하면 할수록 자꾸 떠오르게 되므로 차라리 종이에 적어 놓고 나중에 생각할 기회와 시간을 정해 둔다면, 지금 당장은 그 생각들을 떠올리지 않고 공부에 집중할 수 있다.

6. 집중력이 필요한 어려운 공부를 할 때는 가요나 팝송 등의 음악을 듣는 것이 공부에 도움이 된다. (×)

    인간의 두뇌는 동시에 두 가지 일을 처리하기가 어렵다. 음악을 들으면서 공부를 하면 공부에 투자해야 할 두뇌 에너지가 분산되어 공부에 대한 처리 능력이 떨어진다. 가사 없는 클래식 음악은 개인에 따라 집중력 향상에 도움이 되기도 한다.

7. 집중은 공부하는 내용이 쉽고 어려운 것과는 관련이 없다. (×)

    자신의 능력에 비추어 과제 난이도가 적절하다면 집중할 수 있다. 그러나 자신의 능력에 비해 난이도가 낮으면 쉽게 지루해지고, 난이도가 높은 과제는 자신감을 떨어지게 만들어 집중력이 낮아질 수도 있다.

자기주도학습(서울시 강서교육지원청 위센터, 2010) 참고

- 많은 학생들은 집중력이 타고나는 능력이라는 편견을 가지고 있습니다. 물론 집중력은 타고나는 부분도 있고 또한 자기가 좋아하는 일을 할 때면 집중력은 노력하지 않아도 저절로 발휘되지요. 문제는 공부와 같이, 그것도 시험을 치기 위한 공부처럼 재미와 별개로 집중력을 발휘해야 하는 상황입니다. 이때는 집중력을 유지하기 위한 환경적 조건이 필요하고, 비록 집중력이 좀 약한 사람이라고 해도 집중력 향상을 위한 노력을 할수록 좋아진다는 점을 인식시켜 주세요.

- 구체적이고 짧은 시간 동안 목표를 세우고 공부하는 실습을 해 보는 것도 집중력 향상에 좋은 방법입니다. 즉, 공부할 목표를 구체적으로 정해 놓고(영어 공부하기가 아니라 영어 단어 10개 외우기, 수학 공부하기가 아니라 수학 문제 10개 풀기 등) 주어진 일정한 시간(30분 정도이며, 개인에 따라 조정) 안에 목표를 달성할 수 있도록 실습해 보는 것입니다. 시험 기간을 앞두고 학생들에게 시험공부 시간을 줄 때 이 방법을 적용해 보는 것도 좋습니다.

주의 집중력은 매우 중요한 학습 기술로서 집중력 하나만 다루는 프로그램이 따로 있을 정도입니다. 집중력 프로그램과 관련하여 《주의 집중을 위한 학습 전략 프로그램》(김동일, 학지사, 2010)을 소개합니다. 이 책에는 학습 전략에 대한 이론적 배경과 함께 주의 집중 관련 프로그램으로서 자기 조절 학습, 집중력 높이기, 시간 다스리기, 학습 공간 관리하기, 시간 및 환경과 같은 자원 관리 전략에 대한 프로그램이 소개되어 있습니다.

3주. 핵심을 잡아라

● **목표**
 · 공부에서 핵심 파악의 중요성을 인식한다.
 · CSQR3 요령을 익혀 자신의 학습 습관에 적용할 수 있다.

● **준비물**
 활동지 1 '핵심을 파악하라' 244~245쪽
 활동지 2 '핵심 파악 실습' 246~247쪽
 참고 자료 '핵심 파악 실습 정답' 248쪽

● **생각 열기**

물고기 잡기

눈앞에 보이는 연못에 고기가 가득합니다. 큰 물고기 무리와 중간 크기의 물고기 무리 그리고 작은 물고기 무리가 있습니다. 이 물고기를 잡을 그물 역시 그물눈이 큰 것, 중간 것, 작은 것 세 종류인데, 그물눈의 크기는 물고기의 크기와 비슷합니다. 이 상황에서 나 혼자서 물고기를 가장 빨리 많이 잡을 수 있는 방법은 무엇일까요? 어떤 그물부터 써야 할까요? 작은 그물로 한꺼번에 모든 물고기를 잡아 버린다고요? 물론 그렇게 하면 물고기를 그물 가득히 잡을 수 있기는 하지만 나 혼자의 힘으로 끌어당길 수가 없습니다. 결국 끙끙거리다가 포기하겠지요. 정답은 먼저 그물눈이 큰 그물로 먼저 큰 고기를 잡아 쉽게 끌어당기고, 다음으로 중간 크기의 그물로 중간 물고기를 잡고, 마지막으로 작은 그물로 작은 물고기 모두를 잡는 것입니다. 이것을 공부에 비유해 볼까요? 한꺼번에 공부해야 할 내용을 몽땅 외우려 하지 말고 가장 큰 핵심부터 파악하고, 단계적으로 세부적인 것을 공부해야 한다는 것입니다. 여러분은 어떻게 공부하고 있나요?

● 활동 내용

① 활동지 1을 배부하고 핵심 파악법을 설명한다.

"오늘은 핵심 파악법에 대해 알아보도록 하겠습니다. 만약 시험 범위가 1쪽부터 50쪽이라고 해도 그 모든 쪽을 다 외워야만 하는 것은 아닙니다. 왜냐하면 그 안에는 꼭 외워야만 하는 핵심이 있는가 하면 어떤 것은 이해만 하고 넘어가도 되는 덜 중요한 내용이 있기도 합니다. 따라서 공부를 좀 더 효율적으로 하기 위해서는 핵심을 파악하는 것이 매우 중요합니다." (활동지 1 내용을 중심으로 핵심 파악법을 설명한다)

② 활동지 2를 배부하고 핵심 파악법을 실습한다.

"그럼 이번에는 앞에서 배운 방법을 직접 실습해 보도록 하겠습니다."

③ (20분 후) 참고 자료 '활동지 정답'을 통해 정답을 확인한 후 실천의 중요성을 강조하며 활동을 마무리한다.

"자, 그럼 '활동지 정답'으로 답을 맞추어 보도록 할까요? 그런데 이 방법이 익숙해지기 위해서는 여러 번 연습하여 자신의 습관으로 만드는 것이 중요합니다. 사회나 도덕과 같은 암기 과목에 더욱 적합한 방법이니 반복해서 연습하여 좀 더 효율적인 학습 습관을 갖는 데 적극 활용하세요."

 tip

에빙하우스의 이론

· 망각이 진행되기 직전에 반복 학습을 하면 기억이 연장된다.
· 기억의 단위가 7일 때 가장 잘 기억된다는 가설이 매직 넘버 7이다. 뇌는 너무 길어도 잘 외우지 못하고, 반대로 너무 짧아도 빨리 인출하지 못한다.

《매뉴얼 공부법》(와이즈멘토·서울대 휴먼인터페이스 시스템 연구실, 동아일보사, 2011)

● 활동 1
핵심을 파악하라

효과적인 읽기 기술CSQR3은 오하이오 주립 대학 심리학자인 로빈슨Francis P. Robinson에 의해 개발된 시스템으로서 학습과 기억의 심리학에서 이루어진 연구 결과를 토대로 하여 설계된 고급 독서법이자 학습법이다.

준비 단계 : 생각 바꾸기 Change Perspective
- 공부란 선생님이 핵심을 가르쳐 주고 공부를 시켜 주어야만 하는 것이 아니라 나 혼자서도 할 수 있다는(자기주도적 학습) 자신감을 갖는다.
- 머리가 나빠서 공부를 못하는 것이 아니라, 반복하지 않기 때문이다. 에빙하우스의 망각 곡선 실험에 의하면 사람은 누구나 1시간이 지나면 50%, 24시간이 지나면 65%를 평균적으로 망각한다고 한다.

훑어보기 Survey → 질문하기 Question → 읽기 Read → 외우기 Recite → 복습하기 Review

1. 훑어보기 Survey
공부할 내용을 자세히 읽기 전에 미리 전체적인 구성과 중심 내용들을 대강 살펴보는 단계

(1) 한두 단원을 훑어볼 때 : 소제목, 그림이나 도표, 학습 목표, 각 단원의 요약 부분
(2) 책 한 권 전체를 훑어볼 때 : 머리말, 차례, 각 단원의 소제목, 일러두기, 요약, 용어 정리
(3) 좋은 점 : 전체 내용을 파악할 수 있고, 중요한 부분을 짐작할 수 있으며, 학습 분량과 공부하는 데 필요한 시간을 알 수 있다.

2. 질문하기 Question
단원명이나 학습 목표를 질문으로 만들어 본문을 읽기 전에 목표를 분명히 하는 단계

(1) 큰 제목과 소제목들을 질문 형태로 바꾸어 본다.
(2) 공부해야 할 핵심 내용을 파악한다.
(3) 좋은 점 : 핵심 내용을 파악할 수 있고, 집중력 있게 공부할 수 있다.

3. 읽기 Read
질문하기에서 만든 질문에 대한 답을 찾으며 중요한 부분을 가려 내는 과정

(1) 질문을 염두에 두고 적극적으로 지은이가 강조한 부분에 주의를 기울이며 읽는다.
(2) 내용 및 표, 그래프, 도표 등을 자세히 보며 본문을 끝까지 읽는다.
(3) 좋은 점 : 산만해지는 것을 막을 수 있고, 밑줄을 쳐 핵심 부분을 스스로 파악할 수 있다.

4. 외우기 Recite
중요한 내용을 기억하기 위해서 미리 속에 저장하는 단계

(1) 중심 내용을 파악하여 요약한다.
(2) 앞뒤의 내용과 상황에 따라 관련지어 외운다.
(3) 읽고 난 직후 책을 덮고 바로 돌이켜 본다. 문제집을 활용하여 점검할 수도 있다.
(4) 좋은 점 : 책 내용을 자신의 말로 바꾸면(충분히 이해하여) 보다 쉽게 암기할 수 있고, 다양한 암기법을 사용하면 기억력이 오래 지속될 수 있다.

5. 복습하기 Review
공부했던 내용을 되살리면서 전체적인 흐름을 다시 한 번 새겨 보는 단계

(1) 지금까지 배운 내용을 5분 이내로 짧게 훑어본다.
(2) 최종적으로 정리된 내용을 말로 중얼거려 보거나 글로 써 본다.
(3) 장기 기억으로 저장될 수 있도록 반복 학습한다.
(4) 좋은 점 : 머리가 나쁘다는 선입견에서 벗어나, 학습에 대한 자신감을 가질 수 있다.

● 활동 2
핵심 파악 실습

> -차례-
> 1. 현대 사회와 전통 도덕
>   (1) 현대 사회와 전통 도덕의 필요성
>   (2) 전통 도덕의 기본 정신
>   (3) 전통 도덕의 구체적 내용
>   (4) 전통 도덕의 적용과 실천

(1) 현대 사회와 전통 도덕의 필요성

1) 현대 사회의 특징

현대 사회는 전통 사회에 비하여 생활 방식이 많이 다르다. 어느 중학생의 하루 일과를 통하여 현대 사회의 모습을 살펴보기로 하자.

> 나의 하루는 아침 6시 반이면 시작된다. 일어나서 학교에 갈 준비를 하고 아침을 먹는다. 우리 집 식탁은 조금 특이하다. 얼마 전에 수술을 받고 나서부터 어머니는 유전자 조작을 통하여 생산된 식품으로 만든 음식을 드신다. 우리 집은 학교에서 좀 멀기 때문에 아버지가 출근하시면서 차로 학교에 태워다 주신다. 학교에서 돌아와 내가 가장 먼저 하는 일은 컴퓨터를 켜는 것이다. 나는 가끔 캐나다에 사는 한 친구와 이메일로 편지를 주고받는다. 그 애는 우리나라에 대하여 무척 궁금해한다. 그래서 나는 우리나라의 이름난 곳의 사진이나 사람들의 삶의 모습들이 담긴 사진을 보내 주기도 한다. 컴퓨터를 통하여 편지를 주고받은 다음 숙제를 하고 나서 오후 7시쯤에는 드럼을 배우러 학원에 간다. 남들은 공부하러 학원에 가지만, 나는 드럼 치는 것이 재미있어 3개월째 배우고 있다. 이제 어느 정도 기본적인 연주를 할 수 있는 수준이다.

위의 글에서 우리는 현대 사회의 특징적인 모습들을 볼 수 있다. 먼저, 현대 사회에서는 교통·통신이 빠르게 발달하고 있어 교통수단을 편리하게 사용할 수 있을 뿐만 아니라, 개인들은 컴퓨터와 인터넷을 통해 거리와 시간을 뛰어넘어 정보를 교환하고 있다. 또, 유전자 연구를 통하여 많은 질병을 치료하고자 노력하고 있으며, 유전자 조작 식품을 통해 식량 위기를 극복하려 노력하고 있다. 그 밖에도 사람들은 남들과 구별되는 자기만의 개성을 살리기 위하여 남들과 같은 옷을 입고 같은 생활을 하기보다는 좋아하는 분야에서 하고 싶은 일을 하려고 한다.

이상에서와 같이 현대 사회는 교통·통신수단이 발달한 사회, 정보사회, 생명공학의 사회, 개성 추구의 사회 등을 특징으로 하고 있다. 이와 같은 사회 속에서 사람들은 예전보다 더 편리한 일상생활과 물질적인 풍요로움을 즐길 수 있게 되었다. 그러나 동시에 소중했던 옛것들을 잃어버리거나 옛날에는 없었던 새로운 도덕 문제들이 발생하고 있다. 우선 사람들이 너무 바쁘게 살아가다 보니 삶의 의미나 가치를 잊고 지내는 경우가 많고, 정보사회에서 컴퓨터를 통해 이루어지는 인간관계는 그 익명성 때문에 많은 문제를 일으키기도 하며 현실과 가상공간을 구별하지 못해 진정한 자기를 상실하기도 한다. 또 환경오염 문제가 발생하기도 하고, 유전자 조작을 통한 생명 연장이나 식량 개발이 오히려 생명에 대한 존엄성을 해치거나 새로운 질병을 가져오기도 한다.

또한 물질적 풍요를 지나치게 강조하다 보니 황금만능주의적인 경향이 증가하고 사람들이 이기적으로 변하게 된다. 즉, 사랑과 우정 같은 정신적인 가치보다는 물질적인 가치를 더 중요하게 생각하고, 나만을 소중하게 여기다 보니 다른 사람들이 생명과 안전에 무관심하기도 하며, 때로는 생명을 경시하는 범죄까지 저지르게도 된다. 이처럼 현대 사회는 과학·기술의 발달로 인해 인간의 생활이 편리해지고 물질적으로 풍요로워졌음에도 불구하고 정신적 가치가 소홀하게 취급되는 도덕 문제가 발생하기도 하였다. 그러면 앞으로 우리 사회가 바람직한 사회가 되기 위해서는 어떤 노력이 필요할까?

이에 대하여서는 여러 가지 답이 있을 수 있겠지만, '온고지신'의 자세로 조상들의 지혜를 본받아, 우리 전통 사회가 지녔던 높은 수준의 도덕성, 즉 전통 도덕을 오늘에 맞게 되살리는 것이 무엇보다 중요하다고 할 수 있다.

1. 차례 훑어보기

2. 소제목으로 질문 만들기

3. 질문에 대한 답 찾으며 읽기

4. 외우기

5. 복습하기

| 참고 자료 |

핵심 파악 실습 정답

1. 차례 훑어보기

'현대 사회와 전통 도덕'이라는 대단원, '현대 사회와 전통 도덕의 필요성'이라는 중단원, '현대 사회의 특징'이라는 소단원을 연결하여 보면, 현대 사회에서 전통 도덕이 필요한 이유가 있으며 이 단원에서는 현대 사회가 갖는 특징과 문제점을 살펴볼 것임을 알 수 있다.

2. 소제목으로 질문 만들기

'현대 사회의 특징'이라는 소단원으로 질문을 만들면, '현대 사회의 특징은 무엇인가?'가 된다.

3. 질문에 대한 답 찾으며 읽기

현대 사회의 특징은 교통·통신수단의 발달, 정보화사회, 생명공학의 발달, 개성 추구를 들 수 있지만 한편으로는 삶의 의미 상실, 익명성의 문제, 새로운 질병, 황금만능주의와 같은 문제가 생겨, 이 문제들을 해결하기 위해 전통 도덕의 정신, 즉 '온고지신'이 필요하다는 것도 생각해 볼 수 있다.

4. 외우기

현대 사회의 특징인 교통·통신수단의 발달, 정보화사회, 생명공학의 발달, 개성 추구를 외우기 위해서 앞 글자만 따면 '교정생개'가 된다. 조금 억지스럽더라도 말이 되도록 연결해서, 치아를 '교정' 하지 않으면 취업이 안 되니 '생개' 유지가 어렵다, 식으로 외울 수 있다. 암기법에 대해서는 다음 시간에 더 자세히 배운다.

5. 복습하기

한번 외운다고 끝까지 머리에 남는 것이 아니므로 반드시 복습을 해야만 기억이 오래 유지된다.

- 앞에서 제시한 핵심 파악 요령은 하루아침에 익히기 어렵고 긴 시간 동안 실습을 통해 습관을 들여야 합니다. 사회, 국사, 도덕 등 암기 과목 공부에 더욱 적합하지만 과학 등 다른 과목에도 일부 적용이 가능합니다. 필자의 경우에는 도덕 과목을 담당하는 교사로서 이 방법을 통해 교과서 진도를 나갑니다. 즉, 먼저 목차를 통해 오늘 배울 내용이 어떤 것인지를 훑어본 후, 단원 제목으로 질문을 만듭니다. 만든 질문에 대한 답을 찾으며 읽고 밑줄을 긋습니다. 이 부분에서 교사가 개입하여 핵심 문장이 무엇인지 확인해 준 후 부연 설명을 합니다. 남은 시간은 요약하고 암기하기, 복습하기로 이어집니다. 교사가 수업을 진행하기도 수월하고 학생의 입장에서 자기주도학습을 익히는 효과가 있습니다.
- EBS 〈공부의 왕도〉 "수업 꼭꼭 씹어 먹기"(2009. 11. 4)에 이 내용이 잘 설명되어 있으니 학생들과 함께 시청하는 것도 좋습니다.

필자는 자기주도학습이 정말 학생들의 학교생활에 긍정적인 영향을 미칠 수 있는지를 알아보기 위해 방과 후 활동으로 자기주도학습 프로그램을 진행한 후 그 효과를 검증하는 실험을 해 보았습니다. 그리고 그 과정과 결과를 학술지(《중등교육연구》, 2009, Vol. 57)에 게재하였는데, 결과를 요약한 내용은 아래와 같습니다.

〈방과 후 학교 자기주도학습 프로그램이
중학생의 자기 조절 학습 전략, 자기 효능감, 학업 성취도에 미치는 효과〉

본 연구의 목적은 방과 후 학교 자기주도학습 프로그램이 중학교 1학년 학생의 자기 조절 학습 전략, 자기 효능감, 학업 성취도에 미치는 영향을 밝히는 것이다. 이를 수행하기 위해 방과 후 학교 자기주도학습 프로그램에 자발적으로 신청한 23명을 실험 집단 11명, 통제 집단 12명으로 나누고 실험 집단에게 5주 동안 총 10회기에 걸쳐 송인섭(2006)의 자기주도학습 모형에 기초한 자기주도학습 프로그램을 실시하였다. 본 연구의 결과는 다음과 같다. 첫째, 자기주도학습 프로그램을 경험한 실험 집단이 통제 집단보다 자기 조절 학습 전략 총점 및 하위 변인 동기, 인지, 행동 모두 통계적으로 유의미하게 높아졌다($F=63.70, p<.001$). 둘째, 자기주도학습 프로그램을 경험한 실험 집단이 통제 집단보다 자기 효능감 점수가 통계적으로 유의미하게 높아졌다($F=195.95, p<.001$). 셋째, 자기주도학습 프로그램을 경험한 실험 집단이 통제 집단보다 학업 성취도의 평균은 향상되었으나, 통계적으로 유의미하지는 않았다. 프로그램에 참여한 학생과 학부모는 프로그램 내용과 방법에 대한 높은 만족도를 나타냈다. 이 같은 연구 결과는 중학교 1학년 학생의 방과 후 학교 활동으로서 자기주도적 학습 프로그램 제공을 통해 학생들의 자기 조절 학습 전략과 자기 효능감이 향상될 수 있음을 시사한다.

4주. 나는 암기왕

- **목표**
  - 암기를 위해서는 반복과 요령의 중요성을 인식한다.
  - 여러 가지 암기법을 익혀 적재적소에 활용할 수 있다.

- **준비물**
  활동지 '나는 암기왕!' 252~253쪽

- **생각 열기**

크게만 말해도 쉽게 외울 수 있다

맥클리드 MacLead와 동료들에 따르면 단어를 큰 소리로 말하거나 그저 속삭이기만 해도 그 단어를 도드라지게 만들어 기억이 보다 쉬워진다고 한다. 연구원들은 실험을 8차례 실시하면서 참가자들에게 단어와 '비非단어'의 목록을 읽고 기억해 달라고 주문했다. 그 결과 리스트를 읽을 때 기억력이 10% 이상 향상되는 것으로 나타났다. 그렇다고 소리를 내지 않았거나 속삭이지 않은 단어들의 기억력이 떨어졌던 것은 아니었다. 속삭인 단어들에 대한 기억력은 더 좋아졌고, 속삭이지 않은 단어들에 대한 기억력은 평소와 같았다. 그러나 모든 단어들을 똑같이 큰 소리로 읽을 때는 그 효과가 나타나지 않았다. 그럴 경우에는 특별히 두드러지는 단어가 없이 모든 단어들이 다 똑같아지기 때문이다.

그렇다면 앞으로 교과서나 책을 읽을 때 그중에서 중요한 부분을 머리에 담아 두고 싶다면 이렇게 해야 한다. 중요한 단어들을 정확히 찾아내어 그것들만을 큰 소리로 읽거나 속삭이는 것이 바람직하다.

《스무 살의 심리학》(제레미 딘 지음, 정명진 옮김, 부글북스, 2010)

● 활동 내용

① 활동지를 배부하고 에빙하우스의 망각 곡선에 대해 설명한다.

"죽어라고 공부해서 몽땅 외웠던 내용이 시험지를 받으니 하나도 생각이 안 나서 '나 왜 이렇게 머리가 나쁜 거야, 난 공부 잘하기는 틀렸어.' 하며 낙담한 적 없나요? 그러나 에빙하우스의 망각 곡선에 의하면 새로운 내용을 아무리 전부 외웠어도 1시간이 지나면 50%를 잊어버리는 것이 인간의 두뇌이고, 망각을 막기 위해서는 주기적으로 반복해야 한다고 합니다. 따라서 여러분은 이제 자신의 머리를 탓할 것이 아니라 반복을 통해 망각을 막고 이를 통해 좀 더 효율적인 공부를 해 보도록 합시다."

② 여러 가지 암기법을 설명한다.

"지금부터 암기법을 알아볼까요? 암기의 기본은 chunk와 chain입니다. 청크는 큰 덩어리를 작게 나누는 것이고 체인은 의미가 없는 것들을 사슬로 연결함으로써 의미를 부여하여 달아나지 못하게 하는 방법입니다. 이것을 활용한 여러 가지 암기법을 알아보도록 합시다." (활동지의 내용과 함께 선생님들이 학창 시절에 활용했던 암기와 관련된 다양한 사례들을 들려주면 학생들이 매우 흥미로워 합니다.)

③ 앞에서 배운 내용 몇 개를 다시 점검하면서 암기법의 효과를 확인하며 활동을 마무리한다.

"지금까지 암기법을 익혀 보았습니다. 그렇다면 정말 이 암기법이 효과가 있는지 앞에서 배운 것들을 다시 한 번 외워 볼까요? (몇 개를 테스트해 본다) 자, 역시 그냥 외운 것보다 요령을 통해 외운 것들이 훨씬 더 잘 기억난다는 것을 알 수 있지요? 그런데 꼭 명심해야 하는 것은 무조건적인 암기보다는 내용을 충분히 이해하고 나서 암기 요령을 적용할 때 효과가 더 오래간다는 것입니다. 오늘 배운 것들을 적극 활용한다면 아마 훨씬 효율적인 공부를 할 수 있을 거예요. 여러분 모두가 꼭 암기왕이 되기를 진심으로 기원합니다."

● 활동

나는 암기왕!

▶ 에빙하우스의 망각 곡선

감소하는 기억을 장기 기억LTM: long term memory으로 영구히 보존하기 위해서는 반복이 가장 효과적인 방법인데, 무조건적으로 반복하는 것이 아니라 망각 곡선의 주기에 따라서 적절한 시점에 적절한 반복이 이루어져야 효과적으로 기억된다는 이론입니다.

독일의 심리학자인 헤르만 에빙하우스Hermann Ebbinghaus, 1855~1909는 16년에 걸쳐 인간의 망각에 대해 실험을 했습니다. 에빙하우스의 망각 곡선 실험에 따르면 인간은 기억한 것의 대략 반은 불과 1시간 내에 잊어버리고, 하루에는 70%, 그리고 1개월에 약 80%를 잊어버립니다. 그러므로 인간의 건망증은 오히려 당연한 듯합니다. 그러나 반대로 생각하면, 1개월이 지나도 무의미한 것까지 20%나 기억하고 있다는 뜻이 됩니다. 이 20%의 기억을 60~80%로 높일 수는 없을까요? 그는 복습이 최고의 학습 방법이며, 반복 학습을 해야만 지속적인 학습 효과가 있다고 강조했습니다. 한 번 공부한 것을 10분 뒤에 복습하면 하루가 지속되고, 다시 복습하면 1주일, 다시 복습하면 한 달을 기억하며 다시 복습하면 6개월을 지속된다는 것입니다.

또한 에빙하우스는 여러 실험으로 반복하는 것의 효과, 즉 같은 횟수라면 '한 번 종합하여 반복하는 것'보다 '일정 시간의 범위에 분산 반복'하는 편이 훨씬 더 기억에 효과적이라고 합니다. 따라서 우리는 '기억하기 위한 환경' 만들기로 자신을 이끌어 갈 필요가 있습니다.

1. 덩어리 짓기|chunking

관련된 내용끼리 묶어 덩어리를 만든다.(예를 들어, 읽을 것 - 신문, 책, 잡지, 만화책 / 가구 - 침대, 책상, 의자, 식탁 / 과일 - 사과, 딸기, 포도, 바나나 / 필기구 - 연필, 분필, 볼펜, 만년필 / 교통수단 - 버스, 보트, 기차, 택시)

> 신문, 침대, 사과, 연필, 책상, 딸기, 버스, 포도, 의자, 책,
> 바나나, 보트, 잡지, 분필, 볼펜, 식탁, 기차, 택시, 만화책, 만년필

2. 그림을 그려 기억하자

'엄마께서 김, 양파, 두부, 고추, 고등어를 사 오라고 심부름을 시키셨다.' 이것을 아래 내용과 같이 마음속의 그림으로 그려 외울 수 있다.

> 문을 여니 입구에는 (깔판 대신) 김이, 우산 통에는 (우산 대신) 양파 한 망이, 신발장에는 (신발 대신) 두부가,
> 화분에는 (꽃 대신) 고추가 풍성하게, 수족관에는 (금붕어 대신) 고등어가 놀고 있다.

● 여러 가지 기억법

1. 단어의 첫 글자만 따서 외우기
 · 사물의 이름이나 사건의 순서 등을 암기하고자 할 때 첫 글자나 단어만을 모아 또 하나의 단어나 문장을 만들어 암기하는 방법
 · 무지개 색깔 – 빨주노초파남보
 · 조선 시대의 왕 순서 – 태정태세문단세……
 · 행성 이름 – 수금지화목토천해명

2. 비슷한 점과 다른 점 찾아 비교하며 외우기
 · 기억해야 할 정보를 어떤 속성을 기준으로 하여 분류하여 암기하는 방법
 · 신문, 책, 연필, 분필, 버스, 보트 – 읽는 것, 쓰는 것, 타는 것

3. 의미를 부여하여 외우기
 · 의미 없는 정보에 나름대로 의미를 부여하여 재미있게 기억하는 방법
 · 전화번호 – 2424(이삿짐센터), 2828(치과)

4. 매개체를 이용하여 외우기
 · 여러 항목이나 자료들 간에 '의미 있는 연결'을 인위적으로 하는 방법
 · 빗, 시계, 가위, 고기, 컵, 망치 – 빗을 컵 속에 넣는다. 가위로 고기를 자른다. 망치로 시계를 부순다.

5. 마음속에 그림을 그려 외우기
 · 외워야 할 정보를 머릿속에 그림이나 영화의 한 장면으로 떠올리는 방법

6. 노래 가사 바꿔 부르기로 외우기
 · 잘 알고 있는 노래에 가사를 새로 붙여서 원하는 정보를 암기하는 방법

독도는 우리 땅	우리 몸이 하는 일
울릉도 동남쪽 뱃길 따라 이백 리 외로운 섬 하나 새들의 고향 그 누가 아무리 자기네 땅이라고 우겨도 독도는 우리 땅 우리 땅	우리 몸의 중심부 하트 모양 심장이 구석구석 보낸다 순-환기관 쏴악쏴악 펌프질 아이고 힘들어 무리하면 안 돼요

《공부 방법을 알면 성적이 보인다》(신붕섭, 한언, 2002)

부록

1. 진로 교육의 목표와 내용

진로 교육career education은 개인의 진로 선택, 적응, 발달에 초점을 둔 교육으로, 각 개인이 자기 자신과 일의 세계를 인식하고 탐색하여 자기 자신에게 적합한 일을 선택하고 선택할 일을 잘 수행할 수 있도록 취학 전부터 시작하여 평생 동안 학교, 가정, 사회에서 가르치고, 지도하고, 도와주는 활동을 총칭한다.

청소년 진로 지도의 목표는 개인 상담의 경우 일단은 내담자가 호소하는 문제를 해결해 주는 것이 될 것이다. 그러나 청소년 진로 지도 및 상담은 교육적이고 발달적인 측면이 강하기 때문에 대부분의 대상자들에게 어느 정도 공통된 목표를 상정해 볼 수 있다. 이러한 목표는 내담자를 진단하는 틀로 활용할 수도 있으며, 각각의 내담자에게 필요한 개입 기법을 선택하는 데에도 유용한 길잡이가 될 수 있다. 이와 같은 관점에서 청소년 진로 지도 및 상담의 목표를 살펴보면 다음과 같다(김봉환 외, 2006).

(1) 자신에 관한 좀 더 정확한 이해 증진

현대 사회는 과학기술의 발전으로 인하여 산업이 고도로 분화되고 발전하게 되었다. 이에 따라 직업의 종류도 수없이 많아졌고 계속해서 전문화하는 추세이며, 일의 내용도 더욱 복잡해지고 있다. 이와 같이 복잡한 직업 세계에서 자기에게 가장 적합한 직업을 선택하고, 성공적인 직업 생활을 영위한다는 것은 결코 쉬운 일이 아니다. 직업의 종류에 따라 요구되는 능력과 적성, 기능, 역할이 다양하다. 따라서 자기에게 맞는 일과 직업을 선택하기 위해서는 무엇보다도 자기의 능력, 흥미, 적성, 성격, 가치관, 신체적 특성 등에 대하여 올바르게 이해하는 일이 필수적이다. 학생들은 보통 직업을 선택할 때 자신의 특성보다는 연봉과 전망 등 외적인 조건을 먼저 고려하는 경우가 많아 적성과 흥미 등 자신의 특성에 대한 탐색의 중요성을 간과하는 경우가 많다.

(2) 직업 세계에 대한 이해 증진

개인적 측면에서 진로 상담의 또 다른 목적은 현대 사회에 존재하는 복잡하고 다양한 일과 직업의 종류 및 본질에 대한 객관적 이해가 반드시 필요하다는 점에서 찾아

볼 수 있다. 산업혁명 이래 직업의 전문화 및 고도화가 급속하게 진전되었다. 이제 선진국에는 2~3만 종류의 직업이 존재하고 있으며 우리나라의 경우도 앞으로 이에 버금가는 많은 직업이 존재할 전망이다. 그리고 일부 미래학자들은 2000년대 중반이 되기 이전에 현존하는 직업의 50% 정도는 없어지고, 새로운 직업이 생겨나며, 존속한다 해도 일의 방법이 많이 바뀔 것으로 예측하고 있다.

이러한 상황에서 장래성 있는 그리고 자기에게 맞는 직업을 선택한다는 것은 결코 쉬운 일이 아니다. 상담 사례를 분석해 보면 청소년들은 일과 직업 세계에 대해서 너무나 모르고 있으며, 설령 알고 있다고 해도 매우 피상적인 수준에서 단편적인 측면만을 숙지하고 있다는 사실을 확인할 수 있다. 학생들을 지도하다 보면 수많은 직업 중에서 이름이라도 알고 있는 직업의 개수는 20개 안팎이며, 그 직업들조차 구체적으로 하는 일, 준비 방법, 관련 학과, 필요한 적성과 흥미와 같은 직업 정보는 모르는 경우가 대부분이다.

(3) 합리적인 의사 결정 능력의 증진

진로 상담의 최종 결과는 그것이 크든 작든 어떤 '결정'이라는 형태로 나타난다. 앞서 언급된 자신에 대한 정보, 직업 세계에 대한 정보 등을 가지고 최종적으로 진로를 선택하는 의사 결정을 해야 한다. 이러한 의사 결정을 합리적으로 잘 하느냐 그렇지 않느냐에 따라 자기에게 적합한 진로를 선택할 수도 있고 그렇지 못할 수도 있다. 그러나 이렇게 중요한 결정이 매우 불합리한 과정을 거쳐서 내려지는 경우도 많다. 즉, 자신에 대한 이해 없이, 또 일의 세계에 대한 정확한 이해 없이, 편견에 의해서, 부모의 요구에 의해서, 친구의 권유에 의해서, 또 다른 외적인 욕구를 추구하다가 불합리한 결정을 내리는 경우가 비일비재하다. 거기다가 모든 면에서 완벽한 정답을 찾으려는 자세까지 결부되면 우유부단함에 빠져 결국 시간만 낭비하는 경우도 적지 않다. 따라서 진로 상담은 청소년들의 진로에 관한 의사 결정 과정에 초점을 두고 의사 결정 기술을 증진시키도록 조력하는 것을 중요한 목표로 삼아야 한다.

(4) 정보 탐색 및 활용 능력의 함양

현대 사회를 일컬어 '지식 및 정보화 시대'라고 한다. 이는 일상생활에서 지식과 정보가 그만큼 중요한 역할을 하고 있으며, 고부가가치를 창출한다는 의미이다. 따라서 이미 정보화 시대 속에 살고 있고, 앞으로 더욱 고도화된 정보화 시대를 살아갈 청소년들에게 정보를 탐색하고 활용하는 능력을 길러 주는 일은 결코 간과될 수 없는 것이다.

진로 지도 및 진로 상담에서는 '정보 제공'이 매우 큰 비중을 차지한다. 그 이유는 내담자들로 하여금 직업 세계에 대해서 정확히 알고 나서 선택을 하도록 informed choice 도와주어야 하기 때문이다. 이때 상담자는 단순하게 내담자가 원하는 정보를 제공해 주는 일도 해야 하지만, 내담자 스스로가 필요한 정보를 탐색하고 활용하도록 안내하는 역할을 하는 것도 무척 중요하다. 따라서 학생들 스스로 정보를 탐색할 수 있는 '방법'을 알려 주고 실행에 옮겨 보도록 안내하면, 학생들은 이러한 시도를 해 보는 가운데 자기가 필요한 정보를 스스로 수집해서 활용하는 능력을 체득하게 될 것이다.

(5) 일과 직업에 대한 올바른 가치관 및 태도 형성

진로 상담의 중요한 목표 중 하나는 학생들로 하여금 일과 직업에 대한 올바른 가치관 및 태도를 갖도록 하는 것이다. 이러한 가치관과 태도는 성장해 오는 동안에 이미 어느 정도 형성되어 있겠지만 잘못되었거나 왜곡된 내용은 지도와 상담을 통해서 올바르게 수정해야 할 것이다. 현대 사회에서 일이란 부를 창조하는 원천이며, 직업은 생계의 수단으로서뿐 아니라 사회봉사와 자아실현의 수단으로서 그 중요성이 더욱 증대되고 있다. 그러나 아직도 우리 사회에는 일을 천시하는 풍조가 사라지지 않고 있다. 따라서 일이 갖는 본래의 의미를 깨닫고 올바른 직업관과 직업의식을 갖도록 하는 것이 진로 상담의 중요한 목표 중의 하나가 되어야 한다. 학교에서는 진로 지도를 통하여 이상과 같은 직업에 대한 잘못된 견해를 버리고 일과 직업에 대한 올바른 가치관과 태도를 형성하도록 부단히 노력해야 할 것이다.

> ▶ 학교 진로 상담에서 진로 선택 및 발달 이론, 의사 결정의 이해, 진로 심리 검사, 진로 상담 방법 등에 대한 내용은 《학교진로상담》(김봉환, 김병석, 정철영, 학지사, 2006)을 참고하기 바랍니다.
> ▶ 커리어넷 사이트 www.careernet.re.kr 〉 교사·연구자 〉 진로 교육 교사 연수 〉 사이버 연수 메뉴에는 진로 지도와 관련된 체계적 교육 과정이 기본과 심화 과정으로 나뉘어 무료 제공되고 있습니다.

2. 진로 체험 학습 기관 및 프로그램

분야	프로그램	사이트 주소 및 연락처	신청 방법, 비용 및 운영 시기
경찰 안보	경찰박물관 견학 및 체험 프로그램	· www.policemuseum.go.kr · 02)3150-3681	전화 신청, 무료, 매주 화요일~일요일
	안보전시관 체험 및 견학 프로그램	· museum.nis.go.kr · 02)3461-6613	전화 또는 인터넷 신청, 무료, 매주 월요일~금요일
공예	서울역사박물관 교육 프로그램 (전통문화)	· museum.seoul.kr · 02)724-0274	인터넷 신청, 프로그램에 따라 다름
	한국문화의집 체험 프로그램 (전통 공예)	· kous.or.kr · 02)3011-1788 · info@kous.or.kr	전화, FAX, E-mail, 방문 신청, 비용은 협의, 연중 수시 운영
금융 경제 증권	화폐금융박물관 견학 및 체험 경제 교육 실시 프로그램	· museum.bok.or.kr · 02)759-4881	인터넷 신청, 무료, 매주 화요일~일요일
	국세청 조세박물관 견학 및 체험 프로그램	· nts.go.kr/museum · 02)397-1635	인터넷 신청, 무료, 매주 월요일~금요일
	한국거래소 학생 증권시장 교실	· krx.co.kr · 02)3774-4098	전화 단체 신청(20~60명), 증권 거래 관련 만화 비디오 시청, 모의 주식 투자 보드 게임
	우리은행 은행사박물관 견학 및 체험 프로그램	· www.woorimuseum.com · 02)2002-5090	인터넷 및 팩스 신청, 무료, 매주 화요일~토요일
기자 및 편집	조선일보 체험 학습	· visit.chosun.com · 02)724-6316	인터넷 신청(둘째, 넷째 토요일과 방학 중에는 단체 관람 불가능), 전화 문의
	동아일보 신문박물관 교육 프로그램	· www.presseum.or.kr · 02)2020-0114	인터넷 신청(지도 교사가 인솔하는 15~40명의 단체 신청), 무료, 일요일 및 공휴일 제외
	한겨레신문사 견학 프로그램	· 02)710-0128	전화 단체 신청(35명 내외), 매달 둘째, 셋째 수요일
수의사 사육사	서울대공원 체험 프로그램	· grandpark.seoul.go.kr · 02)500-7710	전화 단체 신청(35명 내외), 매달 둘째, 셋째 수요일

분야	프로그램	사이트 주소 및 연락처	신청 방법, 비용 및 운영 시기
항공	한국항공대학교 항공우주박물관 견학 프로그램	· www.aerospacemuseum.or.kr/ · 02)300-0466~7	인터넷 개인, 단체 신청, 매주 화요일~일요일, 청소년 2,000원, 단체(20인 이상) 1,500원 견학 및 비행 시뮬레이션 교육
외교	외교통상부 견학 프로그램 외교관과의 대화, 외교사료관 견학	· www.mofat.go.kr · 02)2100-2114 · visit@mofat.go.kr · cafe.naver.com/diplomati-carchives	인터넷, 이메일, 전화 신청
통역사	청소년국제교류네트워크 청소년 해외 체험 프로그램	· www.iye.go.kr · 02)2677-0681	인터넷 신청, 15세~24세
공연	세종문화회관 공연장 견학 프로그램	· www.sejongpac.or.kr · 02)399-1145	전화 신청, 단체(10~30명) 3,000원 매주 수요일 및 마지막 주 토요일
애니메이션	서울애니메이션센터 체험교실	· ani.seoul.kr/ · 02)3455-8315	전화 신청, 매주 화요일~일요일
입법공무원 국회의원	국회의사당 체험 프로그램	· www.assembly.go.kr · 02)788-2865/2761	공문 접수, 무료
군인	육군사관학교 견학 프로그램	· www.kma.ac.kr · 02)976-6454~5	전화 신청, 어른 2,000원, 중고생 이하 1,000원, 매주 화요일~일요일
진로 직업 체험	하자센터 진로 체험 프로그램	· haja.net · 02)2677-9200	1회기 인원:15~20명, 영상/디자인, 힙합, 요리, 문화/예술 진로 체험
	전국고용센터 Job school 직업 체험 프로그램	· www.work.go.kr/jobcenter	학교 단체 신청(1학급 이상), 매년 초에 학교로 직업 체험 프로그램 공문 발송됨
	한국청소년재단 청소년 인턴십센터	· www.yintern.or.kr/ · 02)3143-7851	단체 신청 및 개인 신청(방학 이용 인턴십 체험) 1회기는 2개월 과정임
	한국여성경영자총협회 중등 진로/직업의식 체험 프로그램	· www.kbwf.or.kr/ · 02)540-4207	학교 단체 신청, 매년 초에 학교로 체험 프로그램 공문 발송됨
	서울특별시립청소년미디어센터 스스로넷 체험 프로그램	· www.ssro.net/main.jsp · 02)795-8000(내선 212)	홈페이지 > Education > 체험 프로그램 > 온라인 단체 신청(10인 이상) 만화 5컷 제작, 스튜디오 체험, 콘티 활용 체험

3. 진로 교육 관련 사이트 및 메뉴

(1) 커리어넷 www.careernet.re.kr

(2) 워크넷 www.work.go.kr

4. 진로 교육 영상물 목록

번호	제목	방영일	특징
1	KBS 〈시사기획 쌈〉 당신은 성공하셨습니까	2007. 6. 4	성공 기준의 다양성을 보여 줌
2	EBS 〈극한 직업〉 수중문화재 발굴단 1, 2	2010. 9. 22/23	극한 직업인의 일상을 보여 줌
3	KBS 〈다큐멘터리 3일〉 여의도동 18번지 사람들	2010. 2. 28	방송국 관련 직업 소개
4	KBS 〈다큐멘터리 3일〉 8000조각으로 띄우는 꿈	2010. 1. 10	조선소 관련 직업 소개
5	KBS 〈다큐멘터리 3일〉 한국과학기술원 72시간	2009. 9. 5	과학 관련 직업 소개
6	KBS 〈다큐멘터리 3일〉 여자 경찰 교육생	2010. 7. 4	경찰 직업 정보 소개
7	KBS 〈다큐멘터리 3일〉 장기 이식 센터	2009. 1. 10	장기 이식 관련 직업 소개
8	KBS 〈다큐멘터리 3일〉 잠들지 않는 대한민국의 첫걸음	2008. 12. 27	공항 관련 직업 소개
9	KBS 〈다큐멘터리 3일〉 44권의 교생 일기	2009. 11. 21	교사 직업 정보 소개
10	KBS 〈다큐멘터리 3일〉 여투혼, 태릉 선수촌	2009. 2. 14	운동 관련 직업 소개
11	MBC 〈황금어장 : 무릎팍도사〉 김연아 1, 2	2010. 5. 26/6. 9	꿈을 향한 열정과 장애물 극복 사례 제시
12	MBC 〈황금어장 : 무릎팍도사〉 한비야 1, 2	2009. 8. 12/19	도전 정신 및 긴급 구호 전문가 직업 정보
13	MBC 〈황금어장 : 무릎팍도사〉 안철수	2009. 6. 17	직업 선택 자세 및 컴퓨터 바이러스 연구자 직업 정보
14	MBC 〈황금어장 : 무릎팍도사〉 신지애	2009. 4. 8	어려운 가정환경 극복 성공 사례
15	YG 〈리얼다큐 빅뱅〉		가수 직업 정보
16	MBC 〈MBC 스페셜〉 취업난이 우리 삶에 끼치는 영향	2010. 10. 9	취업의 어려움과 준비의 필요성
17	KBS 〈감성다큐 미지수〉 여자 복싱 챔피언	2010. 10. 16	꿈을 향한 집념과 열정
18	KBS 〈감성다큐 미지수〉 꿈에게 길을 묻다	2010. 10. 23	전문계 출신 여성의 성공담
19	KBS 〈감성다큐 미지수〉 행복의 조건	2010. 4. 24	행복의 의미를 되새겨 봄
20	SBS 〈SBS 스페셜〉 인재 전쟁 1, 2	2008. 12. 14/21	현재의 직업 세계가 요구하는 직업인 조건으로서 창의력 소개
21	SBS 〈SBS 스페셜〉 마지막 주자들의 행복	2007. 1. 7	적성 발견과 직업의 중요성
22	SBS 〈SBS 스페셜〉 88만 원 세대의 힘겨운 도전	2009. 4. 5	취업의 어려움과 효과적 대처 요령
23	SBS 〈송년특집 생활의 달인〉	2009. 12. 29	다양한 직업 세계 소개, 귀천의식 타파
24	MBC 〈MBC 스페셜〉 1년쯤 놀아도 괜찮아	2008. 1. 12	진로 체험 중요성 – 아일랜드 사례
25	EBS 〈프로열전〉 패션쇼 연출가 1, 2	2010. 7. 5/6	패션쇼 연출가 직업 정보
26	EBS 〈프로열전〉 더 셰프, 그들의 레시피는 열정 1, 2	2010. 9. 6/7	조리사 직업 정보
27	EBS 〈EBS 특집 다큐〉 스스로 공부하는 아이 만들기	2006. 6. 25	자기주도학습의 중요성과 요소
28	EBS 〈아이의 사생활〉 다중지능	2008. 2. 28	직업 선택에서 다중지능의 중요성
29	EBS 〈공부의 달인〉 수업 꼭꼭 씹어 먹기	2009. 11. 4	철저한 수업 듣기로 명문대 진학
30	EBS 〈공부의 달인〉 꼴찌 소녀 1등을 향해 날다	2009. 3. 31	한때 꼴찌 소녀의 공부 성공기

5. 진로 교육 도서 목록

번호	도서명	저자 및 출판사	특징
1	공부가 재미있어지는 진로의 정석 - 10대에 꼭 발견해야 하는 나의 꿈을 찾아서	정효경, 마리북스	학습과 진로 목표 설정의 중요성
2	내 꿈은 내가 만든다	삼성생명공익재단, 교육과학사	수업에서 쓸 수 있는 진로 교육 프로그램
3	꿈을 찾아 주는 진로 네비게이터	정효경, 마리북스	다중 지능을 활용한 적성 찾기
4	나의 미래 공부(시리즈 18권)	이동진·정재형 외, 장서가	한의학, 법학, 영화학, 약학 등 전공 소개
5	너, 외롭구나	김형태, 예담	다양한 고민에 대한 진로 상담 사례
6	만화로 보는 세계의 명문 대학. 사진으로 보는 세계의 명문 대학. 만화로 보는 학과의 세계 1, 2	와이즈멘토, 동아일보사	세계의 명문 대학 소개
7	성적은 짧고 직업은 길다	탁석산, 창비	즐겁고 행복한 직업 생활에 대한 팁 제공
8	세계의 지도를 바꾸는 새로운 미래가 온다	박영숙, 경향미디어	미래학자가 제시하는 직업 세계의 변화
9	스무 살에 선택하는 학문의 길	김용준·정운찬 외, 아카넷	기초 학문에서 첨단 응용 학문까지 다양한 학문 분야 소개
10	힘내라 청춘아(시리즈 전 4권)	김태원 등, 21세기북스	인재상, 리더십, 독서법 등 직업 준비
11	준비가 알차면 직업이 즐겁다	탁석산, 창비	좋은 직업이 되기 위한 구체적 요령
12	직업탐색보고서(시리즈)	금태섭·이상호 외, 창비	요리사, 디자이너, 변호사 등 직업 정보
13	학교에서 가르쳐주지 않는 학과 선택법	강성국, 케이펍	학과 선택 요령
14	진학보다 진로를 먼저 생각하는 10대의 미래 지도	강보명, 노란우산	일 관련 동기 부여, 목표 설정의 중요성
15	내가 잘할 수 있는 무엇 하나	김주하 외, 높빛	적성 발견에 대한 명사들의 조언
16	내 아이가 스스로 공부한다	송인섭, 21세기북스	자기주도학습 관련 다양한 사례 소개
17	자기주도학습(현장 적용)	송인섭, 학지사	자기주도학습의 중요성과 구성 요소
18	세상을 향해 소리쳐	빅뱅, 쌤앤파커스	가수 빅뱅의 치열한 가수 준비 일기
19	멈추지 않는 도전	박지성, 랜덤하우스코리아	박지성의 목표 설정과 꿈을 향한 도전
20	10살에 꼭 만나야 할 100명의 직업인	한선정, 조선북스	100명의 직업인에 대한 인터뷰
21	꿈을 이루는 6일간의 수업	조우석·김현정, 한언	성적을 위한 공부가 아닌 행복한 공부의 길 소개
22	꿈꾸는 다락방	이지성, 국일미디어	꿈을 현실로 만들 수 있는 과학적 꿈꾸기 기법
23	스토리가 스펙을 이긴다	김정태, 갤리온	누구나 똑같은 스펙보다 나만의 스토리의 중요성
24	꿈을 여는 12가지 열쇠	안혁보, WBOOK 에이전시	연기자 직업 정보
25	유엔에서 일하고 싶어요	김정태, 홍연주, 국일아이	국제기구 전문가 직업 정보
26	14살 그 때 꿈이 나를 움직였다	최정화, 다산에듀	통역사 직업 정보
27	꿈보다 먼저 뛰고 도전 앞에 당당하라	한유정, 위즈덤하우스	무대감독 직업 정보